# 土地征收补偿问题研究

蔡乐渭 ◎ 著

中国民主法制出版社

**图书在版编目（CIP）数据**

土地征收补偿问题研究／蔡乐渭著．—北京：中国民主法制出版社，2018.11

ISBN 978-7-5162-1908-9

Ⅰ．①土… Ⅱ．①蔡… Ⅲ．①土地征用－补偿－土地制度－研究－中国 Ⅳ．①F321.1

中国版本图书馆 CIP 数据核字（2018）第 238699 号

**图书出品人：**刘海涛
**出 版 统 筹：**乔先彪
**责 任 编 辑：**陈　曦　姜园园

**书名**/土地征收补偿问题研究
**作者**/蔡乐渭　著

**出版·发行**/中国民主法制出版社
**地址**/北京市丰台区玉林里 7 号（100069）
**电话**/（010）63055259（总编室）　63057714（发行部）
**传真**/（010）63056975　63056983
**http**：//www.npcpub.com
**E-mail**：mzfz@npcpub.com
**经销**/新华书店
**开本**/16 开　710 毫米×1000 毫米
**印张**/19　**字数**/271 千字
**版本**/2019 年 1 月第 1 版　2019 年 1 月第 1 次印刷
**印刷**/北京中兴印刷有限公司

**书号**/ISBN 978-7-5162-1908-9
**定价**/52.00 元

本书是北京市教委社科计划重点项目暨北京市社科规划项目“土地征收补偿制度研究——以北京市为中心”（项目号 SZ201410028011）的成果，同时受到中央高校基本科研业务费专项资金和中央编译局社科基金（项目号 12B13）的资助。谨此表示感谢。

# 序　言

俞可平

40年前，党的十一届三中全会揭开了改革开放的伟大序幕。分田到户，实行家庭联产承包制，是改革开放后第一个革命性的重大改革举措，这也与土地问题直接相关。中国经济在过去40年中迅速崛起，成为世界第二大经济体，得益于大规模的工业化和城镇化。无论从规模还是从速度来看，中国的工业化和城镇化都创造了世界历史的奇迹。大规模的工业化和城镇化，都离不开土地的开发和使用。在改革开放后迅速兴起的各类开发区，承载了中国工业化的重大功能。开发区大都是通过城镇地域的拓展来吸引新的工业和服务业企业，实现工业和服务业的集聚式发展。从这个意义上说，改革开放后无论是中国农业的发展，还是中国的工业化和城镇化过程，其实都是一个土地重新调整、开发和利用的过程。

土地的调整和开发，实际上也是一个重新分配土地利益的过程。不仅关系到地方经济的发展，更关系到依附于土地之上的广大农民的切身利益；不仅关系到国家的基本社会经济体制，也关系到城乡居民利益格局的重构。任何重大利益格局的调整，都不是一件容易的事情。因而，土地的征收和开发，不仅事关中国的经济现代化，也事关中国的公民权利保护、城乡社会治理和法治国家建设。

涉及土地征收和开发的利益博弈，最集中地就是体现在土地征收补偿上。据国务院发展研究中心《推进社会主义新农村建设研究》课题组于2006年对全国17个省（市、区），20个地级市、57个县（县级市）、166个乡镇、2749个村庄所做的调查发现：在2749个村庄中，有农民上访的村庄比例达28.9%。东部地区上访的比例达32.5%，西部地区达27.6%，中部最低也达到了24.8%。

对于土地征收补偿问题的研究，远不止是一个经济学的问题，更是一个法学、政治学和社会学的问题。它涉及交易公正、行政程序、决策过程、信息公开、社会心理、法律规定和土地所有制等一系列的问题，需要多学科的研究。本书作者蔡乐渭博士具有系统的法学和政治学素养，力图运用治理和善治的分析框架，从法学和政治学的双重视角，对土地征收补偿问题进行深入的观察和透析，努力寻找现行土地征收补偿问题的根源，以及解决土地征收补偿问题的出路。这样的研究，不仅对于推进土地治理问题的理论研究具有重要意义，而且对于解决土地征收补偿的实际问题也有着重要价值。

《土地征收补偿问题研究》一书，除了分析框架新颖和观察视角独特之外，还有许多可圈可点之处。例如，作者的重点在于对土地征收补偿问题作比较系统的理论分析，但所有这些分析均建立在大量的案例之上，使之言之有据。该书主要是分析现行的土地征收补偿问题，但作者对土地征收补偿的历史演变也作出了详细的论述，使之持之有故。作者非常清楚，中国的土地制度与西方国家极不相同，为了对此作一比较，本书有选择性地客观介绍了一些亚洲和欧美国家的土地征收补偿制度，使之可比较研究。

鉴于土地征收补偿问题的现实重要性，以及本书的翔实资料和独特分析，我很乐于将它推荐给所有对土地补偿问题感兴趣的读者。

2018年11月5日

## 目　录
CONTENTS

# 绪论：

# 作为问题的土地征收补偿

## 一、土地征收的必然性

土地是一切财富之母，是人类最基础的生产生活资料。人们生活的维持和社会经济的发展都离不开土地，任何建设项目，最终都必须落实到一方土地之上。当一个国家的经济发展处于主要依赖粗放式增长的阶段时，土地对经济发展的重要性更为突出。

对于中国来说，改革开放以来的三十余年，也正是工业化开始全面快速发展的三十余年，在经济成长的过程中，土地一直是极为重要的因素。为保证和推动经济的增长，国家每年都投入大量的建设用地，可以说，没有大规模的土地供应，就没有改革开放以来经济的快速发展。2005 年，全国新增建设用地 43.2 万公顷，全年审批建设用地 34.68 万公顷，其中国务院批准用地 14.93 万公顷，省级批准用地 19.75 万公顷。[①] 2009 年，全国国有建设用地供应总量 31.9 万公顷，比上年增长 44.2%，全年新批准建设用地 57.6 万公顷，比上年度增长 44.6%。[②] 到了 2014 年，全国批准建设用地虽然有所减少，但仍高达 40.38 万公顷，其中批准占用耕地

① 数据来源：国土资源部《2005 年中国国土资源公报》，国土资源部网站。

② 数据来源：国土资源部《2009 年中国国土资源公报》，国土资源部网站。

16.08 万公顷。①

然而，尽管快速的经济发展需要大量的建设用地，但在我国，土地用于建设是受到法律严格限制的。一方面，按照土地管理法的规定，除兴办乡镇企业、村民建设住宅，以及进行乡（镇）村公共设施和公益事业建设经依法批准可使用集体土地外，任何单位和个人进行建设，需要使用土地的，都必须使用国有土地。另一方面，我国实行土地公有制，土地所有权分别归国家所有和集体所有，《中华人民共和国宪法》第 10 条规定："城市的土地属于国家所有。农村和城市郊区的土地，除由法律规定属于国家所有的以外，属于集体所有；宅基地和自留地、自留山，也属于集体所有……"由宪法和法律的规定可见，国有土地大部分处于城市之中，可用作新增建设用地的国有土地数量是极其有限的。相对于经济发展所要求的庞大的用地量，仅仅依靠既有的国有土地是远远不够的。这样，要满足经济社会发展对土地的需要，唯一的出路就在于集体土地，即通过土地征收将集体土地转为国家所有，然后将这些业已转为国家所有的土地用于社会经济建设之需。换言之，在我国现行法律框架之下，随着经济的快速发展，大规模的土地征收是必然的。

## 二、土地征收补偿中出现的不足

不公正的土地征收补偿，必然容易引发被征收人的不满情绪。首先，各种暴力征地事件不断发生。其次，因土地征收而引发群体性事件时有发生。再次，因土地征收而引起的上访案件数量多，引起了各界的广泛关注。根据国家信访局统计，群众性上访事件 60% 与土地有关，占社会上访总量的 40%，其中征地补偿纠纷又占土地纠纷的 84.7%，每年因为征地拆迁引发的纠纷在 400 万件左右。② 另据国务院发展研究中心《推进社会主义新农村建设研究》课题组于 2006 年对全国 17 个省（市、区），20 个地

① 数据来源：国土资源部《2014 年中国国土资源公报》，国土资源部网站。

② 李凤章：《集体土地征收条例的首要之问》，http：//www.dfdaily.com/html/63/2012/2/22/746866.shtml。

级市、57个县（县级市）、166个乡镇、2749个村庄所做的调查发现：在2749个村庄中，有村民上访的村庄比例高达28.9%。东部地区上访的比例高达32.5%，西部地区27.6%，中部地区最低也达到了24.8%。①

## 三、治理理念下政府作出的努力

治理是公共权威为实现公共利益而进行的管理活动和管理过程，其目的在于在各种不同的制度关系中运用权力去引导、控制和规范公民的各种活动，以最大限度地增进公共利益。一般认为，治理主要体现工具理性，而制度则主要体现价值理性。当然，从长远看，这两者之间有着内在的联系。治理可分为“善治”与“恶治”，善治是对整个社会的要求，不仅要有好的政府治理，还要有好的社会治理，它是公共利益最大化的治理过程，其本质特征就是国家与社会处于最佳状态，是政府与公民对社会政治事务的协同治理。善治的基本要素包括：（1）合法性（legitimacy），即社会秩序和权威被自觉认可和服从的性质和状态；（2）透明性（transparency），即政治信息具有公开性；（3）责任性（accountability），即人们应当对其自己的行为负责；（4）法治（rule of law），即法律成为公共治理的最高准则；（5）回应（responsiveness），即公共管理人员和管理机构必须对公民的要求作出及时的和负责的反应；（6）有效（effectiveness），即公共治理应该是高效率的。②

在国家治理理念兴起并得到重视的背景下，对土地征收及其补偿过程中不断积聚和引发的矛盾与冲突，政府并非没有注意到。事实上，政府也按照“善治”的要求，采取了一系列措施，力图缓和土地征收及其补偿过程中的矛盾与冲突。这些努力既体现于实体方面，也体现于程序方面，一定程度上符合良好的治理所要求的一些要素，如公正理念、透明信息、公众参与、回应性、有效性等。

---

① 国务院发展研究中心课题组：《2749个村庄调查》，载《农村金融研究》2007年第8期。

② 有关治理理论，可参见俞可平教授的系列论述，如：《治理和善治：一种新的政治分析框架》，载《南京社会科学》2001年第9期；《推进国家治理体系和治理能力现代化》，载《前线》2014年第1期。

首先，在现有法律框架下提高土地征收补偿的具体标准，让农民得到比之前更多的补偿。国务院和国土资源部等部门不断强调要“使被征地农民生活水平不因征地而降低”，并作出了“土地补偿费和安置补助费的总和达到法定上限，尚不足以使被征地农民保持原有生活水平的，当地人民政府可以用国有土地有偿使用收入予以补贴”的规定。①

其次，加强信息公开并完善土地征收补偿程序。土地管理法仅在第48条对土地征收程序有所规定，没有体现应有的程序公正要求。根据治理理念的要求，十余年来政府对土地征收程序进行了一些完善。如土地管理法实施条例第25条第3款中规定：“市、县人民政府土地行政主管部门根据经批准的征收土地方案，会同有关部门拟订征地补偿、安置方案，在被征收土地所在地的乡（镇）、村予以公告，听取被征收土地的农村集体经济组织和农民的意见。”国土资源部2001年发布、2010年修订的《征收土地公告办法》规定，被征地集体和农民可以对征收补偿方案提出不同意见，也可以提出听证的请求，相关行政部门应据此进行听证；必要时，方案应依法进行修改。2010年，国务院办公厅又专门下发《国务院办公厅关于进一步严格征地拆迁管理工作切实维护群众合法权益的紧急通知》，要求“建立健全征地拆迁信息沟通与协作机制，及时掌握和化解苗头性、倾向性问题，防止矛盾积累激化”。这些程序性规定表明，政府在土地征收过程中已经注意到，从治理的角度，土地征收并不是单纯依赖政府的力量即可有效完成的，而是必须让被征地农民参与到土地征收过程中来，充分尊重他们的知情权与参与权。

最后，强调土地征收补偿过程中政府行为的回应性与责任性。如2001年《国土资源部关于切实做好征地补偿安置工作的通知》（已失效）要求：“各级国土资源管理部门对被征地农村集体经济组织和农民通过不同渠道反映的征地补偿安置问题应高度重视，认真研究。应通过现场核实、联合办公或公文督办等形式，依照法律规定，实事求是地处理信访反映的问题。对补偿安置费用合法、到位，安置途径基本可行的，要耐心做好宣

① 参见《国务院关于深化改革严格土地管理的决定》（国发〔2004〕28号）。

传、解释和疏导工作，取得群众的理解和支持；对补偿安置费用不合法、没有足额到位、安置不落实的，应责成市、县国土资源管理部门及时纠正；对侵占、截留、挪用征地补偿安置费用等严重违纪违法行为的，应移交有关部门依法严肃查处。”2011 年，中纪委、监察部下发的《中共中央纪委办公厅、监察部办公厅关于加强监督检查进一步规范征地拆迁行为的通知》要求：“要督促地方政府及有关部门深入贯彻落实以人为本、执政为民的要求，加强和改进群众工作，畅通被征地拆迁群众反映问题、表达诉求的渠道，广泛听取群众意见，妥善解决群众的合理诉求，紧紧依靠群众的支持和参与开展征地拆迁。”这些规定都反映了政府在增加公权力主体行为的回应性与责任性方面的努力。

## 四、重要概念及其说明

土地征收及其补偿并非单一的问题，其主体、客体、内容涉及多个方面，在实施时形成复杂的法律关系群。实践中，人们运用众多表述来指称与土地征收及其补偿相关的概念，有些在内涵上是完全一致的，仅仅是表述不同而已；有些是在不同语境下的不同使用方式；有些体现了使用者的不同价值取向。根据论述的需要，本书分别使用了下列几组重要概念，为避免混淆，特作说明如下：

1. 集体土地征收、土地征收、征地。土地征收行为是国家为了公共利益的需要强制从其他主体处取得土地所有权的行为，但在中国，因为仅存在国家所有和集体所有两种土地所有权形式，因此所有的土地征收都是集体土地征收，故“土地征收”和“集体土地征收”实为同一概念。另，为了表述方便，并考虑到一些规范性文件中用了“征地”这一概念，本书在论述过程中有时也以“征地”这一概念指代“土地征收”或“集体土地征收”。附带地，一些地方也使用“被征地农民”“被征地集体”等对应表述。

2. 公民、农民、集体。行政征收的被征收人，有时是公民个人，有时是法人或其他组织。本书在涉及一般行政征收的被征收人时，通常以“公民”称之。在当前土地征收中，严格意义上，被征收人应是农村集体，但由于集体本身的不确定性，及其与作为集体成员的农民之间的特殊关系，涉及土地征收的被征收人时，本书也以“农民”称之或直接以“被征收人”称之。

3. 国家、政府、行政机关。土地征收是国家为了公共利益的需要而实施的行为，国家才是最终的征收主体。但国家是一个抽象的实体，其行为由特定的机构实施，在土地征收中，通常由市、县政府负责征收，而具体工作又由市、县政府的相关工作部门特别是国土资源部门承担。故，在论及土地征收及补偿主体时，有时出现“国家”“政府”“行政机关”并用的情形。

# Chapter 1 第一章

# 土地征收补偿的现状与问题

## 一、土地征收补偿概论

### （一）土地征收补偿的内涵

行政补偿有着悠久的历史，行政补偿制度最初并不是作为一项独立的制度存在的，而是作为广义国家赔偿制度的一项内容而发展起来的。直到今天，行政补偿在一些国家仍然是作为国家赔偿的一部分而存在，学者也在国家赔偿的有关章节中论述行政补偿问题。①

无论将行政补偿视为一项独立的制度还是将其作为广义国家赔偿的一部分，有一点都是确定的，即行政补偿是由国家对遭受相关损失者进行的一种弥补，是国家责任的一部分，它与立法补偿及司法补偿一起，构成了国家补偿的整体。②具体而言，行政补偿指因行政机关的合法行为给当事人带来特别损失时，或者当事人为了公共利益而作出特别牺牲时，国家依法通过一定途径和方式对当事人的损失进行弥补的法律制度。

在土地征收领域，国家因公共利益的需要征收集体的土

---

① 参见［德］哈特穆特·毛雷尔：《行政法学总论》，高家伟译，法律出版社2000年版，第669页以下；［日］盐野宏：《行政法》，杨建顺译，法律出版社1999年版，第443页以下。

② 吴庚：《行政法之理论与实用（增订八版）》，中国人民大学出版社2005年版，第446页。

地时，即应按照法律规定的范围、方式和标准对被征收人合法权益所遭受的损失予以相应的弥补，这就是所谓的土地征收补偿。

土地征收补偿的特征在于：

1. 土地征收补偿的主体是国家，通常是由特定行政机关作为具体的补偿义务主体负责补偿当事人所遭受的损失。除国家以外，任何组织和个人都不承担进行土地征收补偿的责任。换句话说，在土地征收过程中，国家之外的任何主体所进行的补偿都不是严格意义上的土地征收补偿。在现实生活中，一些地方征收农民集体土地时，由地方直接与农民接洽，对农民因土地征收而造成的损失进行补偿。这种做法尽管客观上也对农民的损失进行了弥补，但它违背了土地征收的基本原理，不是法律意义上的土地征收补偿。

2. 土地征收补偿的前提是行政机关及其工作人员依法作出的土地征收行为导致被征收人的合法权益遭受损失。是否因合法行为而对当事人的损失进行弥补，这是行政补偿与行政赔偿的根本区别。需要注意的是，以合法行政行为为土地征收补偿的前提，并不意味着土地征收补偿都是合法的，在现实生活中，还存在违法征收土地的情形。同时，土地征收过程是一个复杂过程，经由一系列具体环节有机组合而成，补偿行为本身并不构成土地征收补偿的合法前提。

3. 土地征收补偿的对象是那些为了满足公共利益的需要而在土地征收中遭受特别损失的公民、法人或其他组织，包括被征地的农民集体、农民集体的成员，以及其他因此而遭受损失的主体。据此，如果公民、法人或其他组织的土地方面的损失不是为了公共利益而是为了私人利益而造成的，则不构成土地征收补偿的要件，需要通过民法上的公平补偿来弥补其损失。比如，一家乡镇企业为了生产的需要而通过集体占用农民的承包地，这种利益损失就应该通过民法途径予以弥补。如果因公共利益的需要而造成的利益损失针对的是所有社会成员，那么国家也就没有作出补偿的义务。如现行法律规定，集体土地不得进行非法买卖，对此，由于所有作为土地所有人的集体都受到了限制，因此国家也就无须对此作出补偿。

4. 土地征收补偿的方式是多种多样的，可能是金钱补偿，也可能是实物补偿，还可能是金钱与实物之外的其他方式的补偿。在现实生活中，最主要的土地征收补偿方式为金钱补偿，即对被征地集体及其成员发放补偿费；其次是实物补偿，主要对作为地上附着物的房屋被征收时采用此种补偿方式；另外还有安置补偿、税费减免等其他形式的补偿。

5. 土地征收补偿是事先的补偿。土地征收补偿是行政补偿的一种，通常，行政补偿可能是事先的补偿，也可能是事后的补偿。但按照各国法律的规定，土地征收补偿只能是事先补偿，我国也同样如此。这是因为，土地征收补偿是国家对因行政机关的合法行政行为而遭受特别损失的当事人所进行的利益弥补，这种损失完全是可事先预见的，事先的补偿因而是必需的。但是，这也并不意味着补偿完成之前，土地征收就不能进行。土地管理法实施条例第25条第3款中规定："对补偿标准有争议的，由县级以上地方人民政府协调；协调不成的，由批准征收土地的人民政府裁决。征地补偿、安置争议不影响征收土地方案的实施。"这意味着，土地征收过程中，只要政府作出了征收补偿的决定，即使被征收人有不同意见，征收行为仍可照常进行。因此，此处的事先补偿系指行政机关应对土地征收补偿作出相应的决定。

6. 土地征收补偿需有严格的程序保障。程序在现代法律制度中的重要意义已经得到了充分认识和高度关注，尽管行政程序对各项行政制度都具有重要意义，但对于土地征收补偿制度而言，正当程序的意义尤其突出。因为土地征收补偿是因公共利益而产生的，政府作为公共利益的代表相对于当事人而言是更强大的力量。并且，土地征收补偿是对遭受特别损失的当事人进行的补偿，对于遭受非特别损失的当事人并不进行补偿。因此，若无正当程序的保障，被征收人在遭受损失时，是否属于特别损失、是否为公共利益遭受损失、应否进行补偿、对何种范围的损失进行补偿、按何种标准进行补偿，以及在不服补偿决定时如何进行救济等问题都无从解决。

### （二）土地征收补偿的理论基础

土地征收补偿是行政补偿的一种，是行政补偿在土地征收领域中的反映。因此，所谓土地征收补偿的理论基础只是行政补偿理论基础在土地征收补偿这一特定领域中的体现。那么，行政补偿制度的理论基础是什么？或者说，行政补偿缘何产生？对此，主要有以下观点：

1. 特别牺牲说。这一理论源自德国，主张公民为公共利益而遭受特别牺牲时，可向国家要求补偿。德国行政法学家奥托·迈耶认为，随着社会经济的发展，国家机能与日俱增，国家公法上活动损害公民权利的现象时常发生，而国家须完成安全、秩序、公道、自由与福利等目的，故无法终止其活动。所以要求人民忍受各种可能的牺牲也就成了必然，但出于公平正义的要求，这种牺牲必须公平。若有不公平情形，片面令人民承担特别牺牲则必须由国库予以补偿。在奥托·迈耶看来，任何财产权的行使都受到社会的内在的限制，对此限制人们不能要求补偿，但当限制超越了一般社会义务的限度，致使相对人遭受特别的牺牲时，人们就可要求国家对其所作牺牲作出补偿。①

2. 公平负担说。该理论认为，在一个民主和法治的社会里，每个公民都享有平等的权利，同时也应平等地分担社会义务。当个别公民为社会承担了特别的义务或遭受特别牺牲时，国家应通过给予其补偿弥补其遭受的损失，将个别人因公共利益而承受的特别负担转由全体公民分担。正如布莱克（Black）法官在 Armstrong V. United States 一案中指出的，美国联邦宪法第五修正案规定的“不给予补偿，私有财产不得充作公用”的意义就在于，防止政府强制公民个人去独自承担应由社会全体担负的公共负担。②

3. 结果责任说。这一理论认为，国家补偿是由合法的行为引起的，而国家赔偿则是由违法的行为所造成的，以过失责任为其归责原则。但若严格贯彻这一区别，则对无过失的违法行为引起的损害将无从得到救济。因此，为了填补这一不足，不管原因行为是否合法，以及行为人有无故意或过失，只要行政活动导致的损害为一般社会观念所不允许，国家或公共团

---

① 参见王太高：《行政补偿制度研究》，北京大学出版社 2004 年版，第 68 页。另请参见周汉华、何峻：《外国国家赔偿制度比较》，警官教育出版社 1992 年版，第 189 页。

② 参见 Michael A. Heller and James E. Krier：*Deterrence and Distribution in the Law of Taking*，Harvard Law Review，Vol. 112，March 1999，p. 1000。

体就必须承担补偿责任。由于这一观点不追究过失或故意之类主观上的归责理由，因此又称之为无过失责任。①

4. 不当得利说。该说认为，公共利益的受益者是社会全体，为了公共利益而造成的损失应由全社会负担，牺牲特定人的利益而成就公共利益，实际上是全体社会成员的不当得利。以土地征收为例，在具体的事项中，由全体社会成员来提供土地是不可能的，只能由特定的土地所有者作出特别牺牲，这就使社会全体因特定人的牺牲而获得不当得利。根据公平原则，这一不当得利必须退还给特定人，这就是损失补偿的本质。②

5. 社会协作说。社会协作理论最早由法国宪法学家狄骥提出，后来被应用到国家补偿理论中。该说认为，人与人之间存在着一种协作关系，这种关系是国家和法律的基础，社会成员应当为社会的存在和发展牺牲部分权利和自由，而社会则应以其整体的力量保障成员的生存和发展，对其合法权益所受到的损失或损害给予救济。③

6. 人权保障说与既得权保障说。人权保障说认为，国家有责任保障公民的人权，在公民的权利受到其他公民或组织的侵害时，国家有义务予以救济；当这种侵害来自国家自身时，公民也有权得到赔偿或补偿。既得权保障说则认为，人民的权利既然是合法取得的，就应得到绝对保障，纵然由于公益或公务的需要，使其蒙受损害，也应予以补偿。④

7. 危险责任说。根据该理论，一个人如果为了自己的利益而置别人的利益于某种危险之中，他即必须为此种危险可能导致对方的损害负赔偿责任。这种理论始于民事赔偿领域，行政法对此予以借鉴，作为行政补偿的

---

① ［日］南博方：《日本行政法》，杨建顺、周作彩译，中国人民大学出版社 1988 年版，第 107—108 页。对于中国而言，由于国家赔偿法第 2 条第 1 款规定：“国家机关和国家机关工作人员行使职权，有本法规定的侵犯公民、法人和其他组织合法权益的情形，造成损害的，受害人有依照本法取得国家赔偿的权利。”也即不论主观上有无过错，只要符合本法规定即予赔偿，并不存在“无过失的违法行为引起的损害将无从得到救济”问题，因此该说的前提难以确立。

② 彭诵：《论建立行政补偿制度的理论基础》，载《中国煤炭经济学院学报》2000 年第1 期。

③ 姜明安主编：《行政法与行政诉讼法》，北京大学出版社、高等教育出版社 1999 年版，第 476 页。

④ 参见姜明安主编：《行政法与行政诉讼法（第三版）》，北京大学出版社、高等教育出版社 2007 年版，第 727 页。

根据之一，即行政机关及其工作人员为了公共利益而使行政相对人权益处于某种危险状态之中，就应对相对人因此受到的损失予以补偿。①

有关行政补偿的理论基础，还有社会保险说、平均损失说、恩惠说、社会职务说等多种理论。② 对于本书所关注的土地征收补偿而言，在上述不同观点中，"特别牺牲说"与"公平负担说"是最具解释力的说法，可较好地解释土地征收补偿产生的原因与依据。事实上，这两种学说在本质上并无根本区别，只是论证的角度不同而已。特定主体的土地因公共利益的需要而被征收时，之所以需要进行补偿，正是由于这种"特别"的牺牲不是每个人都作出的，因此是不公平的和需要补偿的；而公平负担说所要解决的问题正是弥补特定主体所作出的特别损失或牺牲，以达到社会成员平等承担社会负担的目的。

（三）土地征收补偿的意义

实际上，行政补偿制度的发展变革，也主要与财产权保障有关，并逐渐与财产征收密切结合在一起。如在法国，1789 年的《人权宣言》第 17 条规定："财产是神圣不可侵犯的权利，除非当合法认定的公共利益所显然必需时，且在公平而预先补偿的条件下，任何人的财产不得受到剥夺。"在美国，1791 年的宪法第五修正案规定："未经正当法律程序不得剥夺任何人的生命自由和财产；私有财产非经公正补偿不得为了公用而被征收。"在德国，有关补偿的规定最早见于 1794 年《普鲁士一般邦法》序章第 75 条之规定："对于因公共福祉而牺牲权利及利益之人，国家应予补偿。"到了 19 世纪中叶，由于德国各邦宪法中多设有财产权保障及公用征收制度，补偿逐渐与公用征收制度相结合，发展出公用征收损失补偿制度。③ 可以说，征收制度自其产生开始，就与补偿密切联系在一起，其间虽有进行无补偿征收的尝试，但这种尝试从未形成一种主流的意识或制度，如魏玛宪法规定可制定不予补偿的征收的法律，但实践中这样的法律并未制定过。

① 姜明安：《行政补偿制度研究》，载《法学杂志》2001 年第 5 期。
② 参见沈开举主编：《行政补偿法研究》，法律出版社 2004 年版，第 69—73 页。
③ 参见李建良：《损失补偿》，载翁岳生编：《行政法（2000）》（下册），中国法制出版社 2002 年版。

“二战”以后，《德国基本法》完全放弃了这种无补偿征收的规定，而规定所有征收都必须予以补偿，形成所谓的“唇齿条款”。①

对于土地征收而言，公正补偿的意义体现于以下几个方面：

1. 减少征收权的滥用，维护农民的土地权利。公正补偿要求政府支出相应的代价才可征收土地，在以支付公正补偿为征收必要条件的情况下，政府在实施征收时就必须考虑自身的财政承受能力，在其财政能力范围之内按照公共利益的实际需要进行征收。

公正补偿的要求还将有效减少为公共利益之外的目的而通过征收手段获取土地的行为。在没有公正补偿的情况下，征收土地是一项可获取高额利润的行动，这样就极大地刺激了人们通过与一些不法政府官员相勾结，通过征收手段获取利润的欲望，使得许多所谓的征收行为根本不是为了公共利益的目的，而纯粹是在公共利益的名义之下为了商业目的或其他私人目的而实施，从而造成了对农民土地权利的侵害。实施公正补偿，使得通过征收手段取得土地不再是一件具有如此高收益的行动，为了私人利益而滥用公共利益名义征收土地的行为也将因此减少。

对于中国而言，当前一些地方政府都以土地收入——政府从农民手中征收土地加以整理后再予出让之差价——为其重要的财政收入来源，甚至作为主要的收入来源，依赖土地收入支撑政府的运行。这样，征收权滥用的可能性更来自现实的经济考虑。土地征收的规模也因此更为庞大，从而对农民土地权利的侵害也更为严重。在这种现实之下，公正补偿对征收权滥用的限制意义不但在于防止政府不必顾虑财政的负担而滥用土地征收权，更在于防止政府为了增加其财政收入而滥用土地征收权。

2. 维护社会的稳定。滥用征收权意味着对农民土地权利的限制，无补偿或不公正补偿的征收，将使农民土地权利受到侵害。为此，不合法的征收所带来的社会稳定问题已经到了必须予以高度重视的地步。各地因土地征收问题引起的各类群体性事件时有发生。农村土地纠纷已经成为当前影

① 陈新民：《德国公法学基础理论》（下册），山东人民出版社2001年版，第495页。

响农村社会稳定和发展的首要问题。[①] 另外，没有公正补偿的征收意味着人们的财产权利本身是不稳定的，人们将因而处于财产被剥夺的不安与焦虑中，不可能采取有利于社会长久稳定的行动，却会为了维护自己的权益而采取一切可能的手段。与此相反，公正的补偿却为人们财产的安全提供了有力的保证，一方面会减少政府征收权力的运用，另一方面，即使有征收行为发生，人们也可得到相应的补偿。人们的财产处在一个安全的环境之中，不会遭受随时可能到来的威胁，人们也确信这种安全，因而不致因财产的保障问题而采取额外的行动，甚至铤而走险，导致社会的不稳定。

3. 促进社会负担的平等。土地征收是为了公共利益的目的而进行的，从土地征收中受益的是社会公众，因此实现公共利益的成本也应当由社会公众来分担。与此同时，被征收土地对于原所有者而言，是其个人利益所在，若为了公共利益的需要而无偿剥夺其所有权，那无疑是一种不符合平等要求的行为。“如果财产的占有或所有权在无补偿条件下被征用（比如说，为了一所学校而无偿征用土地），那么，为了大众利益就会将极为不平等的负担施于财产主人之上。”[②] 为了实现负担的平等，就应该对因为公共利益而被征收土地者实施公正的补偿。比如说，国防建设是公共利益所在，一个国家的全部公民都将从国防建设中受益，那么，国防建设的相关负担就应该由全体国民通过纳税的方式来平等地承担。因此，当国防建设需要增加一座设施时，有关设施建设的所有成本都应该由所有公民通过纳税平等地承担，这些成本也包括建设所需的土地成本。若对土地原所有人不进行补偿或不进行公正的补偿，则无异于让土地原所有人比其他公民更多地承担国防建设的负担，因此不符合平等原则。在进行公正补偿的情况

① 据中国社科院农村发展研究所课题组2004年进行的抽样调查，在632份有效问卷中涉及土地问题的有463份，占73.2%。2004年1月以来，课题组共收到172封农民控告信，信中涉及土地问题的有109封，占63.4%。参见于建嵘：《农民维权抗争集中土地纠纷　土地成农村首要问题》，载《瞭望东方周刊》2004年9月6日。另据由北京市信访办和零点集团成立的社会矛盾和社会问题独立观察与对策研究中心的调查，拆迁矛盾已成为现阶段我国社会矛盾中一个突出问题，无论在深度、广度和烈度上都显著高于其他社会矛盾。张艳：《机构调查显示拆迁矛盾已成中国首要社会矛盾》，http://business.sohu.com/20110623/n311369746.shtml。

② ［美］迈克尔·D. 贝勒斯：《法律的原则——一个规范的分析》，张文显等译，中国大百科全书出版社1996年版，第139页。

下，土地原所有人的土地财产损失得到了相应的弥补，而其对公共利益的享有则与其他公民一样通过纳税的形式平等地支付了代价，这样他与其他公民在平等享有公共利益的同时，也平等而不是超额地承担了代价。

4. 保证资源配置的效率。土地是财富的基础，没有土地，其他一切财富都失去了根基，人类本身也将无从存在。在一定的意义上，土地永远都是稀缺的资源，因此，从经济角度出发，土地的利用也必须符合效率原则，使有限的土地资源得到最有效率的使用。对于土地原所有人而言，一旦土地被政府征收，他就不可能再对其进行利用。如果政府在土地征收中不需要进行补偿或不需进行公正补偿，那么政府可能会产生这样一种“财政错觉”，即认为土地是不需要成本或只需要极低成本的资源，从而作出非理性决策，导致土地的过度征收和不合理使用，进而导致土地资源的错误配置和浪费等无效率现象的发生。① 为了避免这种土地资源无效率使用的状况，应该实行公正的补偿，促使政府在征收土地时进行必要的斟酌，充分估计征收将付出的代价和政府的承受能力，尽可能减少不必要的征地，只有在公共利益真正需要的时候，并且征收所带来的收益大于所支付的代价时才征收土地，并对所征收土地进行充分的利用，减少土地资源的浪费，提高土地资源配置的效率。

5. 构成土地征收行为合法之要件。正当补偿除在实践中的重要意义外，在理论上的最重要意义在于它成了合法征收本身的构成要件，没有正当补偿就不能合法地征收包括土地在内的财产。事实上，征收制度自其产生之日起就与补偿有着不可分割的密切关系。从法国《人权宣言》到美国宪法第五修正案，都明确规定没有正当补偿就不得为公共利益而征收财产。在美国 1837 年的 Bloodgood V. Mohawk & Hudson R. R. Co. 案件中，法院尽管认为州立法机关有权授予铁路公司为铺设一条新铁路而征收私人土地的权力，但仍因铁路公司没有在征收原告的土地前支付补偿金而判决其败诉。② 在德国，尽管魏玛宪法曾规定联邦可制定不予补偿的征收法律，

---

① Michael A. Heller and James E. Krier, *Deterrence and Distribution in the Law of Takings*, 112 Harvard Law Review 997 (1999), at 999.

② Bloodgood V. Mohawk & Hudson R. R. Co., 18 wend. 9 (N. Y. 1837).

但基本法改变了这一规定，并明确规定征收唯有依据规定了补偿的额度和种类的法律才可进行，也就是说将补偿作为征收不可或缺的条件，强制性地规定在一起，使补偿成为征收合法的必备要件。[①] 在 1981 年有关“湿采石”案的判决中，德国联邦宪法法院强调：以行政处分为公用征收，仅限于有法律之基础，且该法律定有补偿之种类与范围，始得为之。如该法律未有补偿之规定，则以该法律为基础所为之征收处分，即构成违法。在这种情形下，当事人申请撤销征收处分，而不能请求征收补偿。[②] 这一判决更加明确了补偿作为征收构成要件的意义。

在中国大陆，自 20 世纪 50 年代以来有关土地征收的法律通常都有补偿的规定，但并没有将补偿作为征收的要件来规定，有时甚至明确规定可不予补偿而实施征收。如 1953 年颁布的《国家建设征用土地办法》（已失效）第 17 条第 2 款即规定“市区内的空地得无偿征用”。在 2004 年之前，宪法在土地征收（用）方面也仅仅规定“国家为了公共利益的需要，可以依照法律规定对土地实行征用”，并未对补偿问题作出规定。2004 年通过的宪法修正案将此条款修改为“国家为了公共利益的需要，可以依照法律规定对土地实行征收或者征用并给予补偿”，此后土地管理法也作了相应修改。这一规定尽管没有明确“补偿”是何种程度的，也没有明确补偿是否为征收的必要条件，但与此前不对补偿作规定相比较，既然作如此修改，应是立法者已经认识到补偿对土地征收的重要意义，而欲将之作为土地征收之必要条件。

## 二、中国土地征收补偿的变迁

中华人民共和国成立以后，继续开展土地改革运动，为此专门出台了《中华人民共和国土地改革法》，其中多次提到对土地的征收，[③] 即强制收走原土地所有人的土地。但此处的征收目的在于“废除地主阶级封建剥

---

① 陈新民：《德国公法学基础理论》（下册），山东人民出版社 2001 年版，第 495 页。

② 参见李建良：《损失补偿》，载翁岳生编：《行政法（2000）》（下册），中国法制出版社 2002 年版，第 1682 页。

③ 参见土地改革法第二章。

削的土地所有制，实行农民的土地所有制”，也未提到补偿一事，因此它与为了具体的公共利益而实施的土地征收是不一样的。20 世纪 50 年代中后期，国家又实施了农业的社会主义改造，农民所有的土地逐渐转变为集体所有和国家所有，在此过程中，出现了土地所有权的转变，但此种所有权的转变虽有一定的强制性，一定意义上也可认为是出于公共利益的目的，但一方面并不是基于具体的公共利益，另一方面也未予补偿，因此同样不是法律意义上的土地征收。有鉴于此，本书讨论土地征收补偿时并不包括土地改革过程中所称的“征收”和社会主义改造中的土地国有化。①

（一）1949 年后至改革开放之前的土地征收补偿制度

1950 年 6 月，政务院制定了《铁路留用土地办法》（已失效），其中第 6 条规定：“铁路因建筑关系，原有土地不敷应用或有新设施需要土地时，由铁路局通过地方政府收买或征购之。”此处所称“收买”与“征购”，内涵当相同或接近于征收，尽管其中没有进一步规定有关如何补偿问题，但既然是收买与征购，当是支付一定对价的，且应是接近市场价值之对价。1950 年 11 月，政务院又通过了《城市郊区土地改革条例》，其中第 14 条规定：“国家为市政建设及其他需要征用私人所有的农业土地时，须给以适当代价，或以相等之国有土地调换之。对耕种该项土地的农民亦应给以适当的安置，并对其在该项土地上的生产投资（如凿井、植树等）及其他损失，予以公平合理的补偿。”此条例所规定的土地征收补偿体现于两个方面：一是补偿方式上，既有金钱补偿，也有实物补偿；二是补偿标准上，对土地之补偿为“适当代价”，对地上附着物与其他损失的补偿则为“公平合理之补偿”。

1953 年 11 月，政务院颁布了《国家建设征用土地办法》，对土地征收

① 有关土地征收补偿的发展，还可参见王静：《城镇化中土地制度改革的未来走向——中国近 10 年研究成果综述》，载《甘肃行政学院学报》2013 年第 4 期；吴香云：《城镇化中土地征收补偿制度改革创新研究》，载《法制与社会》2013 年第 36 期；李牧、耿宝建：《论我国土地征收及补偿制度的完善》，载《法商研究》2005 年第 2 期；朱连奇、韦东、屠高平：《我国土地征收补偿制度的演变及其改革研究》，载《地域研究与开发》2007 年第 5 期。

补偿的相关问题作了具体规定。该办法第8条第1款规定："被征用土地的补偿费，在农村中应由当地人民政府会同用地单位、农民协会及土地原所有人（或原使用人）或由原所有人（或原使用人）推出之代表评议商定之。一般土地以其最近三年至五年产量的总值为标准，特殊土地得酌情变通处理之。如另有公地可以调剂，亦须发给被调剂土地的农民以迁移补助费。"第2款规定："对被征用土地上的房屋、水井、树木等附着物及种植的农作物，均应根据当地人民政府、用地单位、农民协会及土地原所有人和原使用人（或原所有人和原使用人推出之代表）会同勘定之现状，按公平合理的代价予以补偿。"根据上述规定，并结合本办法的其他条款可知：

首先，有关土地征收补偿的范围，除了土地本身之外，明确了"被征用土地上的房屋、水井、树木等附着物及种植的农作物"都应予以一定的补偿。此外，对坟墓等迁移所造成的损失也应该予以补偿。如第10条中规定："凡因征用土地而须迁移坟墓者，必须事前通知坟主迁移，发给适当的迁葬费用。"

其次，有关土地征收补偿的方式，除了现金补偿之外，还可辅以实物补偿，即"如另有公地可以调剂"。此外，对农民因征收而可能导致生活困难的，还要予以安置。如第13条规定："农民耕种的土地被征用后，当地人民政府必须负责协助解决其继续生产所需之土地或协助其转业，不得使其流离失所。用地单位亦应协同政府劳动部门和工会在条件许可的范围内，尽可能吸收其参加工作。"

再次，有关土地征收补偿的标准，是以产值为基础的，这也是首次明确以产值倍数为土地征收补偿的标准，而对附着物，则以"公平合理的代价"为补偿标准。

最后，有关征收补偿程序，理论上被征地人是有谈判权的，"被征用土地的补偿费，在农村中应由当地人民政府会同用地单位、农民协会及土地原所有人（或原使用人）或由原所有人（或原使用人）推出之代表评议商定之。"

另外，根据该办法规定，土地征收的补偿是由用地单位负责的，1953

年《国家建设征用土地办法》第 14 条中规定："被征用的土地及其附着的房屋等应由原所有人或其合法的代理人凭所有权的证状或当地乡以上人民政府的证明，向用地单位领取补偿费（可由当地人民政府代发）。"

1954 年 9 月，第一届全国人民代表大会通过了《中华人民共和国宪法》，其中第 13 条规定："国家为了公共利益的需要，可以依照法律规定的条件，对城乡土地和其他生产资料实行征购、征用或者收归国有。"这是中华人民共和国立法史上第一次以宪法形式对土地征收进行的规定，但遗憾的是，1954 年宪法并没有对土地征收补偿进行规定。

随着国内政治经济形势的发展，1957 年 10 月，国务院对 1953 年的《国家建设征用土地办法》（已失效）进行了修订，并于 1958 年 1 月公布实施。此次修订在土地征收补偿方面带来的主要变化在于：

在土地征收补偿方式方面，强调"应该尽量用国有、公有土地调剂"，无法调剂的或者调剂后对被征用土地者的生产、生活有影响的，"应该发给补偿费或者补助费"。

在土地征收补偿标准方面，进一步强调了产值倍数法标准，但具体标准上，对于一般土地，从原来的"最近三年至五年产量的总值"，变成"最近二年至四年的定产量的总值"，降低了补偿标准。甚至，在农村征收土地也可不予补偿，"征用农业生产合作社的土地，如果社员大会或者社员代表大会认为对社员生活没有影响，不需要补偿，并经当地县级人民委员会同意，可以不发给补偿费。"

在补偿主体上，进一步明确了用地单位为补偿主体，"被征用土地的补偿费或者补助费以及土地上房屋、水井、树木等附着物和农作物的补偿费，都由用地单位支付。"

在补偿对象上，合作社成了补偿的主要对象，"征用农业生产合作社的土地，土地补偿费或者补助费发给合作社；征用私有的土地，补偿费或者补助费发给所有人。土地上的附着物和农作物，属于农业生产合作社的，补偿费发给合作社；属于私有的，补偿费发给所有人"。这一变化是农业生产合作化推进的结果，也是未来征收集体土地时补偿对象的前奏。

在被征地农民安置问题上，进行了进一步的明确："对因土地被征用而需要安置的农民，当地乡、镇或者县级人民委员会应该负责尽量就地在农业上予以安置；对在农业上确实无法安置的，当地县级以上人民委员会劳动、民政等部门应该会同用地单位设法就地在其他方面予以安置；对就地在农业上和在其他方面都无法安置的，可以组织移民。"

总体上，1953 年制定并于 1958 年修订实施的《国家建设征用土地办法》（已失效）确立了改革开放之前土地征收补偿的基本框架，这一框架一直延续到改革开放之后方被取代。而其中所确立的以"产值倍数法"为核心的补偿标准及计算方法，则一直沿用至今。

（二）改革开放初期土地征收补偿制度的发展

十一届三中全会之后，我国实施了改革开放政策，国家的工作重心转向经济建设。随着经济建设的推进，建设用地不断增长，土地征收及其补偿方面出现了一些新的问题。在此形势下，1982 年 5 月，经全国人大常委会批准，国务院公布了《国家建设征用土地条例》（已失效），对新形势下的土地征收问题进行了规定。与 1958 年发布实施的《国家建设征用土地办法》相比，新条例在补偿范围、补偿对象方面并没有大的变化，主要的变化在于以下方面。

有关补偿标准，《国家建设征用土地条例》（已失效）规定，土地补偿费标准为该耕地年产值的三至六倍，比 1958 年《国家建设征用土地办法》规定的"二至四倍"有所提高；明确了征收土地的具体补偿标准以及青苗补偿费和地上附着物补偿费由省级人民政府制定；规定了安置补助费的标准。

有关安置方式，1958 年的《国家建设征用土地办法》尽管也提到了被征地农民的安置，但并未进行详尽规定，而《国家建设征用土地条例》中则进行了具体的规定。明确了安置的主要途径包括：发展农业生产；发展社队工副业生产；迁队或并队。按照上述途径安置不了的，经省、自治区、直辖市人民政府批准，可安排到集体所有制单位就业。生产队的土地已被征完，又不具备迁队、并队条件的，本队原有的农业户口，经省、自治区、直辖市人民政府审查批准，可转为非农业户口或城镇户口。①

有关土地征收补偿的分配问题，《国家建设征用土地条例》也有所涉及，但主要是强调补偿归集体所有，不得用于“挪作他用”，“用地单位支付的各项补偿费和安置补助费，除被征用土地上的附着物中产权确属个人的其补偿费应当付给本人，集体种植的土地上的青苗补偿费可以纳入当年集体收益分配外，都应当由被征地单位用于发展生产和安排因土地被征用而出现的多余劳动力的就业和不能就业人员的生活补助，不得移作他用。”②

1986 年 6 月，全国人大常委会通过了《中华人民共和国土地管理法》（现已修改），自 1987 年 1 月起正式实施。这是在我国改革开放的新形势下制定的一部法律，基于当时的现实，明确其是“土地管理法”而不是“土地法”，重在土地的管理。也因此，它成为我国土地征收及其补偿制度发展的一个重要节点。在土地征收补偿方面，土地管理法继受了《国家建设征用土地条例》的大部分内容。有所变化的内容主要在于，一是改变了《国家建设征用土地条例》中明确的“征用无收益的土地，不予补偿”的规定，无偿征收终于成为过去式；二是改进了剩余劳动力的安置途径，规定可以通过举办乡镇企业、安排到全民所有制单位就业等方式来解决剩余劳动力的就业。③

从 1982 年国务院出台《国家建设征用土地条例》（已失效）到 1986 年全国人大通过《中华人民共和国土地管理法》，确立了改革开放初期土地征收补偿制度的法律框架。其特点是：注重对国家强制性的支持，在规定中明确提出了土地征收补偿的范围，包括土地补偿费、安置补助费、地

---

① 《国家建设征用土地条例》第 12 条。

② 《国家建设征用土地条例》第 11 条。

③ 1986 年土地管理法第 31 条中规定：“因国家建设征用土地造成的多余劳动力，由县级以上地方人民政府土地管理部门组织被征地单位、用地单位和有关单位，通过发展农副业生产和举办乡（镇）村企业等途径，加以安置；安置不完的，可以安排符合条件的人员到用地单位或者其他集体所有制单位、全民所有制单位就业，并将相应的安置补助费转拨给吸收劳动力的单位。被征地单位的土地被全部征用的，经省、自治区、直辖市人民政府审查批准，原有的农业户口可以转为非农业户。”

上附着物和青苗的补偿费，并对各项费用的补偿标准和补偿主体作了详细的规定，适度提高了相应的补偿标准，以期能够更加妥当的安排土地被征收者的生活，对被征地农民的安置途径也作了具体规定，这些特点仍然体现较为浓厚的计划经济色彩。①

（三）1998 年土地管理法修订以来土地征收补偿的新发展

1992 年中共十四大之后，中国确立了市场经济的经济体制改革方向，中国经济进入了一个全新的时期。随着经济社会的快速发展，建设用地的需求快速提高，用地规模不断扩大，节约用地、耕地保护受到了国家的高度重视。同时，土地征收补偿仍然按之前的规定执行，引起了农民的广泛抗议，由土地征收与补偿而引发的纠纷日益增多，乃至严重影响了社会稳定。在此背景下，1998 年 8 月，全国人大常委会对土地管理法进行了较大规模的修订。

修订后的土地管理法建立了土地用途管制和土地利用规划制度，加强了建设用地的审批力度，对耕地规定了更加严格的保护。但在土地征收补偿方面，新的土地管理法并没有发生实质性转变，仍然延续了原来按照被征收土地的原用途给予补偿的“产值倍数法”补偿思路。变化之处主要是对具体补偿标准的倍数值有所提高。其中，征收耕地的土地补偿费提高到该耕地被征收前三年平均年产值的六至十倍；每一个需要安置的农业人口的安置补助费标准提高到该耕地被征收前三年平均年产值的四至六倍，同时规定，每公顷被征收耕地的安置补助费，最高不得超过被征收前三年平均年产值的十五倍。另外还规定，土地补偿费和安置补助费的总和不得超过土地被征收前三年平均年产值的三十倍。② 与修订之前相比，在土地征收补偿标准方面，修订后的土地管理法确实略有提高，但这种提高是非常有限的，且仍然没有突破“产值倍数法”的基本框架，同时还设定了最高倍数的规定。若说留下了变化的空间，则在于第 47 条第 7 款规定“国务院

① 吴香云：《城镇化中土地征收补偿制度改革创新研究》，载《法制与社会》2013 年第 36 期。

② 参见土地管理法第 47 条。

根据社会、经济发展水平，在特殊情况下，可以提高征用耕地的土地补偿费和安置补助费的标准”，为突破产值倍数法的限定在法律上留下了可能性。

在被征地农民的安置方面，新修订的土地管理法主要是规定了安置补助费，而没有对如何进行安置进行具体的规定。同年颁布的土地管理法实施条例对此进行了规定，也仅仅是提及“由农村集体经济组织安置”“由其他单位安置”“不需要统一安置”（自我安置）三种安置方式，且是在规定安置补助费如何分配时提及。① 这种变化或许是基于经济体制的转变，国家不再如过去一样有强大的直接安排就业的能力，同时，有关安置补助费的规定被视为对直接安置的一种替代。

2004 年 3 月，十届全国人大二次会议审议通过了宪法修正案。修正后的《中华人民共和国宪法》第 10 条第 3 款修改为：“国家为了公共利益的需要，可以依照法律规定对土地实行征收或者征用并给予补偿。”这是中华人民共和国宪法第一次明确规定征收土地须给予补偿，尽管没有规定补偿的原则和标准，但仍可谓是一大进步，体现了对公民财产权的尊重。同年，土地管理法也根据宪法进行了修订，明确“国家为了公共利益的需要，可以依法对土地实行征收或者征用并给予补偿”。

2007 年，物权法通过，该法第 42 条第 2 款对土地征收补偿进行了规定，“征收集体所有的土地，应当依法足额支付土地补偿费、安置补助费、地上附着物和青苗的补偿费等费用，安排被征地农民的社会保障费用，保障被征地农民的生活，维护被征地农民的合法权益”。相对于土地管理法，这一规定的进步之处在于：首先，明确了要“足额支付”土地征收补偿，或许此条规定无关土地征收补偿的标准，而仅仅是针对要足额支付，但仍体现了对被征收人权利的尊重；其次，以法律的形式将被征地

① 参见土地管理法实施条例第 26 条第 2 款：“征收土地的安置补助费必须专款专用，不得挪作他用。需要安置的人员由农村集体经济组织安置的，安置补助费支付给农村集体经济组织，由农村集体经济组织管理和使用；由其他单位安置的，安置补助费支付给安置单位；不需要统一安置的，安置补助费发放给被安置人员个人或者征得被安置人员同意后用于支付被安置人员的保险费用。”

农民的社会保障问题纳入土地征收补偿范畴。虽然社会保障是否应与土地征收挂钩值得探讨，但其中体现的对农民合法权益的关注却是值得肯定的。

2004 年 10 月，《国务院关于深化改革严格土地管理的决定》在以下方面对土地征收补偿作出了发展：首先，强调“使被征地农民生活水平不因征地而降低。依照现行法律规定支付土地补偿费和安置补助费，要保证依法足额和及时交付土地补偿费、安置补助费以及地上附着物和青苗补偿费。尚不能使被征地农民保持原有生活水平的，不足以支付因征地而导致无地农民社会保障费用的，省、自治区、直辖市人民政府应当批准增加安置补助费。土地补偿费和安置补助费的总和达到法定上限，尚不足以使被征地农民保持原有生活水平的，当地人民政府可以用国有土地有偿使用收入予以补贴。”按此规定，被征地农民所得补偿可以超过土地管理法所设定的最高产值倍数限制，尽管其是以“补贴”的方式存在，但仍然是对被征地农民权益的一种弥补。其次，规定要制定统一年产值标准和区片综合地价，“省、自治区、直辖市人民政府要制订并公布各市县征地的统一年产值标准或区片综合地价，征地补偿做到同地同价。”统一年产值仍然是以产值为基础的，但可促进实现“同地同价”的目标，区片综合地价则让土地征收补偿标准有了超越产值倍数的想象空间。最后，在补偿方式上，强调了对被征地农民的安置问题，要求“县级以上地方人民政府应当制定具体办法，使被征地农民的长远生计有保障”。规定“对有稳定收益的项目，农民可以经依法批准的建设用地土地使用权入股”；“在城市规划区内，当地人民政府应当将因征地而导致无地的农民，纳入城镇就业体系，并建立社会保障制度”；“在城市规划区外，征收农民集体所有土地时，当地人民政府要在本行政区域内为被征地农民留有必要的耕作土地或安排相应的工作岗位”；“对不具备基本生产生活条件的无地农民，应当异地移民安置”。另外，《关于深化改革严格土地管理的决定》对土地征收补偿分配进行了规定，要求对省级人民政府根据土地补偿费主要用于被征地农户的原则，制定土地补偿费在农村集体经济组织内部的分配办法。

为贯彻《国务院关于深化改革严格土地管理的决定》，2004 年 11 月，国土资源部发布了《关于完善征地补偿安置制度的指导意见》（以下简称《意见》），《意见》再次明确，按法定的统一年产值倍数计算的征地补偿安置费用，不能使被征地农民保持原有生活水平，不足以支付因征地而导致无地农民社会保障费用的，经省级人民政府批准应当提高倍数；土地补偿费和安置补助费合计按 30 倍计算，尚不足以使被征地农民保持原有生活水平的，由当地人民政府统筹安排，从国有土地有偿使用收益中划出一定比例给予补贴。同时，《意见》还明确，制定区片综合地价时，应考虑地类、产值、土地区位、农用地等级、人均耕地数量、土地供求关系、当地经济发展水平和城镇居民最低生活保障水平等因素。按此规定，则土地产值仅仅是考虑的因素之一，一定意义上，区片综合地价突破了土地管理法所确定的按土地原用途进行补偿和具体按年产值倍数进行补偿的限制，是土地征收补偿标准方面的一个巨大进展。

应该说，相对于之前的规范性文件，国务院和国土资源部的这两个文件在土地征收补偿方面还是取得了相当的进展，可惜的是，由于这两个文件本身仅是行政规范性文件，内容也不够明确，同时土地征收及其补偿牵涉的利益太过巨大、复杂，因此它们在实践中的实施效果仍然是有限的。在 2004 年之后，尽管也有新的类似效力层次的文件发布，但并没有超越这两个文件的规定。

纵观中华人民共和国成立以来土地征收补偿的发展，在补偿方式和范围上，应该是存在一个逐步发展的过程，范围趋向于齐全，方式趋向于多样，并根据经济社会发展的需要作了相应调整。但在补偿标准上，却一直按土地原用途并依据产值倍数法进行补偿的实质性标准，其间的调整主要是倍数的调整，“体现的是量上的变化，其本质上仍然是在延续 20 世纪 50 年代初期的以被征地年产值为补偿基数的做法。”① 这一标准若不得以突

① 李牧、耿宝建：《论我国土地征收及补偿制度的完善》，载《法商研究》2005 年第 2 期。

破，则公正的土地征收补偿恐难以实现，因土地征收补偿而引发的社会矛盾亦难以有效平息。

## 三、土地征收补偿存在的不足

### （一）土地征收补偿理论基础不够完善

作为对因公共利益而遭受损失者的利益弥补，通常认为，土地征收补偿之所以存在，其理论基础在于，公共利益的需要应该由公众来承担成本，而不应由特定的人来承担成本，由公共利益的需要而导致的负担应该由公众来分担。[①] 在土地征收中，对农民因此而导致的特别损失，也应该由全社会来共同承担，即对其因土地征收而导致的利益损失通过公正补偿的方式进行弥补。

从土地征收及其补偿制度的发展历史来看，我国的土地征收及其补偿并没有充分体现这一理论基础，公正补偿的观念还没有得以完全有效实施。即使有所补偿，那也仅仅着眼于征地人的基本生活可得到保证，从1953年《国家建设征用土地办法》（已失效）强调的“农民耕种的土地被征用后，当地人民政府必须负责协助解决其继续生产所需之土地或协助其转业，不得使其流离失所”，到改革开放之后强调的“使被征地农民生活水平不因征地而降低”，以及国家和各地方制定的规范性文件中强调加强对被征地农民的社会保障即是如此。

### （二）土地征收及其补偿立法体系需要进一步健全

早在1953年，政务院就出台了《国家建设征用土地办法》（已失效），针对土地征收问题进行专门规定。改革开放之后，国务院又根据经济社会发展的需要，于1982年出台了《国家建设征用土地条例》，对新形势下的土地征收问题进行专门规范。这两部法规尽管称不上完善，但至少在内容上，它们相对而言是比较完整的，对土地征收及其补偿的主要问题都有涉及。1986年，全国人大常委会通过土地管理法，按照常理，随着国家政治

---

① 参见前述土地征收理论基础的论述。

经济生活回归常态，以及当时法制建设的进步，土地管理法中对土地征收与补偿问题当进行更为详尽完善的规定，然而，土地管理法一方面废止了《国家建设征用土地条例》，另一方面对土地征收问题又仅仅是作了非常原则性的规定。

### （三）土地征收补偿范围与方式应更符合实际需要

按照土地管理法规定，现行土地征收补偿包括土地补偿费、安置补助费、地上附着物与青苗补偿费三大部分。换言之，现行法律将土地补偿范围的规定限定于被征收土地本身、因土地征收而导致的就业问题、因土地征收而导致的地上附着物（主要为房屋）的损失、青苗的损失。应该说，因土地征收导致损失而需要补偿的范围主要涉及以上部分，但是，仅仅有上述范围的补偿是不够的。首先，上述规定没有涵括所有因土地征收而引致的损失，如迁移费的损失、营业损失等都不在其内。其次，现行的安置补偿也存在问题。“没有包括农民的择业成本和从事新职业的风险成本，这一补偿范围有悖于民法的基本精神，也与世界各国的土地补偿的范围和标准相悖。”[①] 最后，上述规定本身也十分笼统，执行中带来许多问题，如在农村土地集体所有的现实之下，土地的所有权与使用权是分开的，且承包经营权已经被确认为财产性权利，笼统地规定土地补偿费，难以解决现实中如何处理被征地承包户与集体之间及与其他农民之间的利益关系。此外，宅基地作为一种特殊的土地使用权，它的补偿如何按原产值确定？诸如此类问题，当前法律都未能有效解决。

在补偿方式上，现行法律规定的主要是金钱补偿，体现为各种“补偿费”。现实中也存在一些实物补偿，特别是对作为地上附着物的房屋在被征收后所进行的实物补偿。同时，安置作为一种补偿方式，是与安置补助费相互替代的，农民选择自我安置，则可取得安置补助费，否则安置补助费归安置单位所有。另外，一些地方近年来倾向于将社会保障也作为土地

---

① 吴传毅：《科学发展观视域下的农村土地征收补偿制度思考》，载《湖南科技大学学报（社会科学版）》2011 年第 4 期。

征收补偿的方式之一，在规范性文件中加以规定。[①] 上述有关土地征收补偿方式的规定尽管已经在土地管理法的基础上，于实践中作了发展，但仍然需要立法进一步予以保障。例如，现实中已经慢慢得到重视的土地入股补偿（安置）方式、留地补偿（安置）方式，在法律上都还没有得到正式的认可。

（四）土地征收补偿标准脱离土地价值

按照现行土地管理法的规定，当前我国土地征收补偿实行的是按土地原用途以“产值倍数法”计算的补偿，且土地补偿费与安置补助费最高不得超过年产值的30倍，在诸如大中型水利水电工程建设中被征收土地的农民所能得到的补偿还远远低于此数。[②] 土地征收补偿的具体年产值和具体倍数，则由省级人民政府规定。土地管理法所确定的这一补偿基本标准，是完全脱离土地价值的。事实上，立法在确定该标准的时候，就明确土地征收补偿不是以市场价值为标准的。《关于〈中华人民共和国土地管理法（修订草案）〉的说明》指出：按照级差地租是国家投资形成、原则上收益应当属于国家和征地补偿使被征用土地单位的农民生活水平不降低这两项原则，土地管理法规定产值倍数法系假定“如果被征地单位将土地补偿费、安置补助费全部存入银行，按当时（1986年）的银行长期存款利率（5%）计算，所得利息即可相当于土地被征用前三年的平均收益”。[③] 也就是说，当时确定的补偿标准，是要让农民的土地被征收后仍能像没有征收之前一样获得那样多的收益。从表面上看，这种补偿思路似乎也有合理之处。但是，即使承认这种思路具有一定的合理性，它也忽视了重要的前提性问题：物价水平是不是稳定不变的？利率是不是固定不动的？土地的利用方式是不是可选择的？农民是不是可分享发展的收益？可见，土地征收

---

① 如《江苏省征地补偿和被征地农民社会保障办法》《浙江省征地补偿和被征地农民基本生活保障办法》等。

② 《大中型水利水电工程建设征地补偿和移民安置条例》第22条中规定：“大中型水利水电工程建设征收耕地的，土地补偿费和安置补助费之和为该耕地被征收前三年平均年产值的16倍。”

③ 参见1998年4月26日第九届全国人民代表大会常务委员会第二次会议上《关于〈中华人民共和国土地管理法（修订草案）〉的说明》。

补偿按照原用途以产值倍数法计算的理论根本就是站不住脚的。正因如此，实践中，国务院文件要求各地制定统一年产值和区片综合地价，以作为土地征收补偿的标准，这种做法在一定程度上比原来单纯的产值倍数法有了一定的进步，但仍然没有摆脱以原用途为基础而不是以市场价值为基础的问题，即使可以治标也不能治本，还需要在未来的立法中进一步解决之。

（五）土地征收补偿分配需要进一步规范

我国实行的是土地公有制，具体包括国家所有和集体所有，土地征收中所征收的土地是集体所有的土地。农民集体作为由农民组成的集体，尽管理论上其利益与农民的利益是可以统一的，但不可否认，两者的利益并不完全一致，在许多时候，它们甚至是冲突的。目前法律规定土地征收补偿主要补偿给集体，集体是土地征收补偿的主要对象，甚至还明确限制土地征收补偿在农民间进行分配。但事实上，土地征收补偿仅落实到集体并没有完全解决问题，还面临着如何在集体成员间进行进一步分配问题。在此问题上，国务院的相关文件规定土地补偿费主要用于农民，但到底如何分配、分配的比例是多少、分配的标准是什么等问题都还处在悬而未决的状态，各地对此有着一些探索，但具体内容上各不相同，有些地方还出现了一些问题。比如，在云南省玉溪市江川县，甚至出现了在分配征地补偿款时，按1987年时一户村民在人民公社体制下的工作量计算征地补偿费用的做法，导致部分村民激烈反弹，并两次引发群体事件和暴力冲突。① 有鉴于上述种种问题，土地征收补偿的分配问题必须在立法中予以明确。

（六）土地征收补偿程序需要进一步完善

土地征收补偿程序是政府在实施土地征收补偿行为时所要遵循的方式、步骤、时限、顺序等。对此，土地管理法及其实施条例以及其他相关规范性文件进行了一些规定，包括征收补偿安置方案的拟定程序、公告程序、征求意见程序、报批程序、争议解决程序等，但目前的程序还存在一

① 《云南玉溪征地补偿按公社时代工分制计算引警民冲突》，载《21世纪经济报道》2013年6月10日。

些较突出的问题，主要包括：其一，程序缺少中立性。政府是征收者，也是补偿标准的制定者，还是争议的解决者，“既是裁判员又是运动员”。其二，农民没有必要的谈判权。当前的规定尽管体现了农民有限的参与权，如对土地征收补偿方案不服时可要求举行听证，等等，但这种参与权在实践中能起到多大的作用却是值得怀疑的。另外，现行土地征收补偿程序中还存在其他的一些问题，如缺少土地调查制度、土地评估制度，纠纷解决程序不完善，等等。鉴于行政程序在现代行政行为过程中所具有的重要意义，也鉴于完善的土地征收补偿程序对实现公正的土地征收补偿所具有的重要意义，有关土地征收补偿程序的不足必须受到更多的重视。

## 四、不完善的土地征收补偿可能带来的问题

### （一）损及农民的合法权益

我国农村土地归集体所有，集体是土地的所有权主体。但是，集体不是一个抽象的名词，它是与集体的成员密切相关的，集体的利益必须落实到成员的身上，集体的存在才是有意义的。理论上，更好地维护成员的利益正是成员结成集体的目的所在。

在土地征收的过程中，集体转移了土地所有权，是征收补偿针对的对象，从直接的法律关系层面看，土地征收是否予以公正的补偿关涉的是“集体”这一独立主体的利益维护情况，而与集体成员无直接关系。但正如前面所分析的，集体的利益必须落实到成员身上，事实上也必然落实到成员身上，因此，土地征收补偿若不完善，也就损害了作为集体成员的农民的利益。

从当前我国的法律规定及其实践看，我国农村集体土地实行承包经营制，集体拥有土地的所有权，而农民则拥有集体土地“长期而有保障的土地使用权”，享有承包地的使用、收益和土地承包经营权流转的权利，在承包地被依法征收、征用、占用时，有权依法获得相应的补偿。[①] 可见，

① 参见农村土地承包法第1条、第16条。

农村土地尽管在所有权上归集体所有，但也是农民的利益所在，公正的土地征收补偿是被征地农民的利益所在。

然而，在我国土地征收及其补偿实践中，补偿却是有待完善的。现行补偿按土地原用途进行，采取的产值倍数计算方法，即以土地的原产值为基础对农民进行赔偿，农民未能参与土地增值收益的分配。据中国人民大学、美国农村发展研究所和美国密歇根州立大学在1999年至2011年期间共同开展的六次有关中国农民土地权利的抽样调查显示，中国土地征收补偿平均金额为每亩补偿费1.8739万元，而政府出让土地使用权的平均价格则为每亩77.8万元，是补偿金额的40多倍。①

对农民权利的影响不仅仅体现于土地增值收益大部分都归了地方政府，还在于农民在土地征收过程中的其他方面权益。如：土地征收及其补偿程序未能充分保护农民的参与权和谈判权；个别地方政府为推进土地征收的实施，在土地征收中出现了不法行为；等等。上述种种情况，一定程度上都是由于土地征收补偿的不完善而导致的，至少补偿的不完善加剧了这种情况。

（二）刺激征收权力的运用

在改革开放的过程中，中央和地方关系也慢慢地开始发生变化，地方承担了越来越多的经济社会方面的职责，但在财政分配上，20世纪90年代开始实行的分税制使得地方在财政收入中所占的比例越来越小，一些地方越来越依赖土地财政。根据财政部公布的2014年财政收支情况，地方政府性基金收入4.99万亿，其中国有土地使用权出让收入高达4.26万亿，同比增加1340亿元，增长3.2%。②

不完善的土地征收补偿使得土地财政有了现实可能性，一些地方倾向于扩大征收规模以获取更多的土地财政收入。早在2004年，国土资源部的统计就揭示：全国开发区多达6015个，规划面积3.54万平方公里，其中

① 美国农村发展研究所课题组：《十七省地权现状》，载《社会科学报》2012年3月29日。

② 财政部国库司：《2014年财政收支情况》，财政部网站：http://gks.mof.gov.cn/zhengfuxinxi/tongjishuju/201501/t20150130_1186487.html。

相当数量是耕地。开发区的规划面积已超过当时城镇建成区面积的总和。很大一部分开发区都处于“开而不发”的状态，没有得到真正有效的利用，有的甚至处于荒芜的状态。经治理整顿，各地撤销的开发区3763个，核减规划面积1.4万平方公里，退回土地面积1600多平方公里，复垦土地面积1100多平方公里。① 不止于此，个别地方为了获取财政收入，在土地征收中还出现了违法行为。审计发现，截至2015年，全国累计违规超计划或超规划审批、越权或拆分审批、少批多征或未批先征等批地征地38.77万公顷，违规协议出让、虚假“招拍挂”或“毛地”出让等供地14.43万公顷，违规以租代征、改变规划条件等用地21.86万公顷。在审计署抽查的236个城市新区中，有88个突破土地或城市规划，152个占用的12.21万公顷土地长期未用；1742个地方开发区中，违规审批设立的有1135个（建成面积69.1万公顷），还有553个违规扩区379.15万公顷。②

（三）影响经济社会的顺利发展

土地是财富之母，没有土地，一切经济社会建设都将失去根基。正因为土地具有如此的重要性，在现实的公共利益有需要时，才需要征收农民的土地。从另外一个角度，我们也可以说，足够的土地供应是社会经济持续稳定发展的基础。基于土地征收的目的应该是为了满足公共建设的需要，而公共建设是一个国家社会经济顺利发展所必需的，必要的土地征收也是社会经济顺利发展所必需且不可避免的。

但是，土地征收的理论与实践都表明，征收的进行须以公正的补偿为对价。如果没有完善的土地征收制度和公正的补偿，土地征收的规模势必超越公共利益所需。这种情形不仅造成对农民权利的损害，还会造成土地的浪费，而且对经济增长方式和经济结构造成严重影响，“由于建设用地的获得成本很低，激励了用地单位的多占和超占行为，由于农地转用的低

① 《全国人大常委会关于检查土地管理法实施情况的报告》，人民网2004年6月25日。

② 参见审计署原审计长刘家义在第十二届全国人大常委会第十五次会议上所作《国务院关于2014年度中央预算执行和其他财政收支的审计工作报告》。

成本和高收益，导致城市建城区超常扩张”。[①]这种低效率、粗放式野蛮扩张的经济增长模式，无助于提高国民经济的竞争力，对于经济社会的稳定健康发展也有不利影响。

另一方面，土地财政还可能强化地方政府的直接投资，导致政府的职责错位。由于历史的原因，在我国，政府不仅仅是公共利益的维护者和良好经济环境的塑造者，一度更是经济发展的直接参与者。在过去一些年来，土地收入高企的形势下，一些地方政府热衷于进行政府投资乃至经营性投资。这种做法若大范围存在，则可能超越政府作为公共利益维护者和经济政策制定者的职责定位的情形，对建设公平竞争的市场环境也是不利的。

### （四）引发腐败行为

土地征收之所以引起全社会的密切关注，是因为征收涉及地方政府、农村集体和农民等相关各方的重要利益。公正的土地征收补偿，是保证这些主体之间的利益平衡的关键，若补偿不完善，则可能产生各种矛盾与冲突。土地征收补偿制度的不完善，使得一些地方有了征收土地的寻租空间，而当前土地征收过程的透明度尚有待提高。比如，补偿程序的不完善，使得个别参与征收工作的人员有了截留、瓜分土地征收补偿款的空间，通过各种手段骗取、贪污补偿款。这都是与土地征收补偿是否完善、补偿标准是否公正、补偿程序是否正当等密切相关。

### （五）不利于维护社会稳定

土地征收是国家为了公共利益的需要强制取得集体土地所有权的行为，是对农民土地权利的一种限制。不完善的土地征收补偿，会损及农民的土地权利，从而在一些地方引起农民的不满。

事实上，21 世纪以来，由土地征收引发的各种矛盾，日益受到党和政府的高度重视。为此，国务院和国土资源部等部门不断强调要“使被征地农民生活水平不因征地而降低”，甚至提出“土地补偿费和安置补助费的

---

① 张曙光：《城市化背景下土地产权的实施和保护》，载《管理世界》2007 年第 12 期。

总和达到法定上限，尚不足以使被征地农民保持原有生活水平的，当地人民政府可以用国有土地有偿使用收入予以补贴”,[①] 其重要原因就在于维护社会稳定。2010 年，国务院又专门下发《国务院办公厅关于进一步严格征地拆迁管理工作切实维护群众合法权益的紧急通知》，要求“建立健全征地拆迁信息沟通与协作机制，及时掌握和化解苗头性、倾向性问题，防止矛盾积累激化”。这些都表明，不完善的土地征收补偿必须进行完善，以更好地化解社会矛盾。

① 参见《国务院关于深化改革严格土地管理的决定》（国发〔2004〕28 号）。

Chapter 2
# 第二章

# 土地征收补偿的范围与方式

## 一、土地征收补偿范围与方式的内涵

### （一）土地征收补偿范围的内涵

土地征收是行政征收的一种，理解土地征收补偿的范围，须从行政征收补偿的范围入手。对行政补偿的范围，不同的学者有不同的理解。有的学者从行政补偿的发生角度来理解行政补偿范围概念，认为所谓的行政补偿范围主要指引发行政补偿的行为或事项的范围。[①] 有的学者从相对人权利受损害的角度来理解行政补偿范围问题，此时行政补偿范围指行政行为产生的应受补偿的损害后果的范围。[②] 还有学者以行政征收征用补偿为例对此作综合的理解，认为“行政征收征用补偿的范围就是要确定哪些合法的行政行为构成了对财产的征收征用，哪些受损权益应该给予补偿、给予多大程度的补偿，即权益范围”。[③] 据此，行政征收补偿范围包括行政行为的范围、受损对象范围和补偿的标准。

在本书看来，行政补偿的范围指的是公民为公共利益所作出的哪些特别牺牲或损失可得到行政补偿。行政补偿的范

---

① 姜明安：《行政补偿制度研究》，载《法学杂志》2001 年第 5 期。

② 莫于川：《私有财产权的保护与行政补偿法制的完善》，载《浙江工商大学学报》2005 年第 2 期。

③ 金伟峰、姜裕富：《行政征收征用补偿制度研究》，浙江大学出版社 2007 年版。

围从大的方面讲包括财产补偿和非财产补偿两大内容：财产补偿指国家对公民为了公共利益需要而遭受的财产损失进行的补偿；非财产补偿主要指精神补偿，即国家对公民作出的精神方面的特别牺牲而进行的补偿，如居住在三峡库区的居民为了三峡工程建设的需要迁出世代居住的村庄，对某些公民而言，离土离乡且永远不可能再回到家乡是一种莫大的痛苦，这种精神上的牺牲也应是行政补偿之范围要考虑的问题。在我国，现行法律并没有规定精神方面的补偿，本书从理论与实践结合的角度，也主要讨论与财产相关的补偿范围问题。就此而言，行政补偿的范围包括：

1. 所有权损失的补偿。公民因公共利益的原因而遭受财产所有权损失时，国家应该对其所遭受的损失进行的补偿。所有权损失补偿以行政征收过程中所出现的补偿最为典型，例如，国家征收农村集体土地或国有土地上的房屋时，对土地或房屋所有权损失进行的补偿。

2. 使用权损失的补偿。有些情形下，公民因公共利益的需要，会遭受财产使用权的损失，即在特定的时间段丧失其财产的使用权，国家对公民因此而遭受的损失应进行补偿，如警察在执行公务时紧急征用公民的交通工具，或政府因公共工程建设而在一定期间内使用农民的土地，因此对被征用者进行的补偿。由于使用权与所有权是可分的，若国家的某一行为，使某一主体丧失了特定财产的所有权，同时又使另一主体丧失了该财产的使用权，则在进行补偿时应该进行综合的考虑。

3. 信赖利益的补偿。当国家机关为了公共利益的需要，改变了原先作出的行政行为，从而导致了公民的权利损害，国家应作出补偿。这一补偿也称为信赖保护利益补偿，即公民基于对国家机关行为的信赖而据以安排自己的生产生活，国家应对公民的这种信赖予以保护，对因国家行为的变更而导致的公民的损失应予以赔偿。如行政机关依法许可一企业开采煤矿，企业为此投入了相应资金，但为保护环境的需要，行政机关决定撤销原先颁发的许可证，因此而引起的公民的损失，国家应予以补偿。又如，市政府出于节水的需要，决定撤销所有商业性浴池的许可证，对公民由此而造成的损失，国家应予补偿。

4. 财产限制的补偿。在现代社会中，国家为了公共利益的需要，有时会对公民的财产及其使用作出一定的限制，如果这种财产限制严重到构成公民的特别牺牲时，国家对此应该作出补偿。但是，这种补偿是否应该存在，须视其严重到什么程度而定。如果这种限制属于财产本身所应承担的社会义务，则不予补偿。比如说，政府因保护环境的需要，限定公民的汽车在空气严重污染的特定日期内不允许开行，这就是一种社会义务，国家不必进行补偿。但社会义务的承担是有一定限度的，如果这一限制超越了财产社会义务的限度而形成了公民的特别牺牲，则应予以补偿。例如，因改善环境的需要，政府要求某特定地区的居民将原有土地停止耕作，实行退耕还林，此时对土地使用权的限制已经超越了土地本身所承担的社会义务，形成了该地区农民的特别牺牲，因此国家应对其作出补偿。

5. 其他损失的补偿。在上述主要的财产损失之外，有时候，公民因公共利益的需要还会遭受其他的特别牺牲。对于这些特别牺牲，国家也应该进行补偿。例如，公民在没有法定义务的前提下主动帮助警察抓捕劫匪，并因此而遭受了身体伤害和财产损害，国家应对其进行补偿。又如，公民因国家征收土地，而导致了搬迁费的损失，此种损失应该得到国家的补偿。

具体到土地征收领域，补偿范围即指因行政机关的土地征收行为而导致公民遭受的损失并因而应得到行政补偿的范围。实践中，土地征收补偿最可能涉及的范围主要包括财产所有权损失的补偿和使用权损失的补偿，以及其他权利损失的补偿，但一般不涉及财产限制的补偿和信赖利益的补偿。比如，对农村集体作为土地所有人丧失土地所有权而进行的补偿；对土地承包人因征收而丧失土地使用权时进行的补偿；在此之外，对因土地征收而导致的搬迁费等直接引发的损失，也应该予以补偿。具体情形，详见下文论述。

### （二）土地征收补偿方式的内涵

行政补偿方式指的是行政机关采取何种方式承担行政补偿责任，或者说采取何种方式弥补当事人为维护公共利益而遭受的损失。通常情况下，金钱补偿即向当事人支付一定数额的金钱是行政补偿的主要方式，美国法院甚至认为，公正补偿就意味着用金钱作出补偿，被征收财产的价值必须完全用金钱来衡量，而且必须用金钱作出补偿。[①] 但是，金钱补偿并非行政补偿唯一的途径，在金钱补偿之外，尚存在以下几种补偿方式：一是实物补偿，即向当事人支付一定的实物以弥补当事人遭受的损失。如政务院1950年颁布的《城市郊区土地改革条例》第14条即明确规定了征用土地的实物补偿形式。[②] 1958年修订的《国家建设征用土地办法》（已失效）第7条规定："征用土地，应该尽量用国有、公有土地调剂。"二是恢复原状，即对当事人遭受损害的利益或遭受损坏的物品恢复其原来面貌，达到与受损害或损失前相同或相近状态的一种补偿方式。如对被征用供堆放建造铁路所需材料的土地，在铁路建造完工后应恢复其原始面貌并交还农民耕种。三是返还原物，如将当事人被征用的汽车等交通工具或住宅等建筑返还给当事人。四是给予一定的税费优惠，如对水利建设工程中的移民所开办的企业或个体工商户，在一定时限内予以减免企业所得税或个体工商户管理费等税费。[③] 五是在就业方面给予一定的优惠或直接提供就业岗位。六是其他方式的补偿，如进行免费医疗、增加工资、晋升职务、解决城市户口等。

补偿的方式是多种多样的，这些方式可能是单独予以适用，也可能是同时适用多种补偿方式，其中金钱补偿作为主要的行政补偿方式，在大部分补偿中都有体现，但通常在金钱补偿之外还同时会辅以其他方式的补偿。如在我国现行土地征收中，除金钱补偿外，还有安置补偿；在动用蓄洪区造成居民房屋等财产被冲毁后，除了金钱补偿外，也通常会辅之以帮助恢复原状、提供一定实物等辅助的补偿方式。

在土地征收领域，从各国情况来看，金钱补偿都是最主要的补偿方式。我国土地管理法第47条第2款中规定："征收耕地的补偿费用包括土

---

① 参见 City of Chicago V. Farwell，286222.415，421（1918），转引自沈开举主编：《行政补偿法研究》，法律出版社2004年版，第180页。

② 该《条例》第14条中规定："国家为市政建设及其他需要征用私人所有的农业土地时，须给以适当代价，或以相等之国有土地调换之。"

③ 如2001年颁布的《长江三峡工程建设移民条例》（已被修改）第54条规定："国家对专门为安置农村移民开发的土地和新办的企业，依法减免农业税、农业特产农业税、企业所得税。"

地补偿费、安置补助费以及地上附着物和青苗的补偿费。”从条文内容来看，我国现行法律规定的补偿方式是以金钱补偿为主的。但在金钱补偿之外，我国土地征收实践中也发展出了其他的补偿方式，如安置补偿，即对因土地征收而导致的失业农民再安排就业；留地补偿，即在土地征收之后，将征收后的土地中的一部分留于被征收人的实物补偿方式；另外也有移民等补偿方式。但一般而言，由土地征收本身系国家强制取得集体的土地所有权的性质所决定，土地征收补偿方式不包括恢复原状和返还原物补偿。

## 二、我国有关土地征收补偿范围与方式的规定

### （一）土地征收补偿的范围

土地管理法第47条第2款中规定：“征收耕地的补偿费用包括土地补偿费、安置补助费以及地上附着物和青苗的补偿费。”据此，土地征收补偿费用包括三个部分，一是土地补偿费，二是安置补助费，三是地上附着物和青苗的补偿费。土地管理法实施条例仅涉及土地管理法所确定的征收补偿范围内的事项如何落实问题，对土地征收补偿并没有专门进行规定。①根据法律、行政法规、地方性法规、行政规章与行政规范性文件的规定，当前我国的土地征收补偿包括以下方面内容。

1. 土地补偿（费）

土地补偿是对被征收的土地本身的补偿，也是当前土地征收实践中最重要的补偿。土地管理法第47条第2款、第3款对土地征收补偿的标准作了规定。其中对耕地的补偿费是“该耕地被征收前三年平均年产值的六至十倍。”

---

① 土地管理法实施条例有关土地征收补偿的内容主要规定于第26条，该条规定：“土地补偿费归农村集体经济组织所有；地上附着物及青苗补偿费归地上附着物及青苗的所有者所有。征收土地的安置补助费必须专款专用，不得挪作他用。需要安置的人员由农村集体经济组织安置的，安置补助费支付给农村集体经济组织，由农村集体经济组织管理和使用；由其他单位安置的，安置补助费支付给安置单位；不需要统一安置的，安置补助费发放给被安置人员个人或者征得被安置人员同意后用于支付被安置人员的保险费用。”此处规定所涉及的是土地管理法所确定的三类补偿费分别如何使用的问题，对征收补偿范围本身并未有任何新的或细化的规定。

2. 地上附着物和青苗的补偿（费）

地上附着物和青苗的补偿是针对因土地征收而给被征收人带来的地上附着物和青苗的损失的补偿。土地管理法第47条第4款规定：“被征收土地上的附着物和青苗的补偿标准，由省、自治区、直辖市规定。”

3. 安置补助（费）

土地管理法第47条第2款、第3款对安置补助费的标准作了规定。安置补助费是针对安置因征地而引起的失业农民的组织予以的补助，一般意义上不属于对被征地集体或农民的损失所进行的补偿，但在农民放弃统一安置而选择自我安置时，它又可归农民所有，此时又有补偿的含义。如《北京市建设征地补偿安置办法》第26条规定：“转非劳动力在征地时被单位招用的，征地单位应当从征地补偿款中支付招用单位一次性就业补助费；转非劳动力自谋职业的，一次性就业补助费支付给本人。”此时支付给本人的一次性就业补助费即有补偿的含义。

4. 迁移（迁建）费补偿

实践中，一些地方对征收所涉及的迁移费用等损失也进行一定的补偿。如《杭州市征收集体所有土地房屋补偿条例》第16条中规定：“私有住宅用房实行迁建安置或者调产安置。迁建安置是指由补偿人按照被拆除房屋重置价格结合成新对被补偿人予以补偿，并提供迁建用地的有关费用。”第23条第1款、第2款规定：“拆除住宅用房，补偿人不能一次性安置的，应当在协议中明确过渡期限并且提供过渡用房，或者发给临时过渡费由被补偿人自行过渡。被补偿人搬家时，由补偿人按户发给搬家补贴费。”

5. 营业损失补偿

一些地方对因土地征收而造成的被征收人营业方面的损失也进行补偿，如北京市《北京市建设征地补偿安置办法》第17条第2款中规定：“拆迁经营性用房造成停产停业经济损失的，应当按照规定给予一次性停产停业补助费。”

6. 其他补偿费

在前述常见补偿费用之外，有些地方还规定了社会保障费等补偿费用。如《海南省土地征收补偿安置管理办法》第9条规定："征地补偿安置费用包括土地补偿费、安置补助费、青苗及地上附着物补偿费、拆迁补偿费和被征地农民社会保障费等。"该条在安置补助费之外，明确将社会保障费列入补偿的范围。

应予关注的是，在对应予以补偿的范围进行规定之外，一些地方还专门针对不予补偿的范围进行了规定。如2006年，广东省惠州市人民政府专门发布了《关于明确土地征收中不予补偿范围的公告》，明确下列事项不予补偿："一、市、县（区）人民政府征地公告、预公告发布之日起抢建、抢种的地上附着物不予补偿。""二、市、县（区）人民政府征地公告、预公告发布以前，未经合法批准而非法占用土地建设或搭建的永久性或临时性房屋及其他建（构）筑物等地上附着物不予补偿。"

### （二）土地征收补偿的方式

土地征收补偿的方式与一般行政补偿的方式并无根本不同，根据现行法律的规定，主要包括金钱补偿与金钱以外的补偿，且以金钱补偿为主。

#### 1. 金钱补偿

土地管理法第47条第1款、第2款中规定："征收土地的，按照被征收土地的原用途给予补偿。""征收耕地的补偿费用包括土地补偿费、安置补助费以及地上附着物和青苗的补偿费。"从征收补偿方式的角度看，此处所规定的补偿方式为金钱补偿。

#### 2. 安置补偿

在金钱补偿之外，土地管理法又多次提及"需要安置的农业人口""安置方案"等概念，但并没有提及何谓安置及安置的性质；土地管理法实施条例也有多处提及"安置"一词，但同样未明确其具体含义。从法律条文规定的内容来看，应该是指解决因土地征收而导致失业的农业人员的就业问题。如此一来，则此处所称"安置"实际上就是对被征地农民的补偿方式之一。此后，国家有关规范性文件陆续对安置问题进行了预定。如1999年《国土资源部关于加强征地管理工作的通知》（已失效）指出："各级土地行政主管部门要积极探索货币安置、社会保险方式安置等途径，形成以市场为导向的多种途径安置机制。”2004年，国土部《关于完善征地补偿安置制度的指导意见》专门对被征地农民安置途径进行规定，共列举了农业生产安置、重新择业安置、入股分红安置、异地移民安置等四种安置方式。

3. 留地补偿

安置作为一种补偿方式，是一种非常综合、复杂的补偿方式。事实上，若不考虑安置补偿的复杂性，与其相关联的一些做法可以作为独立的补偿方式。比如留地安置，1999年，《国土资源部关于加强征地管理工作的通知》（已失效）指出：“经济发达地区或城乡结合部，可按照规划用途预留一定比例的国有土地，确定给被征地的农村集体经济组织使用，发展农业生产或从事多种经营。”此处所谓留地安置，本身可作为土地征收的一种独立补偿方式。在我国台湾地区，留地补偿本身就是区段征收中的一种重要补偿方式。[①] 2010年，《国土资源部关于进一步做好征地管理工作的通知》进一步明确了留地补偿的相关内容：“规范留地安置。在土地利用总体规划确定的城镇建设用地范围内实施征地，可结合本地实际采取留地安置方式，但要加强引导和管理。留用地应安排在城镇建设用地范围内，并征为国有；涉及农用地转用的，要纳入年度土地利用计划，防止因留地安置扩大城市建设用地规模；留用地开发要符合城市建设规划和有关规定要求。”

在实践中，北京、浙江、江苏等地对留地补偿都作出了积极的探索。如《北京市建设征地补偿安置办法》第15条规定：“征地双方经协商可以实行非货币补偿。在符合规划的前提下，征地单位可以在征用范围内留出部分土地由农村集体经济组织或者村民委员会使用，作为征地补偿。”

4. 实物补偿

实物补偿方式主要出现于对被征收土地的地上附着物特别是房屋的补

---

① 参见我国台湾地区“土地征收条例”第45条规定：“实施区段征收时，直辖市或县（市）主管机关应预计区段征收土地平均开发成本，并斟酌区段征收后各街廓之位置、地势、交通、道路宽度、公共设施及预期发展情形，估计区段征收后各路街之路线价或区段价，提经地价评议委员会评定后，作为原土地所有权人领回抵价地之计算基准。”

偿中。在作为地上附着物的房屋随土地被征收后，征收机关对被征收人通常以一定标准予以房屋实物补偿。许多地方还制定了专门的征地房屋补偿方面的规范性文件。如杭州市制定了《杭州市征收集体所有土地房屋补偿条例》，其中规定："私有住宅用房实行迁建安置或者调产安置。……调产安置是指以补偿人统一建造的成套住宅用房，作为产权调换用房，安置被补偿人。"上海市制定了《上海市征收集体土地房屋补偿暂行规定》，其中也对实物补偿方式进行了专门规定。

5. 社会保障补偿

社会保障补偿与安置补偿有相近之处，但与安置补偿重在解决就业问题不同，社会保障补偿重在以现代社会保障理念解决被征地农民的长远生计问题。2004 年，《国务院关于深化改革严格土地管理的决定》提出，"在城市规划区内，当地人民政府应当将因征地而导致无地的农民，纳入城镇就业体系，并建立社会保障制度"。2007 年 10 月 1 日开始实施的物权法第 42 条明确规定，征收集体所有的土地，要安排被征地农民的社会保障费用，以法律的形式对此作了明确规定。2010 年，《国土资源部关于进一步做好征地管理工作的通知》明确："将被征地农民纳入社会保障，是解决被征地农民长远生计的有效途径。各级国土资源部门要在当地政府的统一领导下，配合有关部门，积极推进被征地农民社会保障制度建设。""实行新型农村社会养老保险试点的地区，要做好被征地农民社会保障与新农保制度的衔接工作。被征地农民纳入新农保的，还应落实被征地农民的社会保障，不得以新农保代替被征地农民社会保障。"

6. 其他补偿方式

在实践中，土地征收补偿除上述方式之外，还发展出了多种不同的补偿方式，如土地使用权入股的补偿，即由农民通过一定的形式将被征收的土地折合成股份投入特定公司获取回报；替代地补偿，主要是通过利用农村集体机动地、承包农户自愿交回的承包地、承包地流转和土地开发整理新增加的耕地等，使被征地农民有必要的耕作土地，继续从事农业生产。①

---

① 参见石磊：《土地征收三论》，中国政法大学 2005 年硕士学位论文。

后者为专门针对农民而非针对被征地集体所进行的补偿，是农村集体内部的一种利益调整。

（三）我国土地征收补偿范围与方式存在的不足

1. 土地征收补偿范围方面存在的不足

（1）补偿的范围较为狭窄。现行法律仅仅规定了土地补偿（费）、安置补助（费）、地上附着物和青苗补偿（费）三类补偿。这些损失都是被征收人所遭受的直接损失，而在土地征收实践中，被征收人的损失通常都远超上述直接损失，还涉及许多间接损失和其他损失。比如，连接地的损失、残余地的损失、[①]营业的损失、迁移费的损失等，但这些损失在法律上都没有明确的规定。

（2）土地补偿（费）的规定较为笼统。当前我国仍按土地的原用途进行补偿，而所谓原用途补偿又是按土地的原产值进行的补偿。在这种背景之下，我国当前的地价补偿（土地补偿）对集体土地不分类别地进行补偿就显得十分笼统而不精细。事实上，当前农村集体土地有着不同的利用方式，其具体类别可谓种类繁多。在农用地方面，有耕地、园地、林地、菜地、荒地之分，不过现行法律、法规、规章和一些规范性文件对不同类别的农用地之补偿标准是作了区分的。在农用地之外，集体土地的类别还包括建设用地，其中又包括经营性建设用地、村镇公益用地和农民宅基地。对于多数农村居民而言，特别是对于最有可能被征收土地的城市郊区农民而言，建设用地特别是宅基地相对耕地而言是更重要的财产。但遗憾的是，现行法律并没有专门针对宅基地的补偿进行规定，一些地方性法规和规章所规定的宅基地补偿标准甚至低于一般的耕地。如《西宁市集体土地征用补偿标准暂行规定》（已失效）曾规定，“征用土地按下列标准支付土

① 有意思的是，尽管当前法律法规都没有对残余地的损失进行补偿的规定，但有些地方的规范性文件却对残余建筑物的损失进行了规定，或许这也算是一个进步，甚至可作为一种对征收残余物进行补偿的尝试。参见《杭州市征收集体所有土地房屋补偿规定》第6条中的规定：“征地房屋补偿应当在经批准的征地范围内实施。征地范围内的房屋与征地范围外的房屋物理上不可分割或使用功能相互配套的，应将征地范围外的房屋及其他附属物纳入实施范围，并按《补偿条例》和本规定进行补偿，被补偿人应当服从。”

地补偿费：……（三）征用宅基地，按邻近旱地补偿标准前三年平均年产值的4倍进行补偿”。与此同时，当前法律也没有明确对宅基地上房屋的补偿是指包括土地使用费的价格还是仅指重建的价格，这对被征收宅基地的农民而言是非常不公的。

（3）对土地补偿都视为所有权损失进行补偿，不符合我国农村集体土地的实际情况。现行法律规定，在征收土地时对土地本身的损失一律予以土地补偿费。但实际上，我国农村集体土地的使用情况是复杂的，在土地承包经营制之下，所有权的各项权能并不总是归属一个主体，甚至在大多数情形下，所有权与使用权都是分离的。集体享有土地的所有权，作为承包户的农民则享有土地承包经营权，包括土地的占有、使用和收益权，并且，按照土地承包法的规定，农民的土地承包经营权还是长期稳定享有的。笼统地规定土地补偿费没有正视农村集体土地实施承包经营这一现实，使得土地补偿费的分配在实践中成了土地征收之后不可回避的一个重要问题，甚至是严重影响乡村社会和谐稳定的重要负面问题。

2. 我国土地征收补偿方式方面存在的不足

（1）补偿方式太过简单。按土地管理法及其实施条例的规定，我国土地征收补偿以金钱补偿为主，无论是土地补偿费还是附着物与青苗补偿费，都体现为金钱的形式。而安置补助费，并不是直接针对被征收人的，而是用来补助安置行为的，谁安置，则安置补助费给谁，不需要安置的，则安置补助费归需安置者个人。法律的规定也称是“安置补助费”而不是“安置补偿费”。总体上，法律所规定的主要以金钱补偿为主的补偿方式并不足以解决实践中人们因土地征收而带来的损失与困扰。

（2）正是因为法律所规定的土地征收补偿方式的不足，实践中行政机关也发展出了一些法律并未直接规定的补偿方式，比如主要运用于地上附着物补偿的实物补偿方式，又如在江苏等地出现并被政府所认可的留地安置补偿等补偿方式。这些新的补偿方式都是土地征收实践中人们对补偿方式作出的新的探索与尝试，对于解决当前的土地征收补偿问题起到了积极的作用。但至今为止，这些补偿方式在法律上都还未得到正式认可。

（3）安置补偿定性不明。土地管理法及其实施条例规定了安置补助费，同时对如何安置因土地征收而产生的剩余劳动力进行了规定。这种规定，是假定农民都以土地为生产资料，土地征收引起的生产资料减少将导致剩余劳动力的产生。且不论此种假设是否在实际土地征收过程中都有存在，即使它成立，安置补偿也存在诸多问题。从补偿范围的角度，安置补偿是对农民因土地征收引起的就业问题而进行的补偿。从补偿方式的角度，它更多的是一种社会保障意义上的补偿，或者说是国家为被征地农民提供的社会保障。按理说，为公民提供社会保障原是国家的职责所在，一个国家之内，所有的公民都应享有平等的社会保障，而不论其为城市居民或农村居民，也不论其是否遭受特别损失。在这个意义上，作为社会保障的安置本不宜作为补偿的方式存在，土地征收补偿的任务也只是公正合理的弥补因征收而遭受的特别损失。在此背景下，安置补偿仍需要进一步明确其性质，到底是对农民的失业进行的一种补偿，还是一种对农民进行的社会保障？不同的定位，将对此种补偿如何实施乃至是否保留产生重大的影响。

## 三、国（境）外有关土地征收补偿的范围与方式

### （一）亚洲国家土地征收补偿的范围与方式

在日本，根据《土地收用法》规定，土地征收补偿具体包括：（1）被征收土地和土地所有权及其他权利的补偿；（2）残地补偿，因收用属于同一土地所有人的一块土地的部分土地，因部分被收用而造成的残余地价值减少或发生其他的损失所给予的补偿；（3）工程费，因收用属于同一土地所有人之一块土地的部分土地，致使残余土地须为通路、沟渠、墙垣、栅栏或其他工程的新建、改建、增建、修缮所使用或被堆土、挖土时而给予的补偿；（4）迁移费，被收用土地上的物件迁移费补偿、物件补偿；（5）附着物补偿；（6）间接损失补偿；（7）因测量、调查造成的损失补偿；（8）撤销事业或更改事业的损失补偿；（9）非征收或使用土地的损失补偿。①

在补偿方式上，日本《土地收用法》规定的补偿方式有：（1）货币补

① 郑美珍：《其他国家（地区）关于土地征收补偿的规定及借鉴》，载《国土资源情报》2011 年第 10 期。

偿；（2）土地补偿；（3）行为补偿；（4）请求权补偿，包括征收残地请求权、难以迁移时征收附着物的请求权、迁移费巨大时征收附着物的请求权以及将土地使用转换为征收的请求权。

在韩国，《土地收用法》规定，土地征收补偿范围为：（1）地价补偿，即对所征收土地本身的补偿。（2）残余地补偿，大致可分为残余地价值减低或其他损失的补偿，以及因残余地需修筑道路、水沟、墙栅等设施或其他工程时的补偿。（3）迁移费用补偿，因土地征收引起的征收予以补偿，但如有下列情形时，则可要求一并征收：物件的迁移有显著的困难；物件迁移后，无法按原来的使用目的进行使用；物件迁移所需补偿的迁移费超过该物件的价值的。（4）其他损失补偿，对于因征收而导致土地所有权人或关系人蒙受营业上的损失时，也应予以补偿，如因建筑物的转移致使租赁上有所损失时，应予以租金收入减少的补偿；其他如因测量、调查而产生的损失及残余土地以外土地整设费用的损失，都应予补偿。①

有关土地征收补偿方式，按韩国相关法律规定，除现金支付外，在满足法定条件的情形下，还可以采用其他方式对被征收人进行补偿。如按照《土地收用法》等法律的规定，补偿金超过总统令规定的部分，可以用该项目人发行的债券进行补偿，债券的偿还期限为五年以内，利率应该高于债券发行时的一年定期储蓄利率。

在新加坡，根据《土地取得法案》规定，土地征收补偿包括：（1）土地的市场价值；（2）当事人其他因被征收土地产生的增加的价值；（3）该土地服务其他土地而产生的损失；（4）该土地影响其他可移动或不可移动的财产的损失；（5）土地征收之后，当事人改变其居住或者商业地点而带来的合理的额外费用；（6）土地征收之后产权变更相关的各项费用，比如调查的费用和成本、产权注册、印花税等。②

### （二）英美国家土地征收补偿的范围与方式

在英国，根据英国《土地补偿法》规定，征地补偿包括：（1）土地的

---

① 参见欧海若、吴次芳：《韩国的土地征收制度及其借鉴》，载《国土经济》1999 年第 4 期。

② 郑美珍：《其他国家（地区）关于土地征收补偿的规定及借鉴》，载《国土资源情报》2011 年第 10 期。

补偿，即对土地本身价值的补偿；（2）残地补偿，即由于征地造成土地的隔绝与损害而导致贬值的补偿；（3）侵扰补偿，包含不同种类的损失补偿，典型的有房屋搬迁（搬迁费用、家具改装费等）补偿，营业迁移（寻找新营业地的费用、迁移费用、营业场所的装修费用、短期利润损失、部分商誉损失等）补偿，全部停止营业损失补偿（当企业不能迁移营业时，应当给予全部停业损失的补偿，包括商誉价值、停业费用等），律师和其他专业服务费用、附加的税务负担；（4）其他损失补偿，主要包括住房损失补偿和耕地损失补偿。①

在美国，土地征收通常按“公平市场价格”进行补偿。但就补偿范围而言，土地征收补偿并不仅限于被征收土地本身的公平市场价值，而是还包括其他方面的损失。在美国，人们认为，土地被强制征收，会影响土地所有权人现实的和预期的收益，同时还会导致被征收人人身或财产方面的各种附带损失，如被征地人搬迁后会失去原有人际关系所带来的潜在利益，搬迁会导致农地正常的生产收益损失，商业网点的拆迁、不正常营业等还会造成原先顾客的流失，搬迁者还会失去因与被征地相邻的土地所有者、经营者之间进行协作而带来的可得利益，等等。②

在加拿大，根据《联邦征收法》的规定，征地补偿包括：（1）土地的市场价值，即被征收土地处于最高和最佳使用状态所应具有的市场价值；（2）所有权人受侵扰而产生或附随引起的成本、费用和损失的总和；（3）所有权人居住在该土地上而产生或附带的特殊经济利益因素给所有权人带来的价值；（4）所有权人在其土地上设定的抵押利益也应当予以补偿；（5）当事人就土地征收而需支出的相关法律服务、价值评估以及其他费用。对此，加拿大各地区（如阿尔伯达省、安大略省、英属哥伦比亚省等）的征收法在补偿范围方面，也都有类似规定。③

---

① 郑美珍：《其他国家（地区）关于土地征收补偿的规定及借鉴》，载《国土资源情报》2011 年第 10 期。

② 唐烈英、唐立文：《中美两国土地征收补偿比较与借鉴》，载《中州学刊》2014 年第 9 期。

③ 郑美珍：《其他国家（地区）关于土地征收补偿的规定及借鉴》，载《国土资源情报》2011 年第 10 期。

（三）德国土地征收补偿的范围与方式

在德国，根据《联邦建筑法》的规定，土地征收补偿包括：

1. 实体补偿，即对被征收土地及其他附带征收物本身价值的补偿，以征收官署决定征收计划时的“市价”为补偿之标准。

2. 其他财产损失补偿，指在进行实体补偿之外，财产权人仍有损失而进行的补偿，但对这种损失，必须在斟酌公益及私益之后，予以补偿。法律也明确列举了“其他损失”的一个种类：（1）对目前财产权人之职业、营业能力以及其欲达成之工作，造成暂时持续性之损害；（2）因征收使得征收剩余之土地，或是使得与征收土地有空间及经济上密切关联之财产权人，产生价值上的减损；（3）因迁居而引起之必要的迁徙费用。按照联邦普通法院的观点，其他财产之损失，是一种被征收人与其被征收物之价值无关，而因征收产生之直接及必然的损害。

3. 负担补偿（特别不利补偿），指为了避免因征收所导致人民生活状态改变产生的经济方面损失而进行的补偿。这种补偿是根据征收的实质补偿或其他损失补偿所不能获利的补偿。比如，出租人因征收而导致解除契约以致在一定的时间段内无法取得收入的损失；又如承租人因征收而迁居或暂时另觅居所，因此而产生的迁徙费等方面的损失，对这些损失都应该由征收方进行补偿。

在补偿方式上，依《德国基本法》第 14 条之规定，规定征收补偿之额度及种类，是立法者之职责，所以立法者可以在权衡公、私益之情况后，决定以现金或是其他方式来支付补偿费。联邦建筑法亦特别规定，倘若被征收人必须依靠土地来维持其营业、职业或其他重要工作时；或是依征收官署之“合乎职务（公正）的裁量”，征收收益人只以适当代价即可取得一块“补偿用途之土地”时，则被征收人得请求补偿其一块土地，而免得补偿金额。而且，为了使得这种补偿用途的土地能够取得，《联邦建筑法》及其他一些征收法律亦允许将再行征收作为征收补偿的手段。[①]

---

① 参见陈新民：《德国公法学基础理论》（下册），山东人民出版社 2001 年版，第 501 页以下。

（四）我国台湾地区土地征收补偿的范围与方式

在我国台湾地区，有关土地征收及其补偿问题，“土地法”设有专编进行规定，“土地征收条例”又以专门立法的形式进行规定。有关土地征收补偿范围包括：①

1. 地价补偿，即对被征收土地本身的价值进行补偿。“土地法”第236条规定，“征收土地应给予之补偿地价、补偿费及迁移费，由该管直辖市或县（市）地政机关规定之”。“土地征收条例”第30条规定：“被征收之土地，应按照征收当期之公告土地现值，补偿其地价。”

2. 接连地补偿，即对因征收导致接连地不堪通常之利用而对其进行的补偿。“土地法”第216条规定：“征收之土地，因其使用影响于接连土地，致不能为从来之利用，或减低其从来利用之效能时，该接连土地所有权人得要求需用土地人为相当补偿。”

3. 残余地补偿，即对征收之后不能为相当之利用的残余土地予以一并征收和补偿。“土地法”第217条规定，“征收土地之残余部分，面积过小或形势不整，致不能为相当之使用时，所有权人得于征收公告期满六个月内，向直辖市或县（市）地政机关要求一并征收之”。

4. 改良物补偿。“土地法”第241条规定，“土地改良物被征收时，其应受之补偿费，由该管直辖市或县（市）地政机关会同有关机关估定之”。“土地征收条例”第32条规定，“征收土地公告前已领有建筑执照或于农地上为合法改良土地，依第二十三条第一项规定停止工作者，其已支付之土地改良费用，应给予补偿”。具体又可分为：（1）建筑改良物（附着于土地之建筑物或工事）之补偿。“土地征收条例”第31条规定，“建筑改良物之补偿费，按征收当时该建筑改良物之重建价格估定之。农作改良物之补偿费，于农作改良物被征收时与其孳息成熟时期相距在一年以内者，按成熟时之孳息估定之；其逾一年者，按其种植及培育费用，并参酌现值估定之”。（2）农作改良物（附着于土地之农作物之其他植物与水利土壤

① 有关我国台湾地区土地征收补偿范围，除参照相关法律的规定外，另可参见李建良：《损失补偿》，载翁岳生编：《行政法（2000）》（下册），中国法制出版社2002年版，第1723—1727页。

之改良）之补偿。“土地法”第242条规定，“被征收之土地之农作改良物，如被征收时与其孳息成熟时期相距在一年以内者，其应受补偿之价值，应按成熟之孳息估定之；其被征收时与其孳息成熟时相距超过一年者，应依其种植、培育费用，并参酌现值估定之”。

5. 营业损失之补偿，即对因征收而导致的营业损失进行补偿。“土地征收条例”第33条规定，“建筑改良物原供合法营业之用，因征收而致营业停止或营业规模缩小之损失，应给予补偿”。

6. 迁移费补偿，即对征收而导致的改良物迁移等费用进行的补偿。“土地法”第244条规定，“因征收土地致其改良物迁移时，应给以相当迁移费”。第245条规定：“因土地一部分之征收而其改良物须全部迁移者，该改良物所有权人得请求给以全部之迁移费。”“土地征收条例”第34条对应发给迁移费的具体情形进行了规定。

从补偿方式上，我国台湾地区土地征收补偿以现金补偿为原则。“土地征收条例”第39条规定：“区段征收土地时，应依第三十条规定补偿其地价。除地价补偿得经土地所有权人申请，以征收后可供建筑之抵价地折算抵付外，其余各项补偿费依第三十一条至第三十四条规定补偿之”。但该条规定事实上也同时明确了，可以实物即所谓折价地进行补偿，至于实物的具体面积，“抵价地总面积，以征收总面积百分之五十为原则。因情况特殊，经上级主管机关核准者，不在此限。但不得少于百分之四十。曾经农地重划者，该重划地区部分不得少于百分之四十五”。

（五）经验与借鉴

从土地征收补偿范围看，各主要国家与地区都有着比较详尽的规定，尽管在具体类别上各有不同，但从内容的广度上看基本一致，土地征收补偿范围主要包括：（1）被征收土地的本身价值的补偿；（2）与被征收土地相关的残余地补偿、邻接地补偿；（3）建筑改良物补偿；（4）农作物补偿；（5）因土地征收而引起的迁移费补偿；（6）营业损失补偿、租金损失补偿等；（7）职业损失补偿，如因此造成失业的，予以补偿；（8）其他未尽损失的补偿。但一般而言，精神损失补偿都不在土地征收补偿范围之内。[①] 综而言之，在土地征收补偿范围方面，发达国家和地区土地征收补偿范围的确定，除了考虑征地行为给土地权利人造成的直接损失外，还要综合考虑被征收土地对权利人的特殊价值、征收行为导致的诸多间接损失等因素，予以公平补偿。[②]

在补偿方式上，各国（地区）也发展出了较为丰富的补偿方式。货币补偿是各国（地区）通行的做法，但也存在其他多种补充方式。如日本《土地收用法》规定的补偿方式即包括货币补偿、土地补偿、行为补偿、请求权补偿。而在韩国，除现金支付外，在满足法定条件的情形下，还可以采取债券方式进行补偿。

鉴于我国现行土地征收补偿范围与方式存在的问题，各国（地区）在这方面经长年实践而积累起来的经验可起到一定的借鉴作用。

在土地征收补偿范围方面，当前我国的补偿范围还较为狭窄，现行土地管理法仅规定了土地补偿费、安置补助费、附着物和青苗补偿费三大类补偿，不足以公正弥补被征收人因土地征收而导致的损失。尽管在实践中对上述补偿之外的其他一些损失也进行补偿，但这种补偿主要是由政策规定的，没有得到法律的认可。为此，可以借鉴其他国家和地区的经验，扩大土地征收补偿的范围，特别是将一些必要的损失补偿纳入补偿的范围。如营业损失、迁移费损失、残余地补偿、邻接地补偿等，都应以立法的形式纳入补偿的范围。

在土地征收补偿方式方面，目前土地管理法及其实施条例主要是对金钱补偿进行了规定，对其他补偿没有明确的规定。[③] 为公正实施土地征收补偿，保证和促进土地征收的依法、顺利进行，可借鉴其他国家与地区的经验，结合我国土地征收补偿实践的发展，通过修订现行立法的途径对我国的土地征收补偿方式进行完善。比如，明确规定实物补偿方式并予以规

---

① 就此而言，我国也有论者比较民事赔偿中的规定，认为应将精神补偿列入损失补偿之中。参见王太高：《土地征收制度比较研究》，载《比较法研究》2004 年第 6 期。

② 李集合、彭立峰：《土地征收：公平补偿离我们有多远?》，载《河北法学》2008 年第 9 期。

③ 若将安置作为一种补偿方式，则对此补偿方式，法律是作了规定的。

范，增加留地补偿的方式，对安置补偿的性质、标准等进行完善，改变当前的安置补助费性质不明、功能不彰的状况。

## 四、我国土地征收补偿范围与方式的完善

根据各主要国家和地区的经验，结合我国土地征收补偿的现状，可以明确，我国当前的土地征收补偿范围与方式还有很大的改进空间。为推进公正补偿目标的实现，有必要对其予以完善。

### （一）土地征收补偿范围的完善

对土地征收补偿范围的完善应从两个角度考虑：一是从受补偿人角度，不仅对被征地集体（及其成员）进行补偿，也要对其他因土地征收而遭受损失的人员进行赔偿，如对土地承包人的损失予以补偿；二是从补偿的事项角度，扩大受补偿的事项范围，尤其应将残余地和邻接地损失、营业损失及迁移费损失明确纳入补偿范围。

1. 完善对被征收土地本身的补偿

现行法律对被征收土地本身的补偿有着明确的规定，土地管理法第47条所称的“土地补偿费”即是对被征收土地本身的补偿。结合该法有关土地补偿的其他规定可知，此处所谓土地补偿费是针对整个土地所有权的损失的。

在土地征收中对地价进行补偿是各国普遍的做法。需要注意的是，当前我国农村土地实行集体所有制，所有权归集体所有，但与此同时，所有权的权能又是分置的，除集体拥有所有权外，作为集体成员的农民还拥有土地的承包经营权、宅基地使用权等不同类别的权能，农村集体成员之外的个人也可能拥有承包经营权等权能。这样一来，土地征收补偿问题就不像其他国家那么清晰明了，而需要视不同情况进行分析。而影响到不同使用情形的土地之征收补偿问题的，还有土地征收补偿标准，若土地征收补偿都按市场价值进行补偿，则对征收机关来说，补偿数额与土地使用类别无关，也与所有权权能状况无关，所有权主体与经营权主体、使用权主体间的补偿分配问题，那是另一重法律关系。但问题恰恰在于，我国目前的

补偿并不是以市场价值为标准的，而是按土地原用途进行补偿的。在这样的背景下，单纯的“土地补偿费”还不足以解决土地征收补偿中的地价补偿问题，还需要将农民的土地承包经营权、宅基地使用权等列入单独的土地征收补偿范围予以考虑。

2. 宅基地补偿作为单独的补偿

宅基地是农村集体成员用作住宅基地而占有、使用的本集体所有的土地。宅基地的使用权是农民的重要土地权利，物权法第 13 章以专章对此进行了规定，土地管理法第 62 条对此也进行了规定。与一般的土地使用权不同，农民的宅基地是没有期限限制而可长期使用的，并且这种使用权的取得通常是无偿的。①

在现行“按原用途补偿”的做法之下，土地的原用途对补偿的高低具有很大的影响，但法律所谓原用途仅仅指原农业用途，由此才产生了所谓的“产值倍数法”补偿标准。那么对于宅基地而言，它的价值不是农用地可比的，按原产值进行补偿对农民而言是极不公平的。为此，应将宅基地作为单独的一项补偿范围纳入。事实上，一些地方对宅基地补偿已经进行了专门的规定和单独的补偿。② 但正如前文所言，将宅基地使用权作为单独范围进行补偿是有前提的，即现有的地上附着物的补偿并未考虑其土地使用权价值，若集体土地上的房屋本身的补偿可参照《国有土地上房屋征收与补偿条例》中所规定的房屋，将其土地使用权价值一并计算在内，则不必对宅基地使用权作单独补偿。同理，若土地征收补偿中对所有被征收土地都是按市场价值进行补偿，则宅基地使用也都按此补偿，而不必进行单独的补偿。

---

① 在 1990 年至 1993 年期间，我国曾经实行过宅基地使用权有偿取得的政策，即在农民申请宅基地使用权时，向其收取一定数额的使用费。后来，为减轻农民负担，1993 年 7 月《中共中央办公厅、国务院办公厅关于涉及农民负担项目审核处理意见的通知》中要求，取消对宅基地使用权的收费。因而包括物权法在内的现有法律并未表明宅基地使用权是有偿还是无偿取得。参见陈小君：《农村土地制度的物权法规范解析——学习〈关于推进农村改革发展若干重大问题的决定〉后的思考》，载《法商研究》2009 年第 1 期。

② 如《海南省土地征收补偿安置管理办法》第 13 条第 1 款第 1 项规定：“被征地集体重新安排宅基地给被拆迁人自行建房的，市、县、自治县人民政府向被征地集体支付宅基地补偿费，向被拆迁人支付房屋等附着物补偿费。”

3. 将土地承包经营权损失纳入土地征收补偿范围

土地承包经营权是中国农民一项极为重要的权利，农村土地承包法对此进行了专门规定。当前土地征收的相关法律规定中，农民的土地承包经营权并没有被作为独立的补偿范围。但在国家的有关规范性文件中，对农民的土地承包权却有专门提及。①

在当前土地征收补偿并非以土地市场价值为标准，而土地所有权与承包经营权又分置的情形下，有必要将土地承包人界定为独立的受偿主体，将土地承包经营权的损失作为单独的损失纳入补偿范围。其理由，按梁慧星先生的概括，包括以下几条：（1）土地承包经营权是独立于土地所有权的财产权利，使用权人是独立于所有权人的主体；（2）土地征收对使用权人生活与生产的影响超过对土地所有权人的影响；（3）若只有农民集体作为受偿主体，其受偿后再向集体土地成员分配补偿，势必造成补偿不均；（4）只有集体作为受偿主体，实际上是把使用权人排除在征地补偿之外，导致集体在征地补偿的协商谈判中，不顾农地使用权人的利益。②

事实上，将土地承包经营权作为独立的损失纳入征收补偿范围，不仅是对土地承包经营作为一项独立的权利的正视，更是基于农民相对于集体在财产上所具有的独立性的重视。同时，直接针对承包经营权进行补偿，还具有一个重要的作用，即在免除现行补偿范围和方法之下，国家对集体进行补偿之后，补偿在集体内部还需要进行分配，甚至可能会引发一些剧烈的矛盾。

对土地承包权进行独立的补偿，意味着土地承包经营权补偿和农村集体（经剥离土地承包经营权后狭义的）土地所有权是相对隔离的。若将来土地征收补偿可按市场价值标准实施，则其中对承包经营权的补偿也可从土地的市场价值中划定一定的比例来确定。③

---

① 如2004年下发的《国务院关于深化改革严格土地管理的决定》中就特别提及，“在征地过程中，要维护农民集体土地所有权和农民土地承包经营权的权益”。

② 参见梁慧星：《中国物权法草案建议稿——条文、说明、理由与参考立法例》，社会科学文献出版社2000年版，第514页。

③ 事实上，在我国台湾地区，土地的使用权补偿就是按此进行的，参见我国台湾地区“土地征收条例”第36条：“被征收之土地或建筑改良物原设定之他项权利因征收而消灭。其款额计算，该管直辖市或县（市）主管机关应通知当事人限期自行协议，再依其协议结果代为清偿；协议不成者，其补偿费依第二十六条规定办理。”

4. 以房屋为主的地上附着物与农作物（青苗）补偿

土地管理法第47条规定了“地上附着物”和“青苗”补偿，青苗补偿从补偿范围而言相对明确，主要涉及补偿标准问题，此处不予赘述。所谓地上附着物，最主要的就是各类建筑物，尤其是农民住房。在土地征收中，“地上附着物”的补偿标准被授权于地方，而各地基本上都采取“作价补偿的金额按照所拆房屋建筑面积的重置价格结合成新结算”，即只能仅就被征收房屋（或“地上附着物”）的建房成本对农民进行补偿。[①] 按此标准，房屋尽管被视为单独的土地征收补偿种类，但这种补偿是极不公正的。

在实践中，特别是在一些城市近郊或城中村地区，农民在土地被征收后其房屋补偿比照城市房屋的价值进行，因此产生了一些所谓“一夜暴富”的现象。这些现象说明，至少在某些地方，对地上附着物进行补偿时，不仅仅考虑附着物特别是房屋的建设安装成本，还考虑了其所使用的土地使用权的价值（表2－1）。

**表2－1　昆明市集体土地征收房屋货币补偿最高标准（房地合一价）**

| 类　型 | 一环路以内 | 一环至二环之间 | 二环至三环之间 | 三环以外 |
| --- | --- | --- | --- | --- |
| 框架结构 | 3700元/$m^2$ | 3300元/$m^2$ | 2900元/$m^2$ | 2500元/$m^2$ |
| 砖混结构 | 3300元/$m^2$ | 2900元/$m^2$ | 2500元/$m^2$ | 2100元/$m^2$ |
| 砖木结构 | 2900元/$m^2$ | 2500元/$m^2$ | 2100元/$m^2$ | 1700元/$m^2$ |
| 土木结构 | 2500元/$m^2$ | 2100元/$m^2$ | 1700元/$m^2$ | 1500元/$m^2$ |

图表来源：《昆明市主城区集体土地房屋拆迁补偿安置管理办法》

从公正补偿的角度出发，若对宅基地未进行单独的、按市场价值标准的补偿，则在对作为地上附着物的房屋进行补偿时，就不应只考虑到其建设安装成本，而应该将宅基地使用权的价值计算在内。而在考虑到宅基地使用权后，由于农村宅基地是无使用期限限制的，因此房屋补偿的标准至少不低于类似地段类似品质的国有土地上的房屋的价格。同时，对房屋所附带的院落等不能完全体现于房屋价格的因素，在确定补偿数额时应一并

① 申建平：《对农村集体土地征收补偿范围的反思》，载《比较法研究》2013年第2期。

考虑。

5. 残留地与邻接地补偿

土地征收是为公共利益而实施的，特定的公益项目需要征收土地时，其范围应该是相对确定的。然而，对于被征收人而言，土地征收之后，可能还会造成残留地损失和邻接地损失。残留地损失是因土地征收而导致剩下的土地之规整性被分割，形成不经济的土地规模甚至不规则的形状，不能按原来的方式与效率进行使用，降低了土地的价值。与残留地损失相比，邻接地损失是指并不属于被征收人的、但与被征收土地相邻接的土地因为征收而导致价值下降的情形，比如，被征收土地的使用可能带来环境污染等影响，使得邻接地丧失其原有用途，从而导致其价值的降低。在这类情形下，应该将残留地损失和邻接地损失作为单独的损失范围，并予以单独的补偿，甚或要求征收机关一并予以征收。

另有研究者提出，土地征收之后的使用，可能产生使相邻土地的效能大增的情形，认为对此情形可通过立法的形式加收土地增值税，以避免公共利益的流失。[①] 此种观点也有一定的借鉴价值。

6. 将就业损失纳入补偿范围

在许多农村地区，土地不仅仅是农民的财产，更承载着农民的生存保障和就业资料等价值。一定意义上，也正是因为这个原因，现行土地管理法特别强调土地征收中的剩余劳动力安置问题，国家的政策中对此也一再强调。但就安置补助而言，若说它是对农民就业与社会保障的补偿，当前该补偿的对象又是集体或其他安置单位而不是农民；同时，按现行法律的规定，并没有明确安置对象就是其承包地被征收的农民，而有赖于村集体的进一步确定，但目前土地的承包经营却有长期化的趋势，实际上被征收人是确定的。可见，目前的安置补助针对集体实施与农村土地承包经营的长期化趋势是相悖的，在一定程度上是一笔糊涂账。

鉴于土地征收通常涉及特定的农民所承包的土地，其对农民的就业所

① 陈文兴、陈娟梅：《海峡两岸土地征收补偿制度的比较》，载《福建农林大学学报（哲学社会科学版）》2010 年第 1 期。

带来的影响是特定的，故此，可考虑变革现有的安置补偿。具体而言，在土地征收过程中，对因其所承包土地被征收而导致就业损失的，则在财产损失补偿之外，专门按一定标准予以就业损失补偿。事实上，实践中已有地方对就业损失补偿进行了规定，如《北京市建设征地补偿安置办法》第27条就专门规定了就业损失补偿的问题。但要特别明确的是，就业损失补偿只针对因土地征收而出现就业问题的农民，若土地征收并不影响其就业，如土地承包人另有职业的，则不予补偿。另外，增加就业损失补偿的同时，还要取消一般意义上的安置补助费，对安置本身，则作为一种单独的补偿方式进行改革（详见下文所述）。

7. 迁移费补偿

土地征收往往给被征地农民带来巨大的影响，在许多情形之下，被征地农民都需要搬离原居住场所，或迁移、迁建地上附着物或农作物，甚至整村迁建的情形也多有所见。在此种情形下，对农民造成的损失不仅仅是财产本身的价值，还包括因土地征收而导致的迁移迁建费用，对此种损失，征收机关也应该给特定补偿。具体的范围则可以不低于农民实际支出的标准确定，有多少附着物或农作物需要迁移的，就按多少核定迁移范围，产生多少迁移费用，就补偿多少。具体项目上，则包括建筑迁移迁建费、搬家费、搬家过渡费、农作物移植费，等等。

8. 其他损失补偿范围

上述为土地征收补偿过程中需要进行补偿的主要范围，但土地征收补偿所造成的损失完全可能超越上述范围。从社会负担公平和土地征收补偿公正的角度，只要是由土地征收引起的损失，都应该纳入补偿的范围，而不应局限于所列举的特定范围。例如，对原在被征收土地上从事经营性活动，因土地征收而导致停产停业的，征收机关就应该对所导致的营业损失进行补偿。另外，尽管各国一般而言对精神损失不予补偿，但在某些特殊情形下，因土地征收而导致被征收人有明显且巨大精神损失的，仍应将精神损失补偿纳入补偿范围。比如，在一些大型工程（如三峡工程）的征收补偿中，许多农民不得不背井离土，远迁他乡，对这些移民而言，这种永远不能回到故土所造成的精神痛苦是不言而喻的，他们为了公共利益承受了巨大的精神损失，不对这种损失进行补偿于理难通，故应在法律规定中对此情形予以精神补偿。

### （二）土地征收补偿方式的完善

#### 1. 金钱补偿与其他补偿方式的协调

市场经济社会中，金钱是人们用来在物质与服务交换中充当一般等价物的特殊商品，具有交易媒介、储藏和记账等功能。金钱补偿是各个国家土地征收补偿的最主要方式，其最大优点是充分反映和体现被征收土地的市场价值，也给了被征收人以充分的自由。按现行法律的规定，金钱补偿也是我国土地征收过程中最主要的补偿方式。在土地征收补偿方式的改革中，应该继续坚持以金钱补偿为主要的补偿方式，即使要发展其他方式的补偿，也应继续保证农民在金钱补偿和其他方式的补偿中有选择的权利。同时，在具体的土地征收补偿过程中，也并非只能适用一种补偿方式，而是可以同时适用多种补偿方式。

至于一些人担心的有些被征地农民得到土地征收补偿后一夜暴富、但很快挥霍一空生活陷入困境的现象，应该承认，现实生活中此种现象确有存在。① 但需要强调的是，如何在合法的范围内使用自己的财产乃是法治社会下公民的基本自由，其后果也由公民自行承担。即使考虑到社会转型时期农民对环境的改变不能很快适应，应该加强相关的引导与教育，也不能否认被征地农民有决定自己财产使用的自由，从而不能否认农民有选择金钱补偿的自由。

在金钱补偿的支付方式上，有人提出，鉴于一次性现金补偿具有货币贬值而导致的生活水平下降和现金花完而导致的社会保障无门等弊端，所以应根据农民的现实需要，灵活运用多种土地补偿方式，包括要实行分期分批的现金补偿方式，因为“分期付给比一次性付给能给农民提供更多的安全感和稳定感”。② 对此，笔者认为，作为独立的法律主体，被征地农民

---

① 李立强、马力：《北京大望京拆迁村民暴富　买东西只要喜欢不看钱》，载《新京报》2010年5月19日。

② 吴传毅：《科学发展观视域下的农村土地征收补偿制度思考》，载《湖南科技大学学报（社会科学版）》2011年第4期。

有权决定如何使用自己的财产，也比任何他人都更懂得如何安排自己的生活，行政机关切不可以此为由，对补偿款分期支付，否则就是对被征地农民权利的一种侵害。

2. 妥善运用实物补偿方式

实物补偿是以实物对因土地征收而给被征收人造成的损失进行补偿的方式。在实践中，最常见的实物补偿是对被征收土地上的房屋损失进行的补偿，征收机关通常会以经价值换算的房屋补偿给被征地的农民。实物补偿方式符合一些农民的实际需要，给他们的生活带来了方便，也使土地征收补偿有了一定的升值空间，近些年来被较大范围地采用，可予进一步推广。

采用实物方式进行补偿时，须注意两方面事项：其一，应给予被征地农民以充分的选择权，即可自由选择实物补偿还是金钱补偿。① 其二，应该对用作补偿的实物以合理的估价，如在以房屋补偿时，要充分考虑补偿房屋的土地使用权的有期限性而原宅基地的无期限性等因素，更不可在评估被征收土地上之房屋价格时仅仅考虑其建筑安装成本却不考虑土地使用权价值，而在评估用于补偿的房屋价格时，又包含土地使用价值。

3. 留地补偿

留地补偿有时也被称为留地安置，其实质是在土地征收过程中，征收机关考虑到失业农民安置等因素，在规划确定的建设用地范围内安排一定面积的土地，留予被征地农村集体经济组织和农民兴办企业、从事经营活动，而被征地集体和农民则通过在所留土地上进行经营性活动，解决就业与生活问题。留地安置通常是在被征收土地上为被征地农民留下土地作为补偿，但也可在其他国有建设用地上划出一块土地归农民使用。

留地补偿方式的优势在于，被征地集体和农民可在所留土地上开展经营性活动，既可保证农民土地被征收本身的补偿问题，又可通过经营性活动的开展解决部分农民的就业问题，有助于他们的生计得到长久保障。至

① 就此而言，《国有土地上房屋征收与补偿条例》第 21 条的规定起到了较好的示范作用，该条第 1 款规定："被征收人可以选择货币补偿，也可以选择房屋产权调换。"

于所留土地具体如何使用，在不违反法律规定的前提下，应该由被征地集体和农民自行决定。

但留地补偿也存在一些必须面对的问题，首先，在适用范围方面，留地补偿通常适用于类似我国台湾地区“区段征收”形式的土地征收过程中，[①] 对于为特定项目而实施的土地征收，由于土地都是为了特定项目的需要而征收的，故不可适用留地补偿。在我国当前法律规定之下，留地补偿尚有适用余地，若将来土地管理法进行修改，严格限定土地征收的范围，则除非也规定有类似于“区段征收”的土地征收类型，否则留地补偿并无适用之空间。其次，在留地补偿的标准方面，在当前非市场价值标准的补偿之下，留地补偿还可以作为补偿方式予以运用，若改为按市场价值标准进行补偿，则通常难以适用：所征土地本来即是农民集体所有，市场价值多少，即应予多少补偿，体现一种市场经济“平等交换”的原则，若拿走一处集体土地，又以其中一部分作为补偿，岂可体现公平？当然，若考虑到土地增值收益的分享，以及国家对土地进行改良（如“三通一平”）的投入，这种留地补偿的空间还是有适用余地的。

4. 改革安置补偿方式

在土地征收中，安置作为一种补偿方式是有其特定的历史原因的。改革开放之前，我国是计划经济国家，在当时的经济体制下，所有人员的就业应该是由国家统一安排的，农民在土地上从事劳作是农民的就业方式。当土地因国家建设的需要被征收、造成农民生产资料的损失后，理论上会产生新的剩余劳动力，国家也应该对其就业问题予以解决，作为土地征收补偿方式的就业安置也就因此产生。

在市场经济的背景之下，安置补偿存在着性质不清、主体不清、范围不清、责任不清等问题。同时，作为土地征收最终主体的国家，其所支付的征地补偿费是针对安置者，而不是针对被安置者的，仅在被征地农民自主择业而不需要安置时，才将安置补助费按一定标准发放给被征地农民。

---

① 在我国台湾地区，也有类似于大陆留地补偿的“折价地”补偿，但也仅限于区段征收中。参见我国台湾地区“土地征收条例”第39条。

而所谓不需要安置者，往往又是没有因征地而造成就业方面的损失，实际上根本无须“安置”。

在上述情形之下，对安置补偿方式进行改革是必需的。但这一改革是有前提的，也即，国家要对农民在土地征收过程中的土地承包经营权损失进行单独补偿，同时对因土地征收而造成就业损失者予以就业补偿。在土地承包经营权损失和就业损失得到补偿的前提下，安置补偿原则上不作为独立的补偿方式存在。安置补偿改革之后，对未因土地征收造成失业的被征地农民，不再予以就业补偿；对因此导致失业的，根据一定标准予以就业补偿。但改革并不意味着要彻底取消安置这一概念，在必要时，安置仍可作为辅助性的补偿方式存在，如因土地征收而需要整体移民时，国家即应协助予以安置。另外，土地征收后新开发的事业，在吸纳新的就业人员时，应对由于土地征收而导致失业的人员予以优先考虑。但作为辅助性补偿方式，安置补偿是补偿的一种例外，在哪些情形下需要运用这种辅助性补偿方式，必须由法律进行规定，这样也可使地方政府从中解脱出来。

5. 社会保障可否作为土地征收补偿

在土地征收补偿实践中，社会保障补偿是近些年发展起来的一种新的补偿方式，又被人们称作“以土地换保障”，指在土地被征收后，政府不再向农民支付全额补偿费用，而是将部分补偿费用用来为农民缴纳社会保障费用。由劳动保障部门与农民签订合同，对符合条件的人员建立社会保障个人账户，到一定的年龄后，定月发放养老金。①

从当前土地征收补偿的实践发展来看，“土地换社保”是一个趋势。除了国家在相关规范性文件中多次予以强调外，在土地管理法的修订草案中，也加入了“土地换保障”的内容。② 在学界，也有众多的学者对此进行讨论，并予以支持。但也有学者提出了不同意见，认为基本保障如社会救助请求权、基本国民福利请求权和社会保障中的管理运行费或国民年金

---

① 石佑启、苗志江：《论农村土地征收中的公平补偿》，载《湖北警官学院学报》2008 年第 2 期。

② 余晓洁、林晖：《补偿金不落实不得征地——中国拟修法给予被征地农民公平补偿》，新华网 2012 年 12 月 24 日。

等，是农民基于其自身存在和公民权所拥有的天然权利，不可交换，“如果不加区分，通过地上权利束来置换基本社会保障待遇，无疑是对农民权利（包括公民权和村民权）的伤害”。①

按理说，为公民提供社会保障原是国家的职责所在，一个国家之内，所有的公民都应享有平等的社会保障，而不论其为城市居民或农村居民，也不论其是否遭受特别损失。在这个意义上，作为社会保障的安置本不宜作为补偿的内容存在，土地征收补偿任务也只是公正合理地弥补因征收而遭受的特别损失。

但在中国，特别之处在于，目前尚实行城乡分割的户籍制度，城市居民与农村居民享受截然不同的保障，土地本身在一定程度上就是农民的社会保障，对部分农民而言，土地被征收即意味着失去生存之保障，因此在城乡分割的二元制社会保障体系未被打破之前，为被征地农民提供作为社会保障的“安置”就有了其必要性。

然而即使暂时认可所谓社会保障补偿的必要性，也需要明确，土地征收补偿是对因土地征收而造成损失的人在价值上的一种弥补，被征收人对所获取的补偿有自由支配的权利，他可以决定如何使用他因征收而获得的财产。而“土地换社保”则体现为将农民应得的一部分补偿强制性地用来缴纳社会保障费用，这实际上也是对被征地农民财产权的一种限制或者剥夺。因此，在国家还不能为所有农民提供平等的社会保障的情形下，要为被征地农民实施所谓社会保障补偿，那也应该是为其提供一种参加城市社会保障的机会，而不能强制其将金钱补偿用来缴纳社会保障费用。

而从长远来看，国家仍应着眼于建立完善、平等的社会保障体系，同时，对被征地农民，与一国之内所有其他公民一样，平等地纳入一般的社会保障体系之中。而在土地征收中，则将社会保障从土地征收补偿中分离出来，不再作为补偿的一种方式。社会保障就是社会保障，土地征收补偿就是土地征收补偿，两者不可混为一谈。这样做，一方面是因为土地征收

① 对此，可参见王静的归纳。参见王静：《城镇化中土地制度改革的未来走向——中国近10年研究成果综述》，载《甘肃行政学院学报》2013年第4期。

与社会保障两者在性质上是截然不同的，这样做才更利于保护公民的财产权和自由选择权；另一方面，即使按目前所谓的社会保障补偿模式强制农民参加了社保，国家也并不能因此而推卸促进他们就业等方面的职责，难以卸下被征地群体这个“包袱”，如此看来，社会保障补偿方式并未减轻国家的责任，这似乎与设立社会保障补偿的初衷相违背。

当然，基于中国农村土地集体所有制的现实，在土地征收补偿公正分配和经民主程序的前提下，若可将归属于集体的土地补偿费或其他资金用来为农民缴纳社会保障费用，则是值得肯定和提倡的。

# Chapter 3 第三章

# 土地征收补偿的标准[①]

## 一、土地征收补偿原则

土地征收补偿原则是政府在实施土地征收补偿的过程中所遵循的基本准则，按规范对象的不同，可分为程序上的原则与实体上的原则。前者关注如何进行补偿问题，如事先补偿原则；后者关注给予什么样的补偿问题，如完全补偿原则、适当补偿原则；等等，本章所关注的为土地征收补偿的实体原则。

对征收须予以补偿，是现代各法治国家的共识，各国法律大多都规定须进行公正补偿（just compensation）方可为公共利益剥夺公民的财产。但是，“公正补偿”本身是一个抽象的概念，不同的国家与不同的人对此有着不同的理解，从各国的经验看，实践中主要存在“完全补偿”“适当补偿”“合理补偿”等不同原则。这些原则针对的是一般的财产征收补偿，作为财产征收补偿的重要组成部分，土地征收补偿同样适用这些原则。

### （一）完全补偿原则

完全补偿原则认为，对成为征收对象的财产的客观价值，

---

① 土地征收补偿既包括土地本身价值的补偿，也包括地上附着物等其他方面的补偿。本章所谓补偿标准，主要是指土地补偿的标准，一般不及于其他补偿。

应按其全额予以补偿。其中，一种更为彻底的观点认为，除了对财产的全额进行补偿之外，还应加算伴随征收所发生的一切附带性的损失，如搬迁费用、营业上的经济损失等。① 完全补偿学说可追溯至19世纪之前的德国。1794年制定的《普鲁士一般邦法》第9条第2款第11项明确规定，征收之补偿，不只对被征收物之通常价值，还及于该物之特别价值，即在通常价值之外，基于某种条件及关系，才产生之价值。与该法相呼应，1837年巴伐利亚邦《公益征收法》也规定征收之补偿除被征收物之通常价值外，还包括因征收而引起的“其他不利益”，如营业损失、物之孳息损失、相关财产之价值减低等。及至1874年的普鲁士《土地征收法》，其第1条明确规定征收补偿须“全额”为之（Vollständige Entschädigung）。②

持完全补偿说者认为，完全补偿至少存在以下根据：③ 一是财产保障本身的需要，在通过具有特定目的的主权性法律行为执行征收命令时，财产保障转换为财产价值保障，至少要提供合乎财产价值的补偿；二是公平负担原则的要求，即应由所有公民公平地负担公共利益支出，因此要求完全平衡地进行补偿；三是以市场原则和竞争原则为根据的现有市场秩序的要求，如不实行完全的补偿，市场秩序就会被无序地打乱。

完全补偿得到了理论的有力支持，但并没有得到完全的实行，特别是在国家经济处于振兴之前或经历战乱等情况之下，完全补偿原则通常得不到遵循。如第二次世界大战结束初期的日本、德国等国家，就没有实行完全补偿。

我国土地征收补偿实践中，宪法、土地管理法等虽未明确遵循何种补偿原则，但从补偿的具体标准看，显然不是完全补偿原则。④ 值得注意的是物权法第42条第2款规定：“征收集体所有的土地，应当依法足额支付土地补偿费、安置补助费、地上附着物和青苗的补偿费等费用，安排被征

---

① 林来梵：《论私人财产权的宪法保障》，载《法学》1999年第3期。

② 参见陈新民：《德国公法学基础理论》（下册），山东人民出版社2001年版，第486—490页。

③ ［德］哈特穆特·毛雷尔：《行政法学总论》，高家伟译，法律出版社2000年版，第696页。

④ 补偿的具体标准，可参见土地管理法第47条的规定。

地农民的社会保障费用，保障被征地农民的生活，维护被征地农民的合法权益。”该款明确提出了“足额”两字，此处规定是不是意味着物权法主张土地征收补偿应该遵循完全补偿原则呢？据条文分析可知，该条款所强调的是“足额支付”，并非“足额补偿”，换言之，它关注的是已经确定的补偿要全部足额地支付给权利人，不能有占用、截留等情况的出现，至于所确定的补偿数额是按照什么原则进行的，是不是完全对被征收土地的价值都进行了补偿，并不是该条文所关心的。可见，此处所谓的足额是土地征收补偿支付上足额，而非要求土地征收补偿本身适用完全补偿原则。

（二）适当补偿原则

与完全补偿原则不同，适当补偿说认为，对财产的征收补偿不必完全站在被征收人的立场进行全额的补偿，而应根据当时社会经济等综合状况进行“适当补偿”。“适当补偿”原则最早出现于德国魏玛宪法，该法第153条第2项规定：“公益征收唯有为公共福利的原则，且依法方可行之。除联邦法律另有规定外，征收必须给予适当之补偿。有关征收之争议，由普通法院审理。”对适当补偿究竟所指何意，宪法并没有予以明确，当时的通说，甚至认为即使实行全额补偿，也不违反宪法适当补偿之规定。①但考察魏玛宪法制定的特定社会背景，可以知道这一原则至少就魏玛宪法的制定者本意来说是欲实行比完全补偿更低标准的补偿。“一战”之后，德国社会经济低迷，百业凋敝，人们生活处于困顿之中，当时的社会思潮趋向于照顾处于社会底层的人民，而征收所涉及的多是大地主与贵族等有产者的财产，这样，就必然要求实行低于全额补偿的适当补偿，方可达到照顾下层人民的目标。另外，魏玛宪法还明确规定议会可制定不予补偿的征收的法律，这更验证了“适当补偿”原则之本意乃在于实行一种较低标准的补偿。

我国宪法在2004年修订之前，规定了对土地可以进行征收，但并没有明确规定要予以补偿。经2004年修订之后，宪法规定“国家为了公共利

① 陈新民：《德国公法学基础理论》（下册），山东人民出版社2001年版，第492页。

益的需要，可以依照法律规定对土地实行征收或者征用并给予补偿”，明确了“给予补偿”，但仍未明确按何种原则进行补偿。土地管理法也在2004年修订之后，方在总则中明确了“给予补偿”，在具体的补偿规定中，又明确“按原用途进行补偿”，并且是依据产值倍数法进行补偿，无论从具体条文内容看还是从征收补偿的实践看，这种补偿都不是对被征收土地的全部价值进行补偿，故更接近于“适当补偿”。

（三）公平补偿原则

“二战”后，《德国基本法》第14条第3款规定：“财产之征收，必须为公共福利始得为之。其执行，必须根据法律始得为之，此项法律应规定赔偿之性质与范围。赔偿之决定应公平衡量公共利益与关系人之利益。赔偿范围如有争执，得向普通法院提起诉讼。”根据这一规定，基本法采取的补偿原则是基于衡量的公平补偿（Gerechte Entschädigung）原则。这就要求在确定补偿时不仅要基于被征收人的立场，还要基于大众的立场进行“衡量”。基于被征收者的立场，自然较易得到予以完全补偿的结论，但基于公共利益，则容易趋向于实行较低标准的补偿。因此从基本法的字面意思看，这种基于衡量的公平补偿原则与适当补偿原则一样，是一种较完全补偿更低的补偿原则，立法者可在完全的市价及完全的有名无实之补偿两个范围内，拥有一个折中的决定权限。①

实践中，战后初期基本法颁布之前，德国各邦普遍制定了土地改革法，实行土地改革，重建国家，对有关土地征收的补偿，相关法律采用了统一价值的制度，即以全邦统一的价格来确定补偿的标准。② 基本法公布后，联邦宪法法院在1968年的“汉堡水坝”案中认为：基本法根本未期待征收补偿一定须全额给付，一个僵硬的、只以交易价值为导向的补偿要求，并非基本法之本意。因此，征收人并不一定须给予与被征物“完全等值”的补偿。但联邦普通法院则倾向于认为，公平补偿意味着使被征收人

① 参见陈新民：《德国公法学基础理论》（下册），山东人民出版社2001年版，第498页。

② 参见陈新民：《德国公法学基础理论》（下册），山东人民出版社2001年版，第503—504页。

能够有能力回复到征收前的财产状态。在土地征收中，被征收人可以用补偿费再获得与被征收土地同样价值的土地。这实际上是认为应给予完全之补偿。在“汉堡水坝”法案后，联邦普通法院承认立法者得为低于交易价值之补偿，但在立法者未作此种规定时，法院仍可依交易价值进行完全之补偿。在实定法上（如1960年《建筑法》），也多规定了以交易价值为补偿之原则。[①] 可见，所谓的公平补偿原则本身也是一个抽象的可作多种解释的概念。

在我国台湾地区，“司法院大法官释字第579号解释”是征收补偿的指标性解释，该解释认为：“人民之财产权应予保障，宪法第15条定有明文。国家因公用或其他公益目的之必要，得依法征收人民之财产，对被征收财产之权利人而言，系为公共利益所受之特别牺牲，国家应给予合理之补偿，且补偿与损失必须相当。”从上述内容分析，在我国台湾地区所实施的土地征收补偿原则是“合理之补偿”，具体数量上要求“补偿与损失必须相当”，因此可理解为一种接近于公平补偿的原则。

在中国大陆，现行法律规定所体现的补偿原则虽不明确，但从近年来的实践以及农民的反应来看，现行土地征收补偿原则还不能构成公平补偿。也正因此，研拟中的土地管理法修正案草案一度规定：征收农民集体所有的土地应当给予公平补偿，保证被征地农民原有生活有改善、长远生计有保障。[②] 但在修正案通过之前，即使这种原则性的规定，也只能是一种期待。

（四）其他补偿原则

除以上三种补偿原则之外，各国也存在一些其他方面的补偿原则。如在日本，曾出现“生活权补偿”理论。根据这一理论，如果作为征收对象的财产具有财产权人的生活基础的意义，那么，对其损失的补偿，就不仅限于对其财产的市场价格予以评估，还应考虑其附带性的损失补偿，甚至

① 参见陈新民：《德国公法学基础理论》（下册），山东人民出版社2001年版，第502—503页；李建良：《损失补偿》，载翁岳生编：《行政法（2000）》（下册），中国法制出版社2002年版，第1722—1723页。

② 宋伟、毛磊：《我国征地补偿制度大修　征地补偿拟不设上限　增加宅基地补偿和社会保障补偿》，载《人民日报》2012年12月25日。

有必要给付财产权人为恢复原来的生活状况所必需的充分的生活补偿。例如，因公共建设的需要，一般市民的土地或房屋受到征收，在此情形下，仅仅给付完全补偿，有可能不足以使之恢复与原来具有同等程度的生活状况，为此必须实行上述的生活补偿。①

我国土地征收过程中的补偿虽然被普遍认为偏低，但上述生活权保障原则在我国法律法规中却有一定体现，如《大中型水利水电工程建设征地补偿和移民安置条例》规定："被征收土地上的附着建筑物按照其原规模、原标准或者恢复原功能的原则补偿；对补偿费用不足以修建基本用房的贫困移民，应当给予适当补助。"2004 年《国务院关于深化改革严格土地管理的决定》（国发〔2004〕28 号）也明确：土地补偿费和安置补助费合计按 30 倍计算，尚不足以使被征地农民保持原有生活水平的，由当地人民政府统筹安排，从国有土地有偿使用收益中划出一定比例给予补贴。这些规定都意味着，为保障被征收人的基本生活，甚或为了保证被征收人维持基本生活，应在法定的补偿之外再额外地予以补偿，无论之前的法定补偿是否公平，是否"全额"。当然，实践中为"使被征地农民保持原有生活水平"而进行补贴之后，总补偿（贴）额是否能达到一般意义上的完全补偿或公平补偿标准，那又另当别论。

## 二、土地征收补偿与土地市场价值

不同的土地征收补偿原则为土地征收中给予被征收人什么样的补偿提供了不同的理念指导，但归根结底，补偿是一个如何确定补偿数额的问题，这一数额只能通过具体的补偿标准确定。同时，所受损失的价值总是考量补偿数额的基准点，不同的补偿原则只是在这一基准点上向不同的利益所作的倾斜。

在市场经济国家，价值须通过市场体现出来，因此，"市场价值"成了各国最主要的补偿标准。当然，市场价值标准通常只及于因征收引起的

① 参见［日］高原贤治：《社会国家中的财产权》，载《财产权与损失补偿》，有斐阁 1978 年版，第 11 页以下。

直接损失的补偿，如土地本身的补偿与地上改良物的补偿。本书也仅就此展开讨论。

（一）土地市场价值标准的内涵

在美国，征收补偿实行“公平市场价值”（fair market value）标准。根据美国法院的定义，“公平市场价值”即为买主在公平和公开的市场交易中愿意付给卖主的价格，一般需要考虑影响一个合理的购买者愿意出价的任何因素。因此，市场价值应不仅反映财产的当前使用情况，而且还应反映财产所适合的其他使用情况，包括特定财产所适合并在近期内可以付诸使用的各种情况下的最高价值。最高法院允许当事人采用三种估价方法来决定买主愿意付出的价格：（1）可比销售法，即参考可比的（comparable）同类财产销售价格；（2）总体收入法，即根据财产的现有价值而计算的净收入来决定财产价值；（3）复制成本法，即计算在当前市场上更换或重新购置被征收财产但减去折旧的成本。通常情况下，法院更倾向于可比销售方法，在被征收的财产属于通常在市场上交易类型的情况下，那么法院就将其市场价格作为公正补偿的唯一衡量标准。当被征收财产在交易市场上确实不存在或找不到同等的交易对象时，当事人可以利用其他两种计算方法，但必须提供充分的证据。①

在具体的价格确定方法方面，目前最有效的方法是：双方分别聘请独立的资产评估师提出评估报告。如果各自的评估报告结论相差悬殊，则由法庭组成的陪审团裁定。在司法实践中，美国法院通常都认定高出政府补偿价格的评估报告。② 在评估的过程中，需要考虑的交易条件包括：③（1）在特定日期完成出售；（2）有公开和竞争市场存在；（3）交易双方有充分信息且谨慎行动；（4）价格不受非正常压力的影响；（5）交易具有正常动机；（6）双方皆为自我最佳利益考虑；（7）有充分销售的努力，并有合理时间在公开市场上求售；（8）以现金或相当的财务安排支付

① 张千帆：《“公正补偿”与征收权的宪法限制》，载《法学研究》2005 年第 2 期。

② 参见周大伟：《美国土地征用和房屋拆迁中的司法原则和判例——兼议中国城市房屋拆迁管理规范的改革》，载《北京规划建设》2004 年第 1 期。

③ 王小映：《土地征收公正补偿与市场开放》，载《中国农村观察》2007 年第 5 期。

价款；（9）交易不受与出售有关的任何人所提供的特殊条件如贷款或折让的不当影响。

按照上述方法所得出的市场价值具有以下特征：是能够用现金反映的价格，那些不能或难以用货币衡量的价值不包括在市场价值中；是土地权利的价格而非土地实体的价格，土地权利上可能附加有抵押权、租赁权等权利；是购买者和出售者愿意交易的价格：是从竞争中最可能形成的价格；是市场上可实现的价格，是集体价值判断形成的价格。这就是说，如果不考虑规划管制的影响，从市场动态均衡的角度分析，在完全竞争的土地市场中，对于农用地而言，作为市场均衡价格的公平市场价值，不仅仅是指与农用地质量、肥力和农产品价格相关的农业租金价值，还包括与土地区位以及影响城市成长的人口等因素相关的税期成长性增值和农用地的选择性价值等。①

在德国，《联邦建筑法》第95条规定，土地征收补偿“依被征收土地之交易价格算定之”，“交易价格以征收机关就申请征收为决定时之交易价格为基准”。而根据《合同法》第142条的规定，所谓的市场交易价格指的是依通常之交易，该（被征收之）土地及其他标的所具备之法律状态、事实特征、其他状况及其所在之地点，所作之价值决定。特殊及个人关系，不列入该价值决定之范围内。这一补偿标准的目的，如同联邦最高法院所说的，在于“补偿金额可以购买到同样种类和质量的财产，从而平衡被征收人的损失”。② 换句话说，德国征收补偿的市场价值标准是指征收当时，被征收物在当地自由市场上可购得的价钱，其目的在于补偿财产权人因为征收而遭受之损失，而不是政府的“得利价值”。③

在日本，《土地收用法》第71条规定，征收补偿的金额为，“考虑到近旁类似土地的交易价格等而计算的事业认定告示时的相当价格，乘以对应至权利取得裁决时为止的物价变动的修正率，所得的数额”。这是一种

① 王小映：《土地征收公正补偿与市场开放》，载《中国农村观察》2007年第5期。

② ［德］哈特穆特·毛雷尔：《行政法学总论》，高家伟译，法律出版社2000年版，第696页。

③ 陈新民：《德国公法学基础理论》（下册），山东人民出版社2001年版，第450页。

以交易价格为原则，采取告示认定时这一价格固定制。昭和 37 年（1962 年）制定的《伴随公共用地的取得的损失补偿基准纲要》第 3 条与第 7 条更明确规定补偿土地以正常的交易额为补偿额，计算的时期为契约缔结时。①

在英国，自 1845 年以来，土地征收补偿标准虽屡有变化，但公开市场价值一直是最重要的标准，是确定补偿的基础。有变化的且一直饱受争议的只是土地开发新增加的价值是否列入补偿内容。②

可见，在各个主要国家，市场价值都是土地征收补偿的最主要标准，或是确定土地征收补偿的基础。但其他的征收补偿标准也有存在，如美国联邦最高法院强调，当市场价值难以确定，或这项标准的适用将给被征收者或公众带来“明显不公”（manifest injustice）时，那就不应该适用市场价值标准而采用其他标准，如将征收者从中得到的利益作为补偿，也就是恢复原状（restitution）或返还不当得利的方法。③ 另外，在历史上，许多国家和地区都采用过“法定地价”补偿标准，如德国在战后初期，为抚平战争创伤，进行国家重建，各邦制定的有关土地征收法律大多规定了补偿的“统一价值”（Einheitswert）制度，凡是同等级的土地，皆有一定的、统一的价格，以此作为补偿的标准，此种价格并不考虑被征收土地个案的市场交易价格。④ 中国在民国时期（1936 年）颁布的《土地法》，也规定土地征收以土地之“法定地价”与“最后移转价格”为补偿标准，此两种价格都不是征收时土地的市场价值。但上述补偿标准，或者是作为弥补市场价值标准的不足而存在，或者随着时间的推移而被抛弃，目前各国所采取的土地征收补偿标准，仍是以市场价值标准为主。

土地征收补偿数额从根本上讲是一个土地收益如何分配问题。土地征收通常是为了进行进一步的开发，而开发又通常会引起土地价格的提高，

---

① ［日］盐野宏：《行政法》，杨建顺译，法律出版社 1999 年版，第 507—508 页。

② ［英］威廉·韦德：《行政法》，徐炳等译，中国大百科全书出版社 1997 年版，第 499—501 页。

③ 张千帆：《“公正补偿”与征收权的宪法限制》，载《法学研究》2005 年第 2 期。

④ 陈新民：《德国公法学基础理论》（下册），山东人民出版社 2001 年版，第 504 页。

这样就存在一个涨价归谁的问题，或者说对被征收者的补偿是否要考虑土地征收后进行开发所增加的价值。在实行市场价值标准的情况下，这实际上是一个以什么时间的市场价值为标准问题。就此而言，一些国家和地区在一定程度上认可"涨价归公"，即征收补偿所补偿的是被征收者土地的现有价值而不含开发后的增值。德国曾在《魏玛宪法》第155条第3项规定："开拓土地而利用之，为土地所有人对公众所负之义务。其不费功力或资本而增加之土地价值，须为公共目的而利用。"当前，为了防止利用预期的公共开发事业进行投机活动，德国政府规定，在城市再开发区，凡因预测土地将变为公共用地而引起的价格上涨，都不能计入补偿价格。[①]至今尚在我国台湾地区施行的"中华民国宪法"第143条第3款也规定："土地价值非因施以劳力资本而增加者，应由国家征收土地增值税，归人民共享之"，也体现了"涨价归公"的思想。实际上，各国在确定补偿标准时，多对所谓市场价值是指什么时间点的价值进行了规定。这意味着，在这一时间点之后的价值上涨，都不被纳入补偿所指的"市场价值"。[②]

仍须注意的是，所谓的"涨价归公"尽管在一些国家和地区得到了认可，但即使如此，也并非直接以涨价之前的价格进行补偿，而采取诸如增值税之类的手段分享涨价。另外，涨价问题有时可能是纯粹的涨价问题，但更多时候涨价往往是与土地利用方式联系在一起的，如原来的农地变成了开发用地，此时价格往往有巨大的增长空间。就此而言，一些国家强调，市场价值应该是考虑最佳用途基础上的价值。如在美国，有所谓"最高最优利用"规则（highest and best use），征收补偿应考虑未来更高价值的用途或者其他法庭允许的用途。美国《统一征收法》第1007节则暗含最高最优利用规则，在使用最高最优规则时，土地所有人要证明财产还可用于其他用途，也就是说有可能在一定合理时间内合理地投入使用，如果

① 参见陈和午：《土地征用补偿制度的国际比较及借鉴》，载《世界农业》2004年第8期。

② 作为补偿标准的价值的时间点的确定，不仅仅是给予多少补偿的问题，并且还涉及资源利用的效率问题。假设以实际征收时的价值进行全额赔偿，则可能刺激过度投资。（参见［美］罗伯特·考特、托马斯·尤伦：《法和经济学》，张军等译，上海三联书店、上海人民出版社1994年版，第260页以后）。实践中，目前城市拆迁过程中，许多居民听到所在地区将进行拆迁的消息后，往往设法进行额外的建设，如加高楼层，以获得额外的补偿，即是刺激过度投资的例证。

可适用于其他用途，土地的价值得到提高。[①]

### （二）为什么土地市场价值成为补偿标准

市场价值之所以成为土地征收补偿的基本标准，其原因包括：

首先，以土地市场价值作为土地征收补偿的标准，有利于促进社会公正。原则上，征收应为公共目的而进行。既然如此，则应由所有从征收中得利的人承担此公共建设之成本，而不应由被征收人为此承担特别损失，这样才符合社会公平正义的基本要求。对于被征收人来说，他不应该遭受特别的牺牲，也不应从征收中获得额外的收益。在征收前后，他的财产状况应该是处在同等的状态。用 Olson v. United States 一案判决中的话来说，就是财产所有者在经济上的地位“应当和他的财产没有被征收时一样好，必须要对他进行充分的、但不是更多的补偿”。[②] 而这种同等状态的达到，衡量标准则以市场价值为基本，除此没有其他任何标准能与市场价值一样恰当地反映事物本身具有的效用。因为，市场价值具有形式上的中立性，通过市场来决定财产的价值，就不会偏向于交易的任何一方，能够实现最大可能的“自然公正”。[③] 当然，土地征收过程中涉及的精神损失等附带损失问题，则可另行计算，额外予以补偿。

其次，以土地市场价值作为土地征收补偿的标准，有利于实现被征收人间的公平。社会公正强调的是不能由被征收人承担原应由社会成员共同承担的成本，涉及的是特定的主体与其他所有主体之间的关系，以市场价值为标准进行补偿较好地解决了这个问题。除此之外，市场价值还有实现被征收人之间的公平。任何社会中，都存在为公共利益而征收土地的必要性，也必然不止一个公民的土地被征收。只要有土地征收存在，就应该给予公正补偿，那么，对于不同的被征收人而言，什么样的补偿才是公平的呢？会不会存在给这个被征收人的补偿更高，而给另一个被征收人的补偿较低的情况？如果征收过程中各方都可通过自由协商达到补偿协议，则按

---

① 参见王静：《美国土地征收补偿的计算》，载《国家行政学院学报》2008 年第 6 期。

② Olson v. United States, 292 U. S. 246 (1934).

③ 参见屈茂辉、周志芳：《中国土地征收补偿标准研究——基于地方立法文本的分析》，载《法学研究》2009 年第 3 期。

照意思自治的原则，这样的补偿都可认为是公平的。但实践中，大部分征收补偿不是通过征收人与被征收人之间的自由协商而达成补偿协议的。这样，就出现一个如何实现被征收人之间的公平问题。就此而言，市场价格是自由的主体按照自由的意志经过多次博弈后形成的客观的普遍标准，它不会因为交易主体的不同而出现悬殊差异。以此为土地征收补偿的标准，就不会出现因为被征收人的不同而导致补偿畸高畸低的问题，从而有助于实现被征收人之间的公平。

再次，以土地市场价值作为土地征收补偿的标准，有利于提高社会效率。以市场价值作为土地征收补偿的标准，对社会效率的提高体现于多个方面。其一，促进土地征收顺利进行。理论上，土地征收是为公共利益而实施的，公共利益的存在，要求相关的事务尽可能减少时间和金钱的耗费，提高工作效率。但土地征收本身是一个复杂的过程，其中征收补偿通常是这个过程中最重要的环节，若不能在征收补偿方面达成一致，则可能出现土地征收久拖不决的现象，既耗费时间，又耗费财力，导致公共利益受损。同时，土地征收补偿还应该是公正的而不能是过高的补偿，否则同样也会使公众承担过高的成本，导致公共利益受损。就此而言，市场价值是一个客观的普遍的价值，更能为征地各方所接受，以其为标准对被征收人进行补偿，既不会让公众承担不合理的成本，也不会让被征收人承担超出其社会义务之外的特别损失，这样可有效促进征收过程的顺利进行，维护公共利益。其二，在不按市场价值进行补偿的情形下，政府可能在补偿标准过低时倾向于更多地征收土地，不但损害被征收人的权益，还会造成土地不能得到充分有效的利用，从而造成土地资源的浪费；在征收补偿过高的情形下，政府就有可能怠于行使征收权，该征收时不征收，不能有效地维护和实现公共利益。可见，从节约土地、提高土地的利用效率，维护公共利益的角度，也应该按照市场价值标准实施土地征收补偿。

## 三、我国的土地征收补偿标准

### （一）现行土地征收补偿标准的变迁

中国大陆的土地征收补偿标准，是自 1949 年后逐步发展演变而来的。

1953 年制定的《国家建设征用土地办法》（以下简称《办法》）第 8 条第 1 款规定：“被征用土地的补偿费，在农村中应由当地人民政府会同用地单位、农民协会及土地原所有人（或原使用人）或由原所有人（或原使用人）推出之代表评议商定之。一般土地以其最近三年至五年产量的总值为标准，特殊土地得酌情变通处理之。如另有公地可以调剂，亦须发给被调剂土地的农民以迁移补助费。”第 2 款规定：“对被征用土地上的房屋、水井、树木等附着物及种植的农作物，均应根据当地人民政府、用地单位、农民协会及土地原所有人和原使用人（或原所有人和原使用人推出之代表）会同勘定之现状，按公平合理的代价予以补偿。”可见，此处有关土地征收补偿的标准，是以产值为基础的，这也是首次明确以产值倍数为土地补偿的标准，而对附着物，则以“公平合理的代价”为补偿标准。但是，上述标准主要是针对农村土地的，城市土地被征收时并不以此为标准。《办法》第 17 条第 1 款、第 2 款、第 3 款中规定：“凡因国家建设的需要，在城市市区内征用土地时，地上的房屋及其他附着物等，应根据当地人民政府、用地单位及原所有人和原使用人（或原所有人和原使用人推出之代表）会同勘定之现状，按公平合理的代价予以补偿。地基与房屋的产权同属一人者，地基部分不另补偿；分属两人者，视地基所有人的生活情况酌情补偿之。市区内的空地得无偿征用。地主在市区内出租的农地得无偿征用。”换言之，征收城市土地时，主要是针对地上房屋进行补偿，土地本身通常是没有补偿的，而市区内的空地以及地主在市区用于出租的农地是没有补偿的。

随着农业合作化运动的推进，1956 年之后，农业的社会主义改造基本完成，实现了由农民个人所有制到社会主义集体所有制的转变。根据这一形势的发展，1957 年 10 月，国务院对 1953 年的《办法》进行了修订，并于 1958 年 1 月公布实施。其中有关补偿的规定变为，“征用土地，……应该发给补偿费或者补助费”（第 7 条）。“征用农业生产合作社的土地，如果社员大会或者社员代表大会认为对社员生活没有影响，不需要补偿，并经当地县级人民委员会同意，可以不发给补偿费”（第 9 条）。“市区内没有收益的空地，可以无偿征用”（第 10 条）。但在补偿的具体标准上，对于一般土地，从原来的“最近三年至五年产量的总值”，变成“最近二年至四年的定产量的总值”，降低了补偿标准。

改革开放之后，国务院根据新形势的需要，于1982年制定了《国家建设用地征收条例》。有关征收补偿标准，条例规定：（1）征用耕地的土地补偿费标准为该耕地年产值的三至六倍，① 比1958年《国家建设征用土地办法》规定的“二至四倍”有所提高，但仍不及1953年《国家建设征用土地办法》（已失效）规定的“最近三年至五年产量的总值”。（2）明确了征收土地的具体补偿标准以及青苗补偿费和地上附着物补偿费由省级人民政府制定。“各类耕地的具体补偿标准，由省、自治区、直辖市人民政府在此范围内制定。征用园地、鱼塘、藕塘、苇塘、宅基地、林地、牧场、草原等的补偿标准，由省、自治区、直辖市人民政府制定”。“青苗补偿费和被征用土地上的房屋、水井、树木等附着物补偿费的标准，由省、自治区、直辖市人民政府制定”。（3）规定了安置补助费的标准，“征用耕地（包括菜地）的，每一个农业人口的安置补助费标准，为该耕地每亩年产值的二至三倍，需要安置的农业人口数按被征用单位征地前农业人口（按农业户口计算，不包括开始协商征地方案后迁入的户口）和耕地面积的比例及征地数量计算。年产值按被征用前三年的平均年产量和国家规定的价格计算。但是，每亩耕地安置补助费，最高不得超过其年产值的十倍”。

从上述规定的具体内容看，《国家建设用地征收条例》所确定的土地征收补偿标准主要为了保证土地征收可顺利进行，而并未考虑对被征地农民进行公正补偿。尽管也规定，“按照上述补偿和安置补助标准，尚不能保证维持群众原有生产和生活水平的，经省、自治区、直辖市人民政府审查批准，可以适当增加安置补助费”。但同时又规定，“土地补偿费和安置补助费的总和不得超过被征土地年产值的二十倍”。换言之，尽管提出要“保证维持群众原有生产和生活水平”，但当超过一定标准时，这个目标也不再被考虑。条例甚至还规定，“征用无收益的土地，不予补偿”。为明确

① 参见《国家建设征用土地条例》第9条第1项，征用耕地（包括菜地）的补偿标准，为该耕地年产值的三至六倍，年产值按被征用前三年的平均年产量和国家规定的价格计算。

这一目标，实现保证“国家建设”顺利进行的目的，国家建设征用土地条例第 17 条还特别强调“被征地单位不得在本条例规定的补偿、补助范围以外，提出额外要求或附加条件”。

1986 年，国家制定了土地管理法，有关补偿标准方面，土地管理法继受了《国家建设征用土地条例》的基本思路。变动之处在于：一是取消了《国家建设征用土地条例》中明确的“征用无收益的土地，不予补偿”的规定，无偿征收终于成为过去式；二是改进了剩余劳动力的安置途径，“因国家建设征用土地造成的多余劳动力，要通过发展农副业生产和举办乡（镇）村企业等途径，加以安置；安置不完的，可以安排符合条件的人员到用地单位或者其他集体所有制单位、全民所有制单位就业，并将相应的安置补助费转拨给吸收劳动力的单位。被征地单位的土地被全部征用的，经审查批准，可以转为非农业户口”。

1998 年，土地管理法进行了大幅度的修改。修改之后，土地征收补偿标准也有所变化，在土地补偿费方面，该法第 47 条第 2 款中规定，“征用耕地的土地补偿费，为该耕地被征用前三年平均年产值的六至十倍”，相较于修订之前有所提高；在安置补偿费方面，“每一个需要安置的农业人口的安置补助费标准，为该耕地被征用前三年平均年产值的四至六倍。但是，每公顷被征用耕地的安置补助费，最高不得超过被征用前三年平均年产值的十五倍”。有关土地补偿费和安置补助费的最高限额，变为“总和不得超过土地被征用前三年平均年产值的三十倍”。另外，土地管理法还规定，“大中型水利、水电工程建设征用土地的补偿费标准和移民安置办法，由国务院另行规定”。而这一“另行规定”，实际上意味着更低的补偿标准。2006 年制定的《大中型水利水电工程建设征地补偿和移民安置条例》第 22 条规定，“大中型水利水电工程建设征收耕地的，土地补偿费和安置补助费之和为该耕地被征收前三年平均年产值的十六倍”。相较于土地管理法第 47 条“土地补偿费和安置补助费的总和不得超过土地被征收前三年平均年产值的三十倍”的规定，在大中型水利水电工程建设中被征收土地的农民得到的是更少的补偿。

2004 年之后，鉴于土地征收补偿过程中出现的问题，国务院根据土地管理法第47条第7款的授权，对征收补偿标准作了一定的调整。《国务院关于深化改革严格土地管理的决定》明确："土地补偿费和安置补助费的总和达到法定上限，尚不足以使被征地农民保持原有生活水平的，当地人民政府可以用国有土地有偿使用收入予以补贴。"也就是说，在土地管理法所规定的土地补偿费与安置补助费"总和不得超过土地被征收前三年平均年产值的三十倍"的限制之外，可以给被征地农民以更多的补偿。虽然此处所称为"补贴"而非补偿，但对被征地农民而言，一方面这种补贴由土地征收而起，另一方面也确可在一定程度上弥补他们的损失，故实质上与土地征收补偿无异。

（二）我国土地征收补偿的原则

2004年，《中华人民共和国宪法》进行了修正，修正后的宪法第13条第3款规定："国家为了公共利益的需要，可以依照法律规定对土地实行征收或者征用并给予补偿。"这是《中华人民共和国宪法》第一次明确规定征收土地需给补偿。在此之前，宪法仅仅规定国家可以为了公共利益的需要征收土地，而未提及补偿事宜。同年，土地管理法也根据宪法进行了修订，明确国家为了公共利益的需要征收土地时"给予补偿"。即使修正之后，宪法和土地管理法都没有提及土地征收的补偿原则问题。从1949年之后的历史看，我国也仅在1953年《国家建设征用土地条例》第8条第2款中规定："对被征用土地上的房屋、水井、树木等附着物及种植的农作物，均应根据当地人民政府、用地单位、农民协会及土地原所有人和原使用人（或原所有人和原使用人推出之代表）会同勘定之现状，按公平合理的代价予以补偿。"第17条第1款中规定："凡因国家建设的需要，在城市市区内征用土地时，地上的房屋及其他附着物等，应根据当地人民政府、用地单位及原所有人和原使用人（或原所有人和原使用人推出之代表）会同勘定之现状，按公平合理的代价予以补偿。"但上述两条的规定，针对的都是房屋等地上附着物的补偿，而非针对被征收的土地本身的赔偿。并且，在1982年《国家建设征用土地条例》之后，即使针对地上附着物，宪法和土地管理法也再未出现诸如"公平合理"之类的表明征收补偿原则的字眼。

2007 年，物权法通过，该法第 42 条第 2 款对土地征收补偿进行了规定，“征收集体所有的土地，应当依法足额支付土地补偿费、安置补助费、地上附着物和青苗的补偿费等费用”。此处所谓足额支付是否表明法律对补偿原则的一个态度，意味着法律要求对土地征收予以足额的补偿呢？若果真如此，则此“足额补偿”原则足以和“公正（平）补偿”抑或“完全补偿”原则相媲美。但正如前文所分析的，此处所谓“足额”并非要求征收补偿应该是“足额”的，而仅仅是要求在征收补偿确定之后，要足额予以支付，而不能中途予以截留瓜分。由此看来，物权法所谓的足额支付与土地征收补偿原则并无实质关联。

纵观改革开放三十余年来有关土地征收与补偿的法律法规及其实践，明确的土地征收原则并不存在，但其中有关对土地征收补偿及被征地农民生活水平之保持之间关系的表述却颇值玩味。早在 1982 年，《国家建设征用土地条例》第 10 条中规定，“个别特殊情况，按照上述补偿和安置补助标准，尚不能保证维持群众原有生产和生活水平的，经省、自治区、直辖市人民政府审查批准，可以适当增加安置补助费”，1986 年土地管理法延续了这一规定。1998 年土地管理法修订之后，这一规定仍然在第 47 条中得以体现：“依照本条第二款的规定支付土地补偿费和安置补助费，尚不能使需要安置的农民保持原有生活水平的，经省、自治区、直辖市人民政府批准，可以增加安置补助费。”表述虽有变化，但其中精神是一致的，即要保持被征地农民的生活水平不下降。如若法律的规定意在坚决维持被征地农民的基本生活，或许我们可以将之称为我国土地征收补偿的“基本生活维持原则”，不过，即使在这几部法律和法规中，对此条规定仍然是带有限制的，即土地补偿费与安置补助费的总和不得超过被征收土地年产值的一定倍数（其中 1998 年土地管理法的修订将此限制倍数从 20 倍提高到了 30 倍）。

在法律与行政法规之外，国家和有关部委发布的相关文件中，也多次提到保持农民生活水平不因土地征收而下降的问题。如 2004 年 10 月，国务院发布的《国务院关于深化改革严格土地管理的决定》中强调，“使被征地农民生活水平不因征地而降低”；“依照现行法律规定支付土地补偿费和安置补助费，尚不能使被征地农民保持原有生活水平的，不足以支付因征地而导致无地农民社会保障费用的，省、自治区、直辖市人民政府应当批准增加安置补助费”。该文件比之土地管理法还进了一步，规定“土地补偿费和安置补助费的总和达到法定上限，尚不足以使被征地农民保持原有生活水平的，当地人民政府可以用国有土地有偿使用收入予以补贴”。此处所规定之“补贴”并无上限的规定，若此规定得以严格实施，则一定意义上，我们也可认为，“基本生活维持原则”是实践中我国土地征收补偿的原则。但是，国务院的此处规定仅仅是作为一般规范性文件而存在的，是当时政策的体现，尽管此后国土资源部等行政机关的文件又多次强调了这一要求，① 但仍不足以成为土地征收补偿的一个原则，哪怕是实践中的原则。甚至，我们可从另一个角度，政策之所以多次强调基本生活维持这一要求，可能恰恰反映了其在土地征收实践中是没有得到严格遵守的。

梳理中华人民共和国成立以来有关土地征收的法律和政策文本，我们会发现，土地征收补偿原则从未被正式确立。实践中政府所做的更倾向于一种“适当补偿”，但即便这一原则也同样未被正式提出过。在“国家建设”的需要之下，我国的土地征收补偿原则是一直被回避的。

### （三）现行补偿标准的基本定位

土地征收补偿原则被回避的情形之下，现实中我国土地征收补偿是“按照被征收土地的原用途给予补偿”，具体而言是依赖技术性标准来确定的，这一技术性标准就是所谓“产值倍数法”。②

---

① 比如，2004 年 11 月，国土资源部发布了《关于完善征地补偿安置制度的指导意见》，其中明确，“按法定的统一年产值倍数计算的征地补偿安置费用，不能使被征地农民保持原有生活水平，不足以支付因征地而导致无地农民社会保障费用的，经省级人民政府批准应当提高倍数；土地补偿费和安置补助费合计按 30 倍计算，尚不足以使被征地农民保持原有生活水平的，由当地人民政府统筹安排，从国有土地有偿使用收益中划出一定比例给予补贴”。2010 年，《国务院办公厅关于进一步严格征地拆迁管理工作切实维护群众合法权益的紧急通知》，要求“切实做到被征地拆迁农民原有生活水平不降低，长远生计有保障”。2011 年，中纪委也下发《中共中央纪委办公厅、监察部办公厅关于加强监督检查进一步规范征地拆迁行为的通知》，强调要“认真做好农村集体土地征收和房屋拆迁工作，确保被征地拆迁农民原有生活水平不降低，长远生计有保障”。

② “产值倍数法”是针对土地补偿费和安置补助费而言，对于地上附着物的补偿，并不适用产值倍数法。故本章有关补偿标准的讨论也主要针对土地补偿费和安置补助费展开。

在具体的补偿标准上，自 1953 年《国家建设征用土地办法》以来，我国一直以“产值倍数”作为确定具体补偿的标准，即补偿的数额为被征收土地一定期间内平均产值乘以一定的年限。1953 年《国家建设征用土地办法》第 8 条第 1 款中规定：“一般土地以其最近三年至五年产量的总值为标准”，这是“产值倍数法”首次在立法中得以确立。该办法于 1958 年修订之后，补偿标准变为“对于一般土地，以它最近二年至四年的定产量的总值为标准”，仍然以产值倍数为确定补偿数额的基本方法。1982 年制定的《国家建设征用土地条例》第 9 条第 2 款中规定：“征用耕地（包括菜地）补偿标准，为该耕地年产值的三至六倍，年产值按被征用前三年的平均年产量和国家规定的价格计算”。1986 年，全国人大常委会通过的土地管理法第 27 条第 1 款中规定：“征用耕地补偿费，为该耕地被征用前三年平均年产值的三至六倍。征用其他土地的补偿费的标准，由省、自治区、直辖市参照征用耕地的补偿费标准规定”。1998 年修订后的土地管理法将征收耕地的土地补偿费变更为“该耕地被征用前三年平均年产值的六至十倍”。

从我国土地征收补偿的发展历程来看，自 1953《国家建设征用土地办法》以来，产值倍数法就一直是我国法律所确定的土地征收补偿基本标准，尽管具体的倍数有所变化，各地在征收补偿实践中也可对具体的单位产值进行确定，但都是围绕产值倍数这一核心进行的。国家为什么要确定这一补偿标准？法律中所规定的具体倍数从何而来？对此，我们可从 1998 年土地管理法的修订说明中窥之一二。在草案说明中，起草方强调，“在制定现行土地管理法的征用土地补偿标准时，曾经做过大量调查研究和测算工作，遵循了这样两条原则：一是根据宪法关于‘国家为了公共利益的需要，可以依照法律规定对土地实行征用’的规定，征地是一种国家行为，也是农民对国家应尽的一种义务，不是农民向国家‘卖地’。国家征用的土地再出让时，决定不同地价的级差地租是国家投资形成的，原则上这项收益应当属于国家。二是征地补偿以使被征用土地单位的农民生活水平不降低为原则。根据这两条原则，现行土地管理法规定，土地补偿费和安置补助费的总和不得超过土地被征用前三年平均年产值的 20 倍。也就是说，如果被征地单位将土地补偿费、安置补助费全部存入银行，按当时（1986 年）的银行长期存款利率（5%）计算，所得利息即可相当于土地被征用前三年的平均收益。经过认真分析，我们认为，从总体上来看，现行土地管理法规定的补偿原则是正确的。"[①]

根据这一解释，作为技术性标准的"产值倍数法"并不是简单"拍脑袋"想出来的，而是有其依据的，即按照当时的测算，采用此方法及法律确定的具体倍数，农民在土地被征收之后，仍然可以像没有被征收之前一样，得到差不多的收益。也就是说，假设土地被征收之后，将相应补偿费用长期存于银行，那么其年利息收益与之前从被征收土地上得到的收益是相近的。

2004 年之后，国务院提出，"省、自治区、直辖市人民政府要制订并公布各市县征地的统一年产值标准或区片综合地价，征地补偿做到同地同价"。[②] 次年，国土资源部专门下发了《国土资源部关于开展制订征地统一年产值标准和征地区片综合地价工作的通知》（国土资发〔2005〕144 号）（已被修改）。统一年产值的确定仍以年产值为基本标准自不待言，有关综合区片地价的制定，国土资源部要求"征地区片综合地价是征地综合补偿标准，制订时要考虑地类、产值、土地区位、农用地等级、人均耕地数量、土地供求关系、当地经济发展水平和城镇居民最低生活保障水平等多方面因素进行测算"，其中产值仍是考虑因素，但也仅仅是考虑因素之一而已，在此之外还要考虑土地区位、土地供求关系等因素，一定意义上，可以认为这是超越"产值倍数法"的一种尝试。

### （四）产值倍数法的意义与问题

在年产值得以确定或统一由政府确定的前提上，产值倍数法从技术上说，是一种简单明了的做法。但对土地征收补偿而言，关键的问题不在于技术上是否足够简练，而在于补偿本身是否公正，否则，再简练的计算方

---

① 参见 1998 年 4 月 26 日在第九届全国人民代表大会常务委员会第二次会议上《关于〈中华人民共和国土地管理法（修订草案）〉的说明》。

② 参见《国务院关于深化改革严格土地管理的决定》（国发〔2004〕28 号）。

法，也会招致农民的抵抗，也难以保证土地征收的顺利进行。对现行产值倍数法，我们可作如下分析：

1. 由于产值是根据土地的“原用途”确定的，这种由用途决定的农业产值与影响土地市场价值的土地区位、供求关系等因素没有直接关系，在通常情况下甚至没有任何关系，因此产值并不能反映土地的市场价值。而产值倍数法所依据的“农民在土地征收之后可获得与征收之前一样收益”的假定，即使认为其本身具有合理性，它也具有诸多条件限制，比如，物价与利率是不变的、被征收土地的产出是不变的、人们的生活水平是没有提高的需求的。而上述种种限定条件，只有在一个停滞的社会里才可能实现。可见，产值倍数法完全无视了当时改革开放背景下社会经济生活蓬勃发展的现实。

2. 具体标准上，根据土地管理法的规定，“征收耕地的土地补偿费，为该耕地被征收前三年平均年产值的六至十倍。征收其他土地的补偿费的标准，由省、自治区、直辖市参照征收耕地的补偿费标准规定”，由于在农地中耕地最具重要意义，因此耕地的补偿标准最高，其他土地标准更低。只要具备最基本常识的人也能看出，即使不考虑土地用途的改变，平均年产值6至10倍的土地征收补偿标准与土地的市场价值也是无法相比的，即便加上安置补助费后总和达到平均年产值的30倍，也无法与土地的市场价值相提并论。以产值倍数法为计算标准进行土地征收补偿实属不公。

3. 以产值确定补偿标准，本身已不公平，但更进一步的是，这一平均年产值，本身也不是市场价值，而是由政府“依据国家法律法规和文件的有关规定，从本地区经济发展水平、农民生产和生活实际需要出发，妥善处理征地补偿标准的合法性与合理性、法定补偿标准与农民补偿要求之间的关系，切实维护被征地农民的合法权益，保证原有生活水平不下降、长远生计有保障”而制定的。[①]

---

① 参见《国土资源部关于开展制订征地统一年产值标准和征地区片综合地价工作的通知》（国土资发〔2005〕144号）。

4. 既然土地补偿费的标准是土地征收前三年的平均年产值，那么，在理论上，对于一些没有产出的土地就可以不予补偿而进行征收，甚至对于一些由于特定原因而在征收前没有进行耕种的土地，也可不予补偿而实施征收。当然，实践中，自1986年土地管理法取消1982年《国家建设征用土地条例》中有关“征用无收益的土地，不予补偿”的规定以来，无偿征收已难觅踪迹。统一年产值和区片综合地价的制定，也使无偿征收不再现实。但从理论上推论，“产值倍数法”的这一推论也是匪夷所思的。

提高对土地征收补偿是社会的共识，真正公正的补偿标准应是“市场价值标准”。问题在于：我国实行的土地公有的制度，土地不得用于出售，集体土地的一级市场并不存在，因而确定土地的市场价值客观上存在困难。但这并不是一个阻碍我们以土地的“市场价值”为补偿标准或补偿参照的不可解决的问题。即使不考虑我国土地所有制将来发展的各种可能性，在目前土地公有制的大背景下，也可找到参照的标准。比如说，对于目前征收后用于商业项目的土地，政府通过拍卖等形式出让的使用权的价格，实际上可成为该土地市场价值的参照。而用于公共利益的土地的价值，则可以相应区段商业用地出让价格为参照。① 在具体的市场价值确定方法上，则可建立专业的土地评估制度，由中立的评估机构通过科学的评估方法、完备的评估程序，公正地估定被征收土地的市场价值。只有真正确立“市场价值”为基础的补偿标准，才能保证土地征收的补偿是公正的。

## 四、土地市场价值作为我国土地征收补偿标准的确定

### （一）以土地市场价值为基础的公正补偿的必要性

1. 维护平等的需要

物权法第3条第3款规定：“国家实行社会主义市场经济，保障一切

① 征收后用于商业目的的土地，就其使用权而言，是从农民手中转移到新的业者手中，这一过程中政府除了法定的税费之外，原不应再获取什么利益，也就是说，政府出让土地的收益，恰恰应该是农民应得的土地补偿。但在实践中，国家不仅仅得到了原属于农民的土地所有权，还获取了巨额的土地出让收益。

市场主体的平等法律地位和发展权利。”第4条规定：“国家、集体、私人的物权和其他权利人的物权受法律保护，任何单位和个人不得侵犯。”据此，所有权主体所享有的权利是平等的。我国土地分别归于国家所有或农村集体所有，这种所有是物权法意义上的所有权，而不是政治意义上的所有制，按照物权法所确立的物权平等原则，国家所有权与集体所有权之间也应该是平等的。然而，在现实生活中，集体土地在被征收时按照其原用途进行补偿，政府通过征收以远低于市场价的标准获得土地后，又通过招投标等方式，把使用权出让给竞价高者。并且，国有土地有期限的使用权出让价，远远高出集体土地所有权的补偿价。在这一过程中，同一块土地，仅仅因所有权人的身份不同，就出现了不同的价格标准。这样的制度设计导致了政府与集体土地所有权人之间的不平等，实为政府“单方面获取”。[①] 可见，在土地征收补偿方面，集体对土地的所有权和国家对土地的所有权没有体现出他们之间应有的平等性。

不仅如此，土地征收补偿标准还涉及作为农村居民的农民与城市居民之间的平等问题。与集体土地通常是农民最重要的财产一样，城市房屋通常也是城市居民最重要的财产，但这两种财产在征收中却面临不同的命运。在城市，房屋被征收之后是按照市场价值标准进行补偿的，但在农村，农民的土地被征收之后却是按照其原用途而不是市场价值进行补偿的。由于按土地原用途进行补偿远低于按土地市场价值进行补偿，两者相差悬殊，因此，两者实际上处于极为不平等的状态之下。这种不平等不仅仅是同样作为财产的农村土地与城市房屋之间的不平等，更是农民与城市居民之间的不平等。

在社会经济发展过程中，我国政府开始推进制定土地的统一年产值与区片综合地价。这两项土地定价方式的确定，一定程度上都可实现“同地同价”的目标，促进所有权人之间的平等。理论上，据此而进行的补偿也完全可能等同于市场价值，甚至高于市场价值。但在目前土地财政的背景下，按统一年产值和按征地区片综合地价来确定补偿标准，

---

① 叶必丰：《城镇化中土地征收补偿的平等原则》，载《中国法学》2014年第3期。

尽管体现了一定的市场因素，它们都是不可能达到市场价值标准的。为贯彻我国宪法所确立的“法律面前人人平等”的原则和物权法所确立的物权平等原则，有必要在土地征收补偿中确立按市场价值进行补偿的标准。

2. 公正分配土地增值收益，维护农民合法权益的需要

对于多数农民而言，土地是最重要的财产，其具有的效用包括：提供基本的生活保障、提供就业机会、资产增值功效、直接收益功效等。① 土地的这些效用是农民安身立命之所在。一旦失去土地而又不能得到公正的补偿，对农民而言，不仅仅是如何保护其财产的问题，还会使其生活面临巨大的挑战。现行土地征收补偿遵循所谓原产值补偿标准，其理论基础是所谓的“涨价归公”理论，即认为土地增值不是基于农民的努力，而是国家投资等社会因素。但事实上，按照所谓的“涨价归公”理论而推论土地增值部分都应归国家所有，其中还有一个误区：引发土地增值的基础设施等方面的投资，到底是不是完全为“国家”的投资？从现实来看，这也并不是一个事实，投资可能有国家的因素在其中，尤其是在当前的中国，国家公共财政还有相当一部分被用于直接投资，在这个意义上，国家投资的确对涨价起到了推进作用，但即使如此，国家的投资也不是推动土地增值的全部投资，甚至也不是主要投资。即便土地增值全由投资推动，那么这种投资也主要来自市场的投资。

然而，这种以站不住脚的理由推论的霸道做法，正在现实生活中发生着，严重侵害了农民权利，对农民利益形成了严重的剥夺。根据国务院发展研究中心农村经济研究部课题组2005年的调查显示：土地增值部分的收益分配，有20%—30%留在乡以下，其中，农民的补偿款占5%—10%；城市政府拿走土地增值20%—30%；各类城市房地产公司、开发区、外商投资公司等，拿走土地增值收益的大头，占40%—50%。② 在更极端的个

① 参见鲍海君、吴次芳：《论失地农民社会保障体系建设》，载《管理世界》2002年第10期。有关土地对农民的功用及按市场价值进行补偿的必要性，还可参见诸培新、卜婷婷、吴正廷：《基于耕地综合价值的土地征收补偿标准研究》，载《中国人口·资源与环境》2011年第9期。

② 王平：《地根政治：全面解剖中国土地制度》，载《中国改革》2005年第7期。

案中，土地的出让价格竟高达土地征收补偿价的126倍。[①] 这种农民受到严重剥夺的状况必须得到改变，否则社会的稳定将无以保证。为此，必须改变当前实施的按照原产值倍数方法确定补偿标准的做法，而改以市场价值为补偿标准。至于土地增值部分的社会共享问题，则可通过土地增值税的方式予以解决。[②] 也就是说，可以“采用市场机制，将征地价格与市场价格挂钩，按市场价格对失去土地的农民进行合理补偿，同时可以通过设置农地非农化土地增值税的方式，将社会公共投资增值收归国家”。[③]

3. 减少土地征收权力滥用的需要

低标准的土地征收补偿是土地财政的基础，在土地财政的推动之下，政府倾向于大规模征收土地。这种大规模的土地征收，超越了公共利益所必需的范围，形成了土地征收权力的滥用。客观上，中央也看到了这一问题，并且采取了一定的措施加以遏制。然而，在中央与地方关系不明确，地方财政严重依赖土地财政的现实之下，靠中央加强土地管理这种层级监督的方式是不足以遏制土地征收权力的滥用的。唯有的办法就是改革土地征收补偿标准，按照市场价值对农民予以公正的补偿，使得政府不能从土地征收中直接获利，这样才能斩断政府财政收入与土地征收之间的直接联系，消解政府土地财政的推动力，从而减少土地征收权力的滥用，也保护农民的权利。

4. 提高土地资源配置效率的需要

按市场价值进行公正补偿还是提高土地资源配置效率的需要。由市场来决定资源的配置是市场经济的一般规律，也是社会主义市场经济体制运行过程中必须遵循的规律，土地资源的利用也同样应该遵循市场规律。但

---

① 参见：《126倍土地剪刀差 民受到强烈刺激》，http：//club. china. com/data/thread/1638757/2713/47/67/2_ 1. html。

② 土地增值共享本身是一个复杂的问题，非三言两语可论说清楚。但有关增值共享问题，现实中仍有解决之途径，如当前的土地增值税本身就是针对土地增值而实施的，只不过仅仅针对国家土地上的房产而已。事实是，土地使用权的增值可以通过增值税来调节，农村集体土地的增值完全也可通过此种途径调节。

③ 于建嵘：《农民维权抗争集中土地纠纷 土地成农村首要问题》，载《瞭望东方周刊》2004年9月6日。

在现实生活中，一些地方政府一方面在土地财政的推动下大肆征收土地，另一方面在 GDP 考核的压力下，又为了招商引资而以低价出让土地。[①] 在这种无视市场规律，无视土地市场价值的出让下，一些企业借机大肆囤积土地，对大量土地圈而不用，严重浪费土地资源，降低了土地资源的配置效率。若在土地征收的过程中按照土地市场价值进行补偿，则地方政府就不可能像目前这样大肆征收土地，也不可能像目前这样在招商引资中任意出让土地，造成土地资源的浪费。鉴于土地资源的稀缺性，为提高土地资源的配置效率，充分利用土地，按市场价值对土地征收进行补偿的必要性就充分地显现出来。

（二）按市场价值实施土地征收补偿的可能性

前文论证了土地征收补偿按市场价值标准进行补偿的必要性，可问题在于，中国尽管实行了市场经济体制，但土地却是公有制的，仅仅有国家所有与集体所有两种所有权形式，宪法和土地管理法都明确规定，任何单位与个人都不得买卖土地。[②] 没有买卖，就没有市场，没有市场，何以确定价值？在这种情形之下，土地征收的市场价值补偿又何以可能？的确，在不得买卖土地的背景之下，直接确定土地的市场价值是不可能的，但即便如此，我们也可在改革开放不断推进的过程中，逐步找寻确定土地市场价值在理论上、政策上和现实中的可能性。

1. 执政党和政府文件的推进

《中共中央关于全面深化改革若干重大问题的决定》指出，“市场决定资源配置是市场经济的一般规律，健全社会主义市场经济体制必须遵循这条规律，着力解决市场体系不完善、政府干预过多和监管不到位问题。必须积极稳妥地从广度和深度上推进市场化改革，大幅度减少政府对资源的直接配置，推动资源配置依据市场规则、市场价格、市场竞争实现效益最

① 参见审计署原审计长刘家义在第十二届全国人大常委会第十五次会议上所作《国务院关于2014年度中央预算执行和其他财政收支的审计工作报告》。

② 宪法第10条第4款中规定：“任何组织或者个人不得侵占、买卖或者以其他形式非法转让土地。”土地管理法第2条第3款中规定：“任何单位和个人不得侵占、买卖或者以其他形式非法转让土地。”

大化和效率最优化”。“缩小征地范围，规范征地程序，完善对被征地农民合理、规范、多元保障机制。扩大国有土地有偿使用范围，减少非公益性用地划拨。建立兼顾国家、集体、个人的土地增值收益分配机制，合理提高个人收益。”这些论述表明，执政党将进一步推进经济的市场化，强化市场在资源配置中的决定性作用。在土地征收补偿方面，也将加强对被征地农民权利的保障，而所谓“建立兼顾国家、集体、个人的土地增值收益分配机制，合理提高个人收益”，必然朝着市场化的方面推进土地征收补偿，舍此，公正且被普遍接受的土地征收补偿就无从实现。

在执政党的政策之外，国家近年来实施的有关土地征收及其补偿的政策，在一定程度上也体现了市场性的因素。如国土资源部 2005 年下发的《国土资源部关于开展制订征地统一年产值标准和征地区片综合地价工作的通知》（已被修改）明确，“征地区片综合地价是征地综合补偿标准，制订时要考虑地类、产值、土地区位、农用地等级、人均耕地数量、土地供求关系、当地经济发展水平和城镇居民最低生活保障水平等多方面因素进行测算”。在这里，征地区片综合地价作为土地征收中的综合补偿标准，其制定过程中所考虑的区位因素、土地供求关系因素就是典型的市场因素。可见，在国家相关的政策文件中，市场因素已经是一个重要的考虑因素。

既然现行土地征收补偿标准可以从原来的不考虑市场因素发展到考虑相关的市场因素，那么，在将来的土地征收补偿中，更多地考虑市场因素，乃至完全按照市场价值确定土地征收补偿标准，在政策上和技术上也不是完全没有可能。至于按市场价值进行补偿在法律上存在的障碍，在执政党的政策明确之后，则完全可以通过立法的途径予以解决。

2. 农村集体经营性建设用地入市的尝试

继《中共中央关于全面深化改革若干重大问题的决定》提出要“在符合规划和用途管制前提下，允许农村集体经营性建设用地出让、租赁、入股，实行与国有土地同等入市、同权同价”之后，第十二届全国人民代表大会常务委员会第十三次会议于 2015 年 2 月 27 日通过决定，授权国务院在北京市大兴区等三十三个试点县（市、区）行政区域暂时调整实施有关法律规定。该决定明确，“暂时调整实施集体建设用地使用权不得出让等的规定。在符合规划、用途管制和依法取得的前提下，允许存量农村集体经营性建设用地使用权出让、租赁、入股，实行与国有建设用地使用权同等入市、同权同价”。“暂时调整实施征收集体土地补偿的规定。综合考虑土地用途和区位、经济发展水平、人均收入等情况，合理确定土地征收补偿标准，安排被征地农民住房、社会保障；加大就业培训力度，符合条件的被征地农民全部纳入养老、医疗等城镇社会保障体系；有条件的地方可采取留地、留物业等多种方式，由农村集体经济组织经营”。这一调整目前还在试点之中，但毫无疑问的是，这种试点让农民更多地看到了提高土地补偿标准的希望，而其中农村集体经营性建设用地入市的尝试，更使得集体土地（使用权）也有了“价格”，从而使被征收的土地有了价值的比较，使得按市场价值标准进行土地征收补偿更有了可能性。

3. 国有土地上房屋征收补偿的示范

2011 年，国务院通过的《国有土地上房屋征收与补偿条例》第 19 条第 1 款规定：“对被征收房屋价值的补偿，不得低于房屋征收决定公告之日被征收房屋类似房地产的市场价格。被征收房屋的价值，由具有相应资质的房地产价格评估机构按照房屋征收评估办法评估确定。”按此标准，国有土地上房屋征收补偿是以市场价值为标准的，且“不得低于”市场价值。《国有土地上房屋征收与补偿条例》的规定为土地征收补偿的标准确立了很好的示范：财产征收是可以按照市场价值进行补偿的。

可能有人会认为，集体土地的征收与国有土地上房屋的征收是不一样的，因为城市房屋是可以进行市场买卖的，因此是可以确定其市场价值的，而集体土地却是禁止买卖的，因此不能确定市场价值，故而不可按市场价值进行补偿。这种观点只能说明集体土地市场价值难以确定，并不能说明不应该按照市场价值进行补偿。事实上，在明确按照市场价值标准进行补偿的前提之下，如何确定特定土地的市场价值那只是一个技术的问题。在本质上，农村集体土地征收与国有土地上房屋征收并无区别，它们都是为了公共利益需要才进行的征收，征收的对象都是被征收人的重要财产，且房屋与土地本身在财产性质上就是密不可分的。既然国有土地上的房屋在被征收时可以按照市场价值进行补偿，那么，农民集体所有的土地也完全可以按照市场价值进行补偿。

4. 有丰富的国际经验可借鉴

在土地征收时按照市场价值进行补偿，是国际上普遍的做法，各国积累了丰富的经验，我国在实施土地征收补偿时可充分借鉴各国的经验。例如在美国，确定不动产的市场价格的方式就有售价比较法、成本计算法、收入计算三种方式。① 事实上，不只是在美国，在其他绝大多数市场经济国家，采取公平市场价格进行补偿也是土地征收过程中最常见的补偿标准，如德国、英国、日本、韩国、马来西亚、波兰等国皆是如此。②

我国已经确立了市场经济的模式，执政党和政府也一再强调，要发挥市场机制在资源配置中的基础性作用。既然如此，那么在土地征收中，我们也应该遵循市场经济的一般规则，吸取市场经济国家多年积累起来的经验，以土地的市场价值作为征收补偿的基本标准。而这些国家在土地征收补偿标准方面行之有效的经验，也可以成为我国土地征收补偿过程中的有效借鉴，促进我国公正的征收补偿制度的建立。

总而言之，土地征收按市场价值标准进行补偿，不管是从执政党和政府的政策取向来看，还是从现有的试点经验来看，或者从国际经验来看，都是可行的。不仅如此，在当前正在进行的土地管理法修订中，有关草案也 度开始倾向于实行比现在标准更高的、更接近于市场化标准的补偿。修正案草案规定，征收农民集体所有的土地应当给予公平补偿，保证被征地农民原有生活有改善、长远生计有保障。删除了按照被征收土地的原用途给予补偿，以及土地补偿费和安置补助费的总和不得超过土地被征收前三年平均年产值的30倍的内容。③ 尽管由于种种原因，土地管理法的修订

---

① Matthew P. Lindeman, *Environmental Contamination Evidence and Just Compensation: Taking Issue With Restraints on the Admissibility of Evidence in Eminent Domain Proceedings*, Hamline Law Review, Vol. 34, 2011. 转引自渠滢：《我国集体土地征收补偿标准之重构》，载《行政法学研究》2013年第1期。

② 郑美珍：《其他国家（地区）关于土地征收补偿的规定及借鉴》，载《国土资源情报》2011年第10期。

③ 宋伟、毛磊：《我国征地补偿制度大修　征地补偿拟不设上限　增加宅基地补偿和社会保障补偿》，载《人民日报》2012年12月25日。

还在进行当中，但根据已经披露的内容看，按照市场价值标准不仅在理论上是可行的，在现实也是可期待的。

### （三）土地市场价值的确定

前文论证了土地征收过程中按市场价值标准进行补偿的必要性与可行性，应该说，按市场价值进行补偿是我国土地征收补偿发展的一个必然方向。但即使这样，也仍然有进一步的问题需要解决：我国实行土地的公有制，宪法与法律规定土地不能进行买卖，这就意味着并不存在真正意义上的自由的成熟的土地市场，而所谓的市场价值恰恰是在一个自由的市场上经过各方的交易行为而呈现出来的。既然我们并不存在土地市场，那么在具体的征地行为中，我们当如何确定特定被征收土地的市场价值？

严格而言，特定的土地价值测算本身是一个复杂的技术过程，非法律所关注的焦点，也非法律本身所能完成，但它又是按市场价值实施土地征收补偿的过程中所必需的，为此，我们只能，也必须参考现有的经验来确定。就此而言，当前各主要市场经济国家基本都按市场价值作为土地征收的补偿标准，因此在特定土地的市场价值确定方面，并非没有经验可资借鉴。如在价值确定方面，前述美国法院确定市场价值的方法即很具借鉴意义。至于市场价格的计算时点，各国主要有 4 种：一是正式征收日（实际占有日）的市场价格，如马来西亚、德国、韩国、波兰、美国、日本、英国等；二是政府征地正式通告发布日的市场价格；三是最终裁决日的市场价格；四是若干年前的被征土地的市场价格，其目的是抑制土地投机，如瑞典、法国。①

有关被征收土地市场价值的测算，国内也有不少学者进行了研究，如有学者指出，目前测算土地价值的基本方法有七种，包括收益还原法、市场比较法、假设开发法、成本法、基准地价系数修正法、剩余法、路线价法等，并在假定土地得到了最高、最佳价值使用的前提下进行了收益还原

① 郑美珍：《其他国家（地区）关于土地征收补偿的规定及借鉴》，载《国土资源情报》2011 年第 10 期。

法的验证。[①] 也有人提出，可以选择各地的同区域、同类型的平均“生地价”作为土地的市场评估价。所谓“生地”，指已完成土地使用批准手续（包括土地使用权出让手续）可用于建筑的土地，该建筑用地无基础设施，或者有部分基础设施，但尚不具备完全的“三通”（通路、通水和通电）条件，同时地上地下待拆除的房屋、构筑物尚未拆迁。“生地”价格体现了土地的区域价值和规划用途价值，反映了被征土地用途变更后的初始价值。征收后用于公共基础建设的土地应当比照其相邻土地的非公共基础建设的用途计算其最高市场价值。[②] 上述有关市场价值确定方法的研究都具有积极的意义，但也都带有限定条件。如收益还原法需在土地已有之收益来自其最佳用途时方可适用，而我国被征收土地多数情形之下还是农用地，不能体现其最佳用途。至于以“生地价”为参考，则“生地价”本身如何确定就是个问题。可见，上述方法都不能独立用来确定被征收土地的市场价值。

在我国当前土地实行公有且不能自由买卖的大背景下，土地价值的确定必然存在诸多困难。可期待的是，以市场价值为标准进行补偿是必然的发展方向，具体市场价值的确定尽管存在困难，但通过各种途径确定尽可能接近市场价值的补偿价格也是必需的。无论采取何种方法确定土地的市场价值，有一点都是必须明确的：确定市场价值时，必须按土地的最佳用途测算。具体而言，也即要按建设用地而不是按农用地用途确定其价值，否则就可能重新陷入按原用途进行补偿的窠臼。在此基础上，有两种价格是在确定土地市场价值时可予借鉴的。一是相同或相近区域内相类似国有土地的使用权出让价格，二是相同或相近区域内相类似集体经营性建设用地的使用权出让价格。一定时间段的土地使用权价格尽管不能等同于土地的市场价值，但仍然是有借鉴意义的，土地的市场价值至少是在使用权的价格之上，而不应低于该价格。

---

① 唐朝光、蒋文能：《基于市场价格的集体土地征收补偿研究》，载《学术论坛》2012 年第 10 期。

② 廖鑫彬：《土地征收的公平市场价值补偿——一种基于土地增值税框架的征地补偿模式》，载《农村经济》2013 年第 7 期。

# Chapter 4 第四章

# 土地征收补偿的分配

## 一、为什么土地征收补偿的分配成为问题

土地征收补偿的分配与土地收益的分配是两种不同的概念。土地收益的分配是对所征收土地产生的收益，将其中的份额分别分配给土地所有者、农民、国家（政府）与土地需用者（用地方）。土地征收补偿的分配则指对已经确定的补偿款如何在相关主体间进行分配的问题，特别是如何在农村集体及其成员之间进行分配的问题。[①] 土地征收补偿的归属本不应成为一个问题，各项补偿都应有明确的归属主体，征收损害了谁的权益，就对谁的权益进行弥补，这原是征收补偿的题中应有之义。然而，中国实行农村土地的集体所有制，土地属于农村集体而不是农民个人，尽管从字面上看相关法律规定的土地征收补偿是明确的（如土地补偿费归集体所有），但到此为止，问题并没有解决，土地征收补偿仅仅归集体所有，并不能达到集体存在的目的，作为集体成员的农民也不会接受土地征收的补偿停留于集体。土地征收补偿的分配问题由此产生：在农村集体与农民之间乃至作为集体成

---

① 土地征收补偿费是依法补偿给被征收原权利人即农村集体及农民的，实践中一些地方政府却截留了很大一部分补偿款，违法地参与了补偿款的分配。但在法律上，地方政府是否可参与分配却不是一个问题。因此本节研究所指的是补偿款在被征地集体与其成员之间的分配。

员的农民相互之间，对土地征收补偿费是不是需要进一步分配？按什么标准进行分配？如何进行分配？所有这些问题，都是在土地征收实践中必须予以解决的。并且，由于集体与作为其成员的农民之间的关系并不总是清晰的，很多时候甚至是难以理清的，土地征收补偿的问题还是一个极为复杂的问题。

### （一）集体土地所有权的形成

在我国，土地有两种所有形式，即国家所有和集体所有，除国家和集体外，任何个人或组织都不拥有土地所有权。国家拥有土地的所有权，这一现象在各国多有存在，但集体拥有土地的所有权，在世界范围内却并不多见。然而对于我国，集体土地所有权却有着重要的地位，对社会经济生活具有极大的影响。这一集体所有权并非历史上即存在，而是通过土地改革和农村的社会主义改造等一系列手段最终确立起来的。更彻底地说，社会主义改造行动与其说是造就了集体所有权，不如说造就了“集体”这一至今被争论不休的所有权主体。

1. 中华人民共和国成立前的土地政策

中国共产党在其领导的整个革命运动中，一直极为重视土地政策，在一定程度上，适合中国国情的土地政策是中国共产党取得革命成功的最重要的因素之一。早在井冈山时期，苏维埃政府就于 1928 年制定了《井冈山土地法》，规定没收一切土地归苏维埃政府所有，并分配给农民或组织农场耕种。1931 年，《中华苏维埃共和国土地法》颁布，规定无代价没收封建地主、豪绅、军阀以及其他大私有主的土地分配给贫农和中农。抗日战争时期，为建立和维护抗日统一战线，击败日本侵略者，中共中央调整了土地政策，由没收地主土地改为减租减息运动。[①] 抗日战争胜利后，中央再次调整土地政策，1946 年 5 月 4 日发布的《关于清算减租及土地问题的指示》明确规定，“在广大群众要求下，我党应坚决拥护群众从反奸、清算、减租、减息、退租、退息等斗争中，从地主手中获得土地，实现耕者有其田。”1947 年，《中国土地法大纲》正式颁布，其中规定：废除封

① 参见《中共中央关于抗日根据地土地政策的决定》，1942 年中央政治局通过。

建性及半封建性剥削的土地制度，实行耕者有其田的土地制度；废除一切地主的土地所有权；废除一切祠堂、庙宇、寺院、学校、机关及团体的土地所有权。乡村中一切地主的土地及公地，由乡村农会接收，连同乡村中其他一切土地，按乡村全部人口，不分男女老幼，统一平均分配，在土地数量上抽多补少，质量上抽肥补瘦，使全乡村人民均获得同等的土地，并归各人所有。

在整个革命战争阶段，除抗日战争时期为建立和扩大抗日统一战线而实行减租减息外，中国共产党的整个土地政策是倾向于剥夺大土地所有权特别是大地主的土地所有权而将土地平均分配给农民所有。因此，这一时期的土地政策并不直接体现集体化的趋势。

2. 土地改革运动中土地所有权的变革

中华人民共和国成立后，中央在全国范围内全面开展了土地改革运动，到1950年6月，全国业已完成土地改革的地区约有农业人口1.45亿（总人口约1.6亿），尚有2.64亿农业人口的地区（总人口约3.1亿）没有进行土地改革。① 同年6月30日，中央人民政府委员会通过了《中华人民共和国土地改革法》（已失效），规定对下列土地予以没收和征收：地主的土地（第2条）；祠堂、庙宇、寺院、教堂、学校和团体在农村中的土地及其他公地（第3条）；工商业家在农村中的土地（第4条）；每人平均所有土地数量超过当地每人平均土地数百分之二百者（第5条）。对于没收和征收得来的土地，除按规定收归国家所有外，均由乡农民协会接收，统一、公平合理地分配给无地少地及缺乏其他生产资料的农民，对地主亦分给同样的一份土地（第10条）。

经过三年的努力，到1953年春耕前，除新疆、西藏等少数民族地区及未解放的台湾省外，土地改革运动在全国范围内基本结束，全国约有三亿农民分到土地，约有7亿亩土地分给农民。② 土地改革运动的直接目的并不在于建立集体的土地所有权，而是在于确立无地或少地的农民的土地所

① 刘少奇：《关于土地改革问题的报告》，1950年6月14日在中国人民政治协商会议第一届全国委员会第二次会议上的报告。

② 廖鲁言：《三年来土地改革运动的伟大胜利》，载《人民日报》1952年9月28日。

有权。对此，《中国人民政治协商会议共同纲领》第27条规定，“保护农民已得土地的所有权”。《中华人民共和国土地改革法》第30条中规定，“土地改革完成后，由人民政府发给土地所有证，并承认一切土地所有者自由经营、买卖及出租其土地的权利”。非但如此，对土地改革中分给地主的土地也发给所有权证。① 因此，土地改革结束后，农村土地的私人所有制并没有废除，拥有土地所有权的依然是农民（包括原地主、富农）个人。

3. 农业社会主义改造与农村集体土地所有制的形成

由小农经济的生产方式所决定，各种形式的农户间的互助在小农经济中一直都有存在。参与互助的农户在生产工具、牲畜、劳动力等方面相互调剂，以更有效地开展农业生产。如一户农户不能单独完成的农活，数户农户互相帮助，共同完成；没有牲畜的农户将其所有的农具如打稻机借给有牲畜的农民，以换取畜力的使用；等等。在土地改革的过程中，互助组这一农业合作形式开始发展起来，规模不断扩大，合作的形式越来越趋向组织化。

土地改革完成后，在农业社会主义改造政策下，互助组进一步发展，并终于走上了农业生产合作社这一形式。农业生产合作社经历了初级合作社和高级合作社两个阶段，在初级社阶段，农民自愿参加合作社，将土地等生产资料交给合作社统一使用，合作社成员集体劳动，对劳动所得则实行按劳分配，农民也可自愿退社，退社时原则上可带走自己包括土地在内的生产资料。② 初级农业生产合作是一种过渡性质的所有制。“初级阶段的合作社属于半社会主义的性质。在这个阶段，合作社已经有一部分公有的生产资料；对于社员交来统一使用的土地和别的生产资料，在一定的期间

① 《中央人民政府内务部关于填发土地房产所有证的指示》，载《湖南政报》1951年第4期。

② 1955年11月全国人大常委会通过的《农业生产合作社示范章程》第15条规定：“社员有退社的自由。社员退社的时候，可以带走还是他私人所有的生产资料，可以抽回他所交纳的股份基金和他的投资。如果他的土地已经由合作社进行了重要的建设，无法带走，合作社应该用相当的土地同他交换，或者付给他适当的代价。如果他的土地经过合作社的经营质量变好了，他的农具和工具经过合作社的修理价值提高了，退社的人也应该付给合作社适当的代价。”

还保留社员的所有权，并且给社员以适当的报酬。”① 要实现土地等生产资料的社会主义集体所有制，须等到农业合作社由初级过渡到高级阶段。

1956年开始，农村集体化运动进入了一个高涨时期，全国开始迅速建立高级农业生产合作社。1956年6月份，全国人大常委会通过了《高级农业生产合作社示范章程》（已失效），该章程规定，在高级合作社里，社员“私有的主要生产资料转为合作社集体所有，组织集体劳动，实行‘各尽所能，按劳取酬’”；“入社的农民必须把私有的土地和耕畜、大型农具等主要生产资料转为合作社集体所有”；“社员土地上附属的私有的塘、井等水利建设，随着土地转为合作社集体所有。如果这些水利建设是新修的，本主还没有得到收益，合作社应该适当地偿付本主所费的工本。如果修建这些水利所欠的贷款没有还清，应该由合作社负责归还”；“社员私有的藕塘、鱼塘、苇塘等转为合作社集体所有的时候，对于塘里的藕、鱼、苇子等，合作社应该付给本主以合理的代价”；“社员的土地转为合作社集体所有、取消土地报酬以后，对于不能担负主要劳动的社员，合作社应该适当地安排适合于他们的劳动，如果他们在生活上有困难，合作社应该给以适当的照顾；对于完全丧失劳动力，历来靠土地收入维持生活的社员，应该用公益金维持他们的生活，在必要的时候，也可以暂时给以适当的土地报酬。”② 从《高级农业生产合作社示范章程》（已失效）的相关规定可见，高级农业生产合作社建立后，社员的土地已经从农民个人所有转变为合作社集体所有。这样，农村土地的集体所有权开始正式确立起来。

4. 集体土地所有权的发展

高级生产合作社的建立，意味着农村集体土地所有权开始确立。然而，从所有制的角度看，当时确立的集体所有权还没有做到高度的公有化。一方面，即使是在高级农业生产合作社中，社员仍有退社的自由，且社员退社的时候，可以带走他入社的土地或者同等数量和质量的土地，可以抽回他所交纳的股份基金和他的投资。另一方面，并不是所有的人都已

---

① 《农业生产合作社示范章程》（已失效）第3条。
② 分别参见《高级农业生产合作社示范章程》（已失效）第2条、第13条、第14条。

经加入高级农业生产合作社中来，尚有一部分人没有入社而拥有自己的土地。此外，即使是已经加入合作社的农民，也并不是其全部生产资料都归合作社集体所有，他们的宅基地、坟地仍未入社，属于个人所有。① 可见，集体化仅仅发展到高级农业合作社阶段是不符合建立全面公有制要求的。这样，人民公社在大跃进中兴起也就是自然而然的事了。1958 年 3 月，中央作出了合并小社为大社的决定；8 月上旬，毛泽东在视察河南、山东时发表了“还是办人民公社好”的讲话；8 月 29 日，中央北戴河会议通过了《中共中央关于在农村建立人民公社问题的决议》。此后，人民公社在全国范围内如火如荼地办起来，到 9 月底，有 99% 的农民加入了人民公社。人民公社的特点在于：一是组织规模大；二是财产归公，农民除了很少的生活用具外，所有财产都是公家的；三是生产和生活方式实行组织军事化、行动战斗化、生活集体化。②

人民公社的建立，意味着集体化的扩大，人民公社的社员不再拥有个人所有的生产资料，并且，人民公社化在一定程度上还意味着集体所有向全民所有的转化。《中共中央关于在农村建立人民公社问题的决议》要求，“人民公社建成以后，不要忙于改集体所有制为全民所有制，在目前还是以采用集体所有制为好，这可以避免在改变所有制的过程中发生不必要的麻烦”。实际上，人民公社的集体所有制中，就已经包含若干全民所有制的成分了。“不要忙于改集体所有制为全民所有制”意味着集体所有制只是暂时的保留，长远来看，全民所有制将在不断发展中继续增长，逐步地代替集体所有制。

建设人民公社的过程中出现的“一平二调”和“共产风”问题引起了中央的注意，并于 1959 年 4 月发布《关于人民公社的十八个问题》，认为公社的三级所有制（公社直接所有、大队所有、生产队所有）中，基本上是生产队所有制，这种情况不能很快改变。即使在将来基本上实现了公社所有制以后，生产队还是一级核算单位，还有一定范围的管理权限，还保

① 参见《高级农业生产合作社示范章程》（已失效）第 11 条、第 15 条、第 16 条。
② 刘洪英：《人民公社的兴亡和历史的反思》，载《徐州师范学院学报》1995 年第 1 期。

持部分所有权。这样，土地的三级所有制被基本固定下来。此后几年中，土地集体所有又经历了一定范围内和程度上的调整，但这种格局基本得以保持。

然而尽管如此，全国范围内的农村私人土地所有权并没有完全消灭，至少从法律上看，并没有规定所有的农民都要入社，私人土地所有权依然存在。一直到 1982 年宪法公布后，农村的私人土地所有权才被彻底消灭。① 同时，《农村人民公社工作条例修正草案》再次明确了包括土地在内的生产资料的“三级所有、队为基础”的集体所有制。人民公社的组织，可以是两级，即公社和生产队，也可以是三级，即公社、生产大队和生产队。生产队是集体所有权的基础，生产队范围内的土地，都归生产队所有。生产队所有的土地，包括社员的自留地、自留山、宅基地等，一律不准出租和买卖。不经过县级以上人民委员会的审查和批准，任何单位和个人都不得占用。至此，农村土地的集体所有权被确定下来。

（二）集体土地所有权的现状

通过农业社会主义改造而形成的农村土地集体所有制一直延续至今。从 1982 年宪法明确规定了集体土地所有权开始，已经形成了较为完整的集体土地所有权法律体系。当前法律对农村土地集体所有权的规定包括：

宪法第 10 条第 1 款、第 2 款规定：“城市的土地属于国家所有。农村和城市郊区的土地，除由法律规定属于国家所有的以外，属于集体所有；宅基地和自留地、自留山，也属于集体所有。”

土地管理法第 8 条规定：“城市市区的土地属于国家所有。农村和城

① 《农村人民公社工作条例修正草案》中规定：“农村人民公社是政社合一的组织，是我国社会主义社会在农村中的基层单位，又是我国社会主义政权在农村中的基层单位。人民公社的集体所有制经济，同全民所有制经济，是社会主义经济的两种形式。”这说明，一方面，人民公社是政权的基层单位，因而必然是覆盖全国的；另一方面，人民公社全面实行公有制。从上述规定似乎可以推断，在全国范围内，已没有农村土地私人所有权存在的空间。然而，在更晚的一些文件的规定中又可以推断，私人土地所有权在 1982 年之前仍有存在。如国家土地管理局 1995 年发布的《确定土地所有权和使用权的若干规定》（已被修改）第 19 条规定：“土地改革时分给农民并颁发了土地所有证的土地，属于农民集体所有；实施《六十条》时确定为集体所有的土地，属农民集体所有。依照第二章规定属于国家所有的除外。”

市郊区的土地，除由法律规定属于国家所有的以外，属于农民集体所有；宅基地和自留地、自留山，属于农民集体所有。”第 10 条规定：“农民集体所有的土地依法属于村农民集体所有的，由村集体经济组织或者村民委员会经营、管理；已经分别属于村内两个以上农村集体经济组织的农民集体所有的，由村内各该农村集体经济组织或者村民小组经营、管理；已经属于乡（镇）农民集体所有的，由乡（镇）农村集体经济组织经营、管理。”

物权法第 58 条规定：“集体所有的不动产和动产包括：（一）法律规定属于集体所有的土地和森林、山岭、草原、荒地、滩涂；……（四）集体所有的其他不动产和动产。”第 60 条规定，“对于集体所有的土地和森林、山岭、草原、荒地、滩涂等，依照下列规定行使所有权：（一）属于村农民集体所有的，由村集体经济组织或者村民委员会代表集体行使所有权；（二）分别属于村内两个以上农民集体所有的，由村内各该集体经济组织或者村民小组代表集体行使所有权；（三）属于乡镇农民集体所有的，由乡镇集体经济组织代表集体行使所有权。”

农村土地承包法第 4 条规定，“国家依法保护农村土地承包关系的长期稳定。农村土地承包后，土地的所有权性质不变，承包地不得买卖。”

另外，2001 年国土资源部发布的《国土资源部关于依法加快集体土地所有权登记发证工作的通知》（已失效）进一步明确，“凡是土地家庭联产承包中未打破村民小组（原生产队）界线，不论是以村的名义还是以组的名义与农户签订承包合同，土地应确认给村民小组农民集体所有”。

从上述规定可见，尽管改革开放以来我国的社会经济经历了巨大的变化，但农村土地的集体所有权并没有改变。除国家所有权之外，农村土地集体所有权仍是当前我国的土地所有权形式，包括农民宅基地、自留地、自留山在内的农村土地都属于农村集体所有。所不同的是，原来的人民公社改成了乡镇，原来的大队改成了村，原来的生产队改成了村民小组。因此，在所有权的形式上，由原来的公社、大队、生产队三级所有变成了乡镇集体、村集体和村内各集体三级所有。同时，与改革开放前土地的所有权与使用权合一的情况不同，当前集体土地所有权和使用权是分离的，在继续保持所有权归集体所有的前提下，土地主要归集体成员承包使用，集体成员享有集体土地的使用权。

（三）集体土地所有权的特性

集体土地所有权的特性体现在以下几个方面：

1. 中国农村土地的集体所有权是在农业社会主义改造基础上形成的。通过考察农村土地的集体所有权形成和发展的历史，我们可以发现：农村集体土地所有权并不是在社会经济发展的过程中自然形成的，而是中国共产党根据马克思主义理论，并结合中国的实际情况，通过政治决策和政治运动形成的。它不派生于其他任何既存的所有权包括国家土地所有权，而是一种具有中国特色的所有权。

2. 集体土地所有权主体是抽象的"集体"，包括乡镇集体、村集体和村内集体。然而，作为农村土地所有权主体的这三级"集体"本身就不甚明确，它是"集体"，但并不是法人，不能像一般法人那样脱离其成员而独立享有权利与承担义务。它不能脱离作为集体成员的农民，但享有所有权的又不是单个的农民个人。恰恰相反，农民个人作为集体成员时，可享有集体所有权的相应利益，一旦脱离该集体，却不能将原来享有的权益带走。总而言之，集体所有权的主体除了抽象的"集体"这一难以捉摸的对象之外，没有最终的落实者，以致出现了所有权主体虚化的现象。①

3. 所有权主体的地域性。集体土地由"集体"享有所有权，然而，这一"集体"却并不是任意的人都可组成的，只有特定区域内的农民，才能组成一个享有该区域土地所有权的"集体"。这种地域性不仅仅是由土地的不动产特性所决定的，而且也体现了作为传统的农业社会的中国农民与土地间的特殊密切关系。集体土地所有权主体的地域性与集体内部成员的社区归属是一致的，同时也烙上了家族区分的痕迹。②

4. 集体土地所有权的行使者是集体经济组织、村民委员会和村民小

① 详尽论述请参见王卫国：《中国土地权利研究》，中国政法大学出版社2003年版，第96页。

② 刘俊：《中国土地法理论研究》，法律出版社2006年版，第135页。

组。农村土地所有权是由抽象的“集体”享有的，但正如前面所提到的，“集体”本身是一个抽象的存在，它不可能亲自实际行使所有权，而只能由一具体的组织来代表其行使所有权，经营管理集体所有的土地。按现行法律规定，这一代表“集体”的组织是集体经济组织、村民委员会和村民小组。而在现实生活中，由于大部分农村集体经济组织在组织上、功能上都已不健全，不具备组织生产经营活动的条件，因此集体土地的所有权往往由村民委员会或村民小组来行使。须注意的是，此处的“村民小组”并非是被称为“村民小组”的集体，而是管理被称为“村民小组”的集体之相关事务的组织，其与所在集体的关系相当于村民委员会之于村集体的关系。此外，在一些不再存在乡镇集体经济组织的地方，乡镇集体所有的土地所有权实际上由乡镇政府行使。

5. 集体土地所有权的不完全性。按民法理论，所有权应当具备占有、使用、收益、处分四项权能，而其中处分权是所有权根本的权能，失去处分权的所有权，甚至难以再称为所有权。而中国的集体土地所有权，恰恰被法律明确规定没有法律上的处分权。这说明，中国的集体土地所有权并不是一项完整意义上的所有权，至多是残缺的所有权。

6. 集体土地所有权与经营权分离。集体土地由集体享有所有权，在计划经济时代，农民实行集体劳动，经营使用土地，劳动所获再按一定原则进行分配，但这一所有权行使形式被证明是低效率的，因此，改革开放后绝大部分集体土地不再由集体成员统一经营使用，而改由集体成员承包经营使用，从而使得集体土地的所有权与经营使用权相分离。并且，这一所有权和经营使用权相分离的土地利用方式还被宪法、农业法、土地管理法、物权法和农村土地承包法等法律所确定下来。

7. 集体土地所有权与国家土地所有权的不平等性。从理论上看，集体土地所有权与国家土地所有权构成了我国土地所有权的两大类别，两种土地所有权在法律上是平等的。但实际上，集体土地所有权和国家土地所有权却是不平等的，这种不平等体现在，从所有权的流动上看，通常只有集体所有土地转为国家所有土地，而没有国家所有土地转变为集体所有土地；[①] 从法律的保护上看，“国有经济……是国民经济中的主导力量”，国有土地作为国有经济的内容，受到宪法的有力保障，相对而言，集体经济是低一层次的公有制，并不能像国有经济那样受到国家强有力的保障；从所有权的范围看，按照我国相关的法律和政策，只要不属于或不能证明属于集体所有的土地就归国家所有。如土地管理法实施条例第 2 条第 4 项规定，依法不属于集体的林地、草地、荒地、滩涂及其他土地，属于国家所有。总而言之，相较于国家土地所有权，集体土地所有权体现着更多的义务而享受更少的权利，两者是不平等的土地所有权。

### （四）集体土地所有权的性质与土地征收补偿的分配[②]

土地征收的对象是农村集体所有的土地，现行宪法第 10 条第 2 款和土地管理法第 8 条第 2 款规定：“农村和城市郊区的土地，除由法律规定属于国家所有的以外，属于集体所有；宅基地和自留地、自留山，也属于集体所有。”土地管理法第 10 条规定：“农民集体所有的土地依法属于村农民集体所有的，由村集体经济组织或者村民委员会经营、管理；已经分别属于村内两个以上农村集体经济组织的农民集体所有的，由村内各该农村集体经济组织或者村民小组经营、管理；已经属于乡（镇）农民集体所有的，由乡（镇）农村集体经济组织经营、管理。”物权法第 60 条规定：“对于集体所有的土地和森林、山岭、草原、荒地、滩涂等，依照下列规定行使所有权：（一）属于村农民集体所有的，由村集体经济组织或者村民委员会代表集体行使所有权；（二）分别属于村内两个以上农民集体所

① 对此，法律尽管没有禁止国有土地转变为集体土地的明确规定，但在笔者的阅读范围之内，也同样没有看到有关可将国有土地转变为集体土地的规定。在实践中，如对移民所占有及使用的移居地土地，原属集体所有的，转归移民集体所有；原属国家所有的，移民只享有使用权（参见广东省政府 1989 年颁布的《广东省维护水库移民土地山林房产权属的若干规定》）。这在一定程度上表明，国有土地所有权并不向集体土地所有权流动。

② 农村土地的“集体所有”实际上存在两个性质截然不同的问题：一个是土地的集体所有问题，这是一个所有制问题，在性质上属于经济基础；另一个是集体土地所有权问题，这是一个法律问题，在性质上属于上层建筑。本书的讨论，仅仅从法律的角度讨论农村土地的集体所有权问题，而不及于土地所有制问题。

有的，由村内各该集体经济组织或者村民小组代表集体行使所有权；（三）属于乡镇农民集体所有的，由乡镇集体经济组织代表集体行使所有权。”从以上规定看，农村土地的所有权似乎是明确的，即属于“集体所有”，而不是属于作为集体成员的农民所有，也不是属于村民委员会或集体组织或村民小组所有。

然而，上述貌似明确的规定实际上并不明确，其根本的问题在于：何谓集体？集体土地所有权到底是一种什么性质的权利？集体土地所有权到底应该归谁且如何行使？集体、集体经济组织、集体成员相互之间到底是什么关系？集体成员对集体土地及其收益到底有没有独立的法律地位和具体的权利？如果没有，那么他是如何体现其作为集体成员的价值？如果有，那么他又具有什么样的地位和权利？针对农村土地的“集体所有”存在的各种问题，学界提出了多种完善与改革的思路：一是主张废除集体土地所有权，实行全部土地国有化；二是主张国家所有的农用地和集体土地私有化，形成国家土地所有权与私人土地所有权二元并存体制；三是主张保留集体土地所有权，实行集体土地所有权的改造。①

实际上，宪法与土地管理法、物权法中有关集体土地所有权的内容，主要是基于所有制考虑而进行的规定，很大程度上可以说是一种政治性而不是纯法律的规定，是一个经济基础问题而不是上层建筑问题。上述诸种主张或许都有其合理性，然而，对于我们所要研究的土地征收补偿这一课题而言，它更关注的是在现行土地所有制的现实之下，谁有权参与以及如何解决土地征收补偿的分配等问题，而不是土地所有制本身；它更是一个作为上层建筑的法律问题，而不是作为经济基础的所有制问题。因此，考察上述集体土地所有权的性质等问题是必需的。

从法律的角度，关于集体土地所有权的性质问题，具有多种不同的意见。②

① 进一步的论述请参见胡吕银：《论集体土地所有权的法律重构》，载孟勤国、黄莹主编：《中国物权法的理论探索》，武汉大学出版社 2004 年版。另可参见高飞：《集体土地所有权主体制度研究》，法律出版社 2012 年版。

② 参见王利明：《物权法研究》，中国人民大学出版社 2002 年版，第 297 页；陈健：《中国土地使用权制度》，机械工业出版社 2003 年版，第 157—159 页。

这些意见都有其存在的理由，但在土地的“集体所有权”客观存在的现实之下，这些观点也都存在其自身无法解决的矛盾与问题。

1. 抽象的集体所有形态。即认为群众集体所有权是指劳动群众集体的财产所有权。集体所有权的主体既不是劳动者或集体组织的成员，也不是法人组织，而是高度抽象的“劳动群众集体”。如城镇集体企业的所有权，即属于“城镇集体”这一高度抽象的主体，在性质上完全脱离了个人的财产及权利而存在，大多不存在根据投资关系或投资比例分取红利的问题。这种抽象的集体所有形态，在理论上尽管不能说不成立，但实际上却存在诸多问题，如使集体所有的财产与集体成员脱离了应有的密切联系，使成员难以发挥其作为利益主体的积极性与主动性，也难以让成员分享其应得的利益；使集体财产在一定程度上成了无人关心的“无主物”，难以有效地加以利用；使集体财产难以得到有效监管，一些具体负责经营管理集体财产的人成了集体财产的真正主人，导致损公肥私、贪污浪费等现象的发生。

2. 集体所有“总有”说。“总有”是早期日耳曼法上的一种制度，为日耳曼马尔克公社所采用，它将财产所有权依团体内部的规定加以分割，其管理、处分等支配的权能属于团体，而使用、收益等利用的权能则属于成员。在总有关系中，所有权进行了质的分割，团体总体上的权利与各个成员具体的权利构成一个完整的总有关系。持“总有”说者认为，我国的集体土地所有权是一种新型“总有”，指一定的农民集体的成员，借其组成的团体对集体财产依法按照平等自愿、议决一致的原则，行使占有、使用、收益和处分的权利，以及集体成员对集体财产受益的权利。但实际上，我国土地的集体所有与“总有”还是存在明显的区别，如在“总有”制度中，所有权作了质的分割，团体与其成员都不享有完整的所有权，而我国农村集体在将土地使用权与收益权这两项权能交由集体成员处理后，其相对完整的所有权并不因这两项权能的分享而消失。又如，“总有”是一种注重对财产的管理使用的制度，它并不关注抽象意义上的所有权，而集体土地所有权则与此相反，它关注的是土地的集体所有。①

---

① 参见陈健：《中国土地使用权制度》，机械工业出版社 2003 年版，第 157—159 页。

3. 集体经济组织所有说。这一观点认为，集体财产归集体经济组织所有，“集体经济组织财产所有权是集体所有法律表现形式，作为合作制经济组织，其对外代表全体农民利益从事各种法律行为，对内对于社员不以营利为目的，而是向社员提供经济上和生活上的帮助和服务”。“集体经济组织作为合作制法人，其成员并不是纯粹的出资者，而同时也是生产者，需要利用集体经济组织的公有财产进行生产；集体经济组织是劳动生产者利用公有土地的合作制经济组织，这是集体经济组织与一般法人的不同之处。作为合作制经济组织，其成员作为合作制经济组织这一社团法人的成员而参与其中，民主管理公有财产，并享受集体经济组织为其提供的各项服务，也作为生产者直接进行劳动”。“明确集体经济组织的法人性质，以集体经济组织的法人财产权来从法律制度上体现集体所有制是十分必要的，农民集体无法作为民事主体行使土地所有权，他们必须组织成为法人才能行使其集体土地所有权。集体经济组织就是这种组织形式的最好的自然选择”。①

认为集体所有在法律上的体现应为集体组织所有，若作为一种改革的思路，则这一思路无疑将使集体所有的法律性质发生改变。毕竟，在将集体经济组织视为独立法人的情况下，集体经济组织并非集体本身，他们是相互独立的两个主体，若将集体经济组织所有的性质视同为集体所有，不符合事物本来的性质。何况，在我国农村，并不是所有的集体都存在集体经济组织，因此该定性并不具有周延性。并且，就土地而言，若土地尽交由农民家庭经营，则相应的以土地为基础的“集体经济组织”本身存在的必要性也是大有疑问的。即使现行的法律，也对集体与集体经济组织作了明确的区分，并没有将两者混淆起来。

4. 法人和个人共同所有说。这一观点认为，集体所有权主体是个人化与法人化的契合，集体财产应为集体组织法人所有，法人可以对集体财产享有独立的支配权，而集体组织成员对集体财产享有股权或社员权。对于转换成公司的集体企业，集体成员成为股东，可以凭借其股权获取红利并

① 陈健：《中国土地使用权制度》，机械工业出版社 2003 年版，第 152—153 页。

控制公司的事务。如果是转换成合作集体企业，其成员成为合作社社员，法律赋予其社员权，社员通过社员权参与公司事务的管理，并根据按劳分配原则取得报酬。①

这一观点实际上是将集体所有分成了法人所有与个人共同所有两种情况，在第一种情况下，集体成员成了股东，这实际上已经使集体所有脱离了原来面目，成了法人所有，与现代企业制度中的公司所有并无区别。根据现行法律，在公司所有中，若某一公司的股东完全由自然人组织，该公司在法律性质上是被认定为私有公司的。因此这一分类无异于将土地的“集体所有”这一公有制转化成了公司所有的私有制。在第二种情况下，若将合作社视为一个具有独立人格的组织，而集体成员转为合作社成员，财产为合作社所有，则其已经不再是原来意义上的集体所有；若将合作社视为原来意义上的集体，则问题又回到了原来的起点——集体所有的性质到底是什么？因此，所谓的法人和个人共同所有说与其说是对集体所有的定性，还不如说是为集体所有脱离面临的困境而寻求部分解决的思路。

5. 共有说。这一观点认为，集体所有实质上就是集体成员共同所有，即一定集体的成员共同拥有对其财产的所有权。② 这一观点固然有其理由，对于明确集体成员对集体财产的权利、避免集体财产主体虚无化也具有积极的作用，有利于保护集体成员的利益。然而，美好的原则并不能与解决实际问题等同起来。当我们面对集体所有的性质这一现实问题时，我们会发现，共有说是与事实不符的。首先，共有归根结底仍是一种私人所有，这与宪法将集体所有设定为一种“公有”的目的是不相符合的；其次，作为一种所有权形式，共有（无论是按份共有还是共同共有）的目的在于保护共有者的权利，相应地，共有者的权利也是明确的，它可转让其共有

---

① 孔祥俊：《民商法新问题与判解研究》，人民法院出版社 1996 年版，第 378 页。

② 如国务院研究中心农村部部长韩俊认为，应当将土地农民集体所有明确界定为农民按份共有制。“农村集体经济的每一个成员都拥有按份分割农地所有权的权利，农民按份共有的农地权利可以合法继承或转让、抵押、赠送等。实行农民按份共有制，有利于农民土地使用权和收益权的分离，既保障了农民对土地的收益权，又有利于农民转变身份，加速向二、三产业转移”。当然，他的这一提法更多是改革的思路而不是性质界定。参见韩俊：《土地农民集体所有应界定为按份共有制》，载《政策瞭望》2003 年第 12 期。

权，在一定条件下还可要求对共有的财产进行分割。但是在集体所有中，集体成员并不具备这样的权利，他既无权要求分割财产，也无权将其权利进行转让。相反，一旦他离开这个集体，则所有的权利都将离他而去，他不会因其离开本身而获得或可要求获得集体所有的任何利益。可见，将集体所有定性为共有是与现实不符的。

## 二、现行法律有关土地征收补偿分配的规定及其发展

### （一）现行法律与行政法规中有关土地征收补偿分配的规定

土地管理法对土地征收补偿分配问题的规定并不明确，只是在第49条第1款规定：“被征地的农村集体经济组织应当将征收土地的补偿费用的收支状况向本集体经济组织的成员公布，接受监督。”进一步明确了该问题是土地管理法实施条例第26条的规定，“土地补偿费归农村集体经济组织所有；地上附着物及青苗补偿费归地上附着物及青苗的所有者所有。征收土地的安置补助费必须专款专用，不得挪作他用。需要安置的人员由农村集体经济组织安置的，安置补助费支付给农村集体经济组织，由农村集体经济组织管理和使用；由其他单位安置的，安置补助费支付给安置单位；不需要统一安置的，安置补助费发放给被安置人员个人或者征得被安置人员同意后用于支付被安置人员的保险费用。市、县和乡（镇）人民政府应当加强对安置补助费使用情况的监督”。根据这一规定，土地补偿费是不得在集体内部进行分配的，而安置补偿费则可有条件分配到被安置人员。另外，根据2006年制定的《大中型水利水电工程建设征地补偿和移民安置条例》（已被修改）第30条、第31条和第32条的规定，大中型水利水电工程建设征地补偿费分别支付给接收移民的本县村集体经济组织或者村民委员会、本省移民安置区县级人民政府和外省移民安置区省、自治区、直辖市人民政府。土地补偿费与安置补助费皆不得分配给集体成员。[①]

① 当然，移民是一种特殊的身份，他们将进入另外一个集体，享有相应的集体成员权利，因此补偿款对他们是如何进行分配并不具有典型性。

国家层面的立法严格限制土地征收补偿特别是土地补偿费在集体内部进行分配，甚至明确规定不得在集体内部进行分配，这是由我国土地征收补偿的性质决定的。一直以来，土地对于农民的意义不仅仅是他们的财产，更是他们的生活保障，因此，当土地被征收后，征收方所支付的补偿在性质上是一种“生存权补偿”，而不是财产权补偿。① 也正是基于对这种土地征收补偿的认识，立法倾向土地补偿费不得在集体内部进行分配，而由集体作为补偿对象接受补偿，再由集体安排被征地农民的生活，为他们提供生存保障。然而，这种将土地征收补偿视为生存权补偿的认识已经逐渐不能适应形势发展的要求，随着经济社会的发展与市场经济制度的确立，土地不再仅仅是农民生存权的保障，而更是农民的财产观念已经深入人心，人们越来越不能接受原先的补偿标准与补偿分配规定，不仅要求得到符合财产性质的补偿，更要求这种补偿能真正落实到每一个具体的人身上。

但是，到了2007年，情况有了变动。当年通过的物权法第59条规定，“土地补偿费等费用的使用、分配办法”应当依照法定程序经本集体成员决定。这一规定直接针对的是特定事项的决定主体问题，而非土地补偿费是否可用于分配问题，但毫无疑问，这一条规定是以土地补偿费等费用的分配为前提，至少，它意味着物权法是承认土地补偿费用于分配这一事实的。

（二）规范性文件与地方立法中土地征收补偿分配的突破

落后于时代发展要求的法律规定被实践所无视是必然的，尽管土地管理法及其实施条例规定了土地补偿费不得在集体内部进行分配，直到物权法出台后情况才得以改变，但在此前，有关限定土地征收补偿分配的规定在实践中已经被逐渐突破。

2004年，国务院发布的《国务院关于深化改革严格土地管理的决定》（国发〔2004〕28号）第15项规定：“省、自治区、直辖市人民政府应当

① 有关土地征收补偿作为“生存权补偿”的性质，详见凌维慈：《我国土地征用中的生存权补偿——以Z村为研究对象》，载《行政法论丛》2004年第1期。

根据土地补偿费主要用于被征地农户的原则，制订土地补偿费在农村集体经济组织内部的分配办法。被征地的农村集体经济组织应当将征地补偿费用的收支和分配情况，向本集体经济组织成员公布，接受监督。农业、民政等部门要加强对农村集体经济组织内部征地补偿费用分配和使用的监督。”

同年，国土资源部发布的《关于完善征地补偿安置制度的指导意见》根据国务院的决定对土地征收补偿分配问题作了进一步的规定：“按照土地补偿费主要用于被征地农户的原则，土地补偿费应在农村集体经济组织内部合理分配。具体分配办法由省级人民政府制定。土地被全部征收，同时农村集体经济组织撤销建制的，土地补偿费应全部用于被征地农民生产生活安置。”

2010 年，国土资源部发布的《国土资源部关于进一步做好征地管理工作的通知》不但肯定了土地征收补偿费用的分配，还进一步要求下级行政机关就此制定相关的规范性文件：“合理分配征地补偿费。实行征地统一年产值标准和区片综合地价后，省级国土资源部门要会同有关部门，按照征地补偿主要用于被征地农民的原则，结合近年来征地实施情况，制定完善征地补偿费分配办法，报省级政府批准后执行。”

在地方政府层面，自国务院文件明确土地征收补偿费可在村民集体内部进行分配后，即开始制定有关土地征收补偿分配的相关规定，例如：

2005 年制定的《江苏省征地补偿和被征地农民基本生活保障办法》第 14 条第 2 款规定：“安置补助费和不低于 70% 的农用地的土地补偿费进入个人账户。实行基本生活保障的人员死亡的，其个人账户中本息余额可以依法继承。”

2005 年制定的《山西省征收征用农民集体所有土地征地补偿费分配使用办法》第 13 条规定：“已确权确地到户的土地被部分征收或征用的，其土地补偿费以不低于 80% 的比例支付给被征地农户；其余 20% 留给村集体经济组织。未确权确地到户的土地被征收征用后，其土地补偿费和安置补助费以不低于 80% 的比例平均支付给征地补偿安置方案确定时，本集体经济组织依法享有土地承包经营权的成员；其余部分留给农村集体经济组织。”

2006 年制定的《甘肃省征收农民集体所有土地补偿费用分配使用管理办法》第 8 条第 3 款规定：“农村集体经济组织不能调整土地的，依法经本集体经济组织村民代表会议三分之二以上代表同意，将不低于 80% 的土地补偿费用于被征地农民个人的生活安置、支付被征地农民的养老保险金，其余土地补偿费留作集体发展基金。”

2006 年发布的《河南省人民政府办公厅关于规范农民集体所有土地征地补偿费分配和使用的意见》规定：“已承包到户的农村集体所有土地被全部或部分征收的，其土地补偿费以不得低于 80% 的比例支付给被征地农户，其余部分留给农村集体经济组织。其中农村集体所有土地被全部征收并撤销建制的，其土地补偿费以不得低于 80% 的比例分配给被征地农户，其余部分平均分配给征地补偿安置方案确定时本集体经济组织依法享有土地承包经营权的成员。未承包到户的农村集体所有土地被全部或部分征收的，其土地补偿费以不得低于 80% 的比例平均支付给征地补偿安置方案确定时本集体经济组织依法享有土地承包经营权的成员，其余部分留给农村集体经济组织。其中农村集体所有土地被全部征收并撤销建制的，其土地补偿费要全部平均分配给征地补偿安置方案确定时本集体经济组织依法享有土地承包经营权的成员。”

广东省人民代表大会常务委员会 2008 年修订的《广东省征收农民集体所有土地各项补偿费管理办法》第 3 条第 2 款规定：“乡、民族乡、镇人民政府（以下简称乡级人民政府）负责本办法在该行政区域内贯彻实施。乡级人民政府集体经济管理机构负责指导、监督征地各项补偿费的使用和收益分配。”第 6 条第 2 款规定：“集体所有的土地征地各项补偿费的使用和收益分配办法，必须经村民会议或者村民代表会议过半数通过，报乡级人民政府备案。”

浙江省省人民政府 2009 年出台的《浙江省征地补偿和被征地农民基本生活保障办法》第 21 条规定：“农村集体经济组织分配、发放征地补偿费应当进行公示，并接受监督。留存农村集体经济组织的征地补偿费，应当纳入公积金管理，用于村民社会保障、公益性事业和农村集体经济组织发展生产，不得挪作他用。”

上述规定都明确了土地征收补偿费可在集体内部进行分配，有的还对分配的主体、对象、程序、标准等内容进行了具体规定。然而，这些规定尽管迎合了实践的要求，但从法律的角度看，却存在违背上位法的嫌疑，且其具体规定也缺乏理论的支撑。同时，即使是在地方，有关集体土地征收补偿的分配问题也仅是有所突破而已，它并不意味着地方就认为相关补偿费用都应在农民间进行分配，更不意味着，相关问题都已经得到解决。如《广东省征收农民集体所有土地各项补偿费管理办法》第 5 条第 1 款规定：“被征地单位收取的青苗补偿费、附着物补偿费和安置补偿费，属于个人所有的，应按标准如数支付给个人，属于集体所有的不得分发给个人。”《甘肃省征收农民集体所有土地补偿费用分配使用管理办法》第 8 条第 1 款、第 2 款规定：“土地补偿费支付给享有被征收土地所有权的农村集体经济组织。农村集体经济组织利用农村集体机动地、承包农户自愿交回的承包地、承包地流转和土地开发整理新增加的耕地等，调整质量和数量相当的土地给被征地农户继续承包经营的，土地补偿费留作集体发展基金。”可见，有关土地征收补偿费是否应在集体内部进行分配，以及如何进行分配等问题，还需有进一步的探索。

（三）司法实践中法院对土地征收补偿分配态度的转变

早期，法院也一度倾向于土地征收补偿的分配应予严格限制，如《最高人民法院关于土地被征用所得的补偿费和安置补助费应归被征地单位所有的复函》指出：土地被征用所得的补偿费、安置补助费归被征地单位所有，由被征地单位集中管理，列专户储存，县级或乡级人民政府监督指导使用，由被征地单位用于发展生产和安排因土地被征用而造成的多余劳动力的就业和不能就业人员的生活补助，不得分给个人、移作他用或平调。

但随着形势的发展，法院的态度也发生了变化。2005 年 9 月 1 日生效的《最高人民法院在关于审理涉及农村土地承包纠纷案件适用法律问题的解释》第 24 条规定：“农村集体经济组织或者村民委员会、村民小组，可以依照法律规定的民主议定程序，决定在本集体经济组织内部分配已经收到的土地补偿费。征地补偿安置方案确定时已经具有本集体经济组织成员资格的人，请求支付相应份额的，应予支持。但已报全国人大常委会、国务院备案的地方性法规、自治条例和单行条例、地方政府规章对土地补偿费在农村集体经济组织内部的分配办法另有规定的除外。”这一规定明确了土地补偿费是可以用于分配的，也明确了分配的主体是行使集体所有权的组织，即农村集体经济组织或村委会、村民小组，同时也明确了土地补偿费的分配对象即在征地补偿安置方案确定时已经具有本集体经济组织成员资格的人。当然，该司法解释还规定了土地补偿分配的例外，即如果已报备案的地方性法规、自治条例和单行条例、地方政府规章对土地补偿费在农村集体经济组织内部的分配办法另有规定的，按规定办理。

由司法机关规定补偿款的分配问题，这在宪政体制上似乎存有疑问：土地征收补偿相关问题本该是立法与行政的事务，而不是司法的事务。但无论如何，最高人民法院的司法解释在实践中特别是在司法实践中却发挥着重要的作用，表明国家机关对土地征收补偿在集体内部进行分配的认可，表明土地征收补偿在集体内部进行分配是社会经济发展的必然趋势。

（四）土地征收补偿分配的经验与教训

1. 法律规范须进一步完善。从土地管理法及其实施条例严格限制土地征收补偿费在集体内部进行分配，到物权法默认土地补偿费可在集体内部进行分配；从国务院文件明确“按照土地补偿费主要用于被征地农户的原则，土地补偿费应在农村集体经济组织内部合理分配”，到各地方纷纷制定有关土地征收补偿费在集体内部进行分配的文件，在十余年时间里，土地征收补偿费的分配经历了一个从受严格限定到明确予以支持的过程。这个转变是社会经济发展过程中形势的转变所决定的，是农民权益保障的结果，也是市场经济进一步发展的必然趋势。然而，从法律的角度来说，当前法律并没有对有关土地征收补偿在集体内部的分配事实进行直接、具体的规定，物权法的相应规定也处在欲说还休的遮遮掩掩状态下。国家层面的明确规定来源于国务院的文件，国土资源部的相关规定和地方立法与规范性文件仅仅是对国务院要求的一种回应。并且，这种回应也是不全面、不具体、不完全的。

在农村集体的定位与治理规则尚存在较多争议和问题的背景下，从法治的角度出发，国家立法应对土地征收补偿在集体间的分配进行明确的规定，依此规定，下位立法对此再予具体化，确保土地征收补偿费的分配有法可依，而非处在一种模糊状态之下。

2. 分配主体与方法须进一步明确。按照物权法第59条的规定，涉及土地补偿费等费用的使用、分配办法的事项，应当依照法定程序经本集体成员决定。但该法第60条同时规定，涉及集体财产所有权的事项，由村民委员会、村民小组或相关的集体经济组织行使。实践中，随着三十多年市场化取向的经济模式的发展，集体经济组织已多趋于沉寂甚或消亡，其相关的职能多由村民委员会或村民小组具体行使，具体到集体土地征收补偿费的分配问题，多由村民委员会行使职能，承担起分配主体的职责。一定程度上，物权法之所以规定本应由集体经济组织承担的集体经济事务由政治性的村民自治组织“村民委员会”承担，其原因在于，村民委员会（包括其前身“生产大队”）从其出现时起，就处于强势状态，有力地排斥了集体经济组织，许多地区的集体经济组织已名存实亡，或者已与村民委员会合二为一，成为村民委员会的附庸。不仅如此，“村民委员会在村内经济事务尤其是农地所有权问题上的强力主导与村民几乎无条件服从的状况，致其丧失代言村民、服务百姓的天职，而沦为对村民进行行政管理的工具，从而又严重影响了村民自治的发展与完善”；“在行使农地所有权时，其作为村民自治组织的角色已经异化为基层政权组织的代表，这使得前述的民主决策往往流于形式；在此基础上，进而形成了村集体事务由村民委员会成员集体垄断、甚至变成村支部书记或村民委员会主任‘一言堂’的局面”。[①] 这种状态的存在，对有效地维护农民的权利是极为不利的，必须予以改变。

3. 分配的内容与比例须进一步确定。根据土地管理法实施条例第26

---

① 陈小君：《农村土地制度的物权法规范解析——学习〈关于推进农村改革发展若干重大问题的决定〉后的思考》，载《法商研究》2009年第1期。

条规定，在土地管理法所确定的土地补偿费、安置补助费、地上附着物和青苗补偿费三类土地征收补偿费中，土地补偿费是不得在集体内部进行分配的，而安置补助费则可有条件分配到被安置人员，地上附着物和青苗补偿费则直接补偿给所有者个人。换言之，只有安置补偿费是可能需要进行分配的。而根据《大中型水利水电工程建设征地补偿和移民安置条例》的规定，土地补偿费与安置补助费皆不得分配给集体成员。①

2004 年，国务院发布的《国务院关于深化改革严格土地管理的决定》(国发〔2004〕28 号) 规定："省、自治区、直辖市人民政府应当根据土地补偿费主要用于被征地农户的原则，制订土地补偿费在农村集体经济组织内部的分配办法。"这是土地补偿费被承认可在集体内部进行分配的开始。自此之后，一些地方立法相继对土地补偿费和安置补助费的分配进行了规定。这样，在土地管理法所规定的三类土地征收补偿费用中，土地补偿费和安置补助费可被用于分配得以明确。

然而，仅仅明确土地补偿费和安置补助费可用于集体内部分配是远远不够的。在现实生活中，除了这两项补偿费可用于分配外，其他的一些补偿费用是否可用于分配还缺少明确的规定。如归属于集体的地上附着物补偿费、青苗补偿费、搬迁补偿费等可否用于分配？目前都缺少法律的规定。同时，归属于集体的土地征收补偿费，以什么标准在集体内部进行分配？以土地补偿费的分配为例，《国务院关于深化改革严格土地管理的决定》确定的是"土地补偿费主要用于被征地农户"原则，一些地方规定了具体数据，如"不低于 80%"等。没有明确规定用于分配的补偿费比例，或许是基于将其视为农村集体自治事务，交由集体内部通过民主程序决定。但在当前农村村民自治制度并不完善、运转并不顺利的情形之下，具体分配标准的达成是一个困难的事项，即使在行政化力量的强力推动下明确了分配比例，也往往意味着矛盾的产生与积累，更有甚者，还可能导致一些腐败现象的产生。可见，分配的内容与比例的确定，仍然是要从法律上予以解决的问题。

① 参见《大中型水利水电工程建设征地补偿和移民安置条例》第 30 条、第 31 条和第 32 条。

4. 分配对象须进一步明确。分配对象指哪些主体有资格参加土地征收补偿费的分配问题。表面上看，这似乎不应该成为一个问题，既然是在集体内部进行的分配，那自然是集体成员间的分配。但事实上，情况并非如此简单，何谓集体成员、如何确定集体成员的身份、是否一律平均分配等问题，都需要进一步明确。实践中，最大的问题是一些不应参与分配的主体参与到分配中来，如在一些地方，作为国家行政机关的乡镇政府，也参与征地补偿分配；同时，土地征收补偿费还常常以“乡扣”“村留”“村小组提”等名义层层截留。① 而一些原应得到分配的主体如户籍尚在村内的“外嫁女”、户籍虽已迁出但实际上依赖土地生活的大中学生等人员，却未能参与集体土地征收补偿的分配。这些问题的存在，已经成为土地征收与补偿过程矛盾积聚的重要源头。

## 三、土地征收补偿分配的发展趋向

### （一）绕不开的前提：农村集体与成员的关系

如前文所述，在土地的集体所有制客观存在的现实之下，有关集体土地所有权的观点都面临着困境。从此点出发，或许有必要对集体所有制本身进行一番思考，作一个通盘的考虑，这样才可能让我们从面临的困境中走出，让农村土地从集体所有制这一非马非象的悖论中走出。但这个问题太过巨大，也远远超出了本书研究的范围。对于土地征收补偿而言，迫切需要考虑的不是上述问题，而是在现实的“集体土地所有制”下，明确作为集体成员的农民对于集体所有的土地拥有哪些具体的权利。

“集体”意味着它是由一定的成员组成的一个团体、集团或共同体。尽管现代社会经济的发展，已经使“拟制人格”② 这一非客观的事物在我们的生活中成了客观存在，各种各样的拟制人格从多方面影响着我们的生

① 李集合、彭立峰：《土地征收：公平补偿离我们有多远?》，载《河北法学》2008 年第 9 期。

② 通常认为，“法人”是一种拟制的人格，可在一定范围内将其视同为与“人”一样的独立主体。但此处所称的“拟制人格”在范围上比法人更广，指具有一定独立性的自然人之外的团体、组织，包括法人，也包括没有法人资格的团体、组织。

活，人们在观念中已认可了这一拟制人格，法律也对此予以确认。然而，人类社会是由人组成的社会，拟制人格的出现是基于人类社会发展的需要，是为满足人的要求，任何拟制人格都不能脱离社会中活生生的个人，否则将违背其存在的目的而成为脱离其目的的异在。对于集体而言，作为一种拟制人格，它同样不能脱离作为成员的个人而存在。相反，在一个集体中，组成该集体的成员才是该集体所有活动、所有意志、所有权利和义务的最终落脚点：集体的行动，最终需要其成员承担责任；集体的义务，最终必然由其成员履行；集体的利益，最终也应落实到其成员的身上。只有这样，集体的存在才是有意义的。在这个意义上，尽管罗马法格言称“属于集体的就不属于其成员”,[①] 集体所有权与成员所有权也应分属不同的主体，属于集体所有的物不再属于成员而属于由成员组成的抽象的共同体，但集体所有权与其成员还是有着密切的实质性的关系。这体现在集体本身是由这些成员组成的，没有成员也就没有集体，集体所有权是在成员权利基础上存在的，集体财产由成员平等地占有、使用、收益和处分。另外，对集体财产的侵害会直接导致对成员个人利益的损害，集体财产的灭失也就意味着成员利益的丧失。[②]

由集体与其成员间的关系可见，集体成员对于集体所有的财产有着特定的权利，这种权利是具体的而不是抽象的，是客观存在并应实际落实的，而不是主观想象或纯粹理论的。就集体土地而言，土地所有权在法定范围的权能，都是由集体成员通过一定的机制得以实现的。因土地征收而产生的收益，也不能完全归于抽象的虚无缥缈的纯粹“集体”，而应最终落实到其成员的身上。也就是说，对于土地征收的补偿，其所有成员都可因成员资格而平等地分享，除了维持集体存续和发展所必需的部分外，最终都应分配于集体成员个人。至于维持集体的存续和发展所必需的部分的数量以及其具体用途，则应由集体成员根据民主原则共同议决。

---

① ［德］马克斯·韦伯：《经济与社会》（上卷），林荣远译，商务印书馆 1997 年版，第 283 页。

② 王利明：《物权法研究》，中国人民大学出版社 2002 年版，第 307 页。

然而，在确定了土地征收补偿费可以、也应该在内部成员间进行分配后，问题并没有得以全部解决，尤其是如何进行分配依然是一个棘手的问题。前述有关土地征收补偿分配的规定，至少面临这样几个问题：首先，如何确定分配的比例？不论是将补偿费的70%、80%或其他的份额分配给农民，这一标准的理论依据是什么？其次，在集体内部进行分配到底指分配给哪些成员？特别是对已被承包的土地，是分配给承包户还是平均分配给所有成员？如分配给承包户，则承包户仅仅是在一定期限（如30年内）拥有土地的承包经营权，而土地一旦被征收，就不可能回到原集体手中，那么，承包户为何能获得土地补偿费中80%的份额？如果在所有成员间平均分配，那么，承包户相对于其他成员所遭受的特别损失如何弥补？再次，当特定的成员得到土地征收补偿后，他们的成员地位是否受到影响？比如说，如果某成员在某次土地征收中所有的承包地都被征收，集体据此将其承包土地80%的补偿费都分配给该成员之后，他是否还具有集体成员地位？其作为成员的相关权利义务将受到怎样的影响？他能否参加下一轮的土地承包？他在土地征收后出生的子女能否参加下一轮的土地承包？诸如此类的问题，在目前的制度现状下，都是难以得到有效解决的。而问题的真正解决，则还需要进一步的制度创新，需要我们重新思考、定位、创新乃至重构农村集体土地所有制和所有权。

### （二）土地征收补偿分配的必要性与可行性

现行土地管理法及其实施条例对土地征收补偿是严格限制的，物权法虽有涉及却欲说还休。但这种限制性的规定无疑不符合现实的需要。也正因此，国务院文件对土地征收补偿分配问题进行了原则性的规定，并要求相关地方政府就此作出具体规定。这种法律文本与实践的脱节说明了我国土地立法的滞后，更说明法律的规定应及时回应现实的发展，注意到现实生活中对土地征收补偿进行分配的必要性。具体而言，土地征收补偿费进行分配的现实必要性体现在以下几个方面：

1. 土地是农民生存最主要的生活来源和重要财产。不可否认，改革开放三十余年来，我国经济经历了高速的发展。农民的生活水平有了巨大的提高，生活方式也有了巨大的变化，一些原来的农民已实现了城市化，一些农民尽管在户籍上仍然是农村居民，但已脱离了原来的生活方式，不再依赖土地生存，更有一些农民，长期在外打工，平时生活在城市，仅在特殊节假日方才回到农村。但尽管如此，仍然有高达数亿的农民生活在农村，没有脱离土地，土地是其生活重要的甚至最主要的来源，是其生存的依赖。同时，对一些已经脱离土地生存的农民而言，土地仍然是其主要的财产。对如此重要的财产，若在征收之后不进行分配，而全归抽象的集体所有，不但在理论上是站不住脚，在实践上，更对被征地农民基本生活的维持、对其财产权利的实现，都将带来巨大的障碍。

2. 农民直接拥有土地的长期使用权等权利。土地征收补偿费进行分配的现实必要性，不仅仅来自土地是集体所有，而农民是构成这一集体的成员，更在于，按照物权法和农村土地承包法等法律的规定，农民还拥有对土地的承包经营权，[①] 物权法第 125 条规定："土地承包经营权人依法对其承包经营的耕地、林地、草地等享有占有、使用和收益的权利，有权从事种植业、林业、畜牧业等农业生产。"农村土地承包法则进一步对承包经营权的相关问题进行了详尽的规定。根据这些法律的规定，农村土地的承包是长期的承包，其中耕地的承包期为三十年；草地的承包期为三十年至五十年；林地的承包期为三十年至七十年。并且，承包期满后，仍然"由土地承包经营权人按照国家有关规定继续承包"。农村土地承包法还特别强调"国家依法保护农村土地承包关系的长期稳定"。而在承包经营权之外，农民对宅基地的使用权限更是长期的，相关法律并没有对其期限进行明确的限定。由上述规定可见，农民尽管没有土地所有权，但其拥有的使用权等权能却是长期的，并且有进一步长期化的趋势，而使用权等土地权利期限越长，其实际效用越接近于所有权。事实上，在长期承包这一预期之下，农民除了没有处分权之外，其对土地的承包权与所有权并无多大区别。在此情形之下，若土地征收之后征收补偿费用完全归于集体而不在集

---

① 农民对土地的权利，在土地承包经营权之外，还包括宅基地使用权等权利，但为行文的方便，此处主要针对土地承包经营权进行论述。

体成员间进行分配，特别是不由土地使用权人享有因征收而带来的土地增值收益，于理于法都难以说通。

3. 现实中农民与集体之间的矛盾。集体作为一个共同体，其存在应该服务于共同体成员的利益——尽管不是服务于每一位成员的利益，但至少应该是服务于大多数成员的利益。就农村集体而言，这种利益主要是经济上的利益，而与土地相关的利益恰恰是这种经济利益的最重要组成部分。换言之，涉及土地相关的利益，集体也应该是服务于成员的需要。但在实践中，有关土地征收补偿费是否要分配，如何在集体成员间进行分配等问题，却存在着广泛和尖锐的矛盾，有的甚至引发了群体性事件，影响到社会的稳定。现实表明，对土地征收补偿费，在集体内部进行分配是必需的，是社会经济发展的必然趋向，也是广大失地农民的呼声，对此必须及时进行回应，并且应通过法律的方式，明确分配的规范，为土地征收补偿费的分配提供规范依据。

（三）分配的主体与方法

土地征收补偿的分配主体是享有并行使土地征收补偿分配资格、负责与分配相关事务的主体。农村集体土地既然是“集体”的土地，那么由该“集体”负责相关的分配事宜是最合适的，物权法也规定土地补偿费等费用的使用、分配办法等事宜应当依照法定程序经本集体成员决定。[①] 然而，集体作为一个共同体，不可能在任何情况下都适合由全体成员共同做出决定，其具体事务的组织还需有一个特定的机构来承担。就此，集体经济组织天然地具有分配权，并且，集体经济组织在法律上也有明确的定位，因此由其负责土地征收补偿的分配是最合适的。然而，现实中集体经济组织多已名存实亡，已经无法承担这一职责以保证补偿费公平合理的分配。也正因为如此，物权法明确规定，对于集体所有的土地和其他自然资源，由集体经济组织或者村民委员会、村民小组代表集体行使所有权。这样，村民小组与村民委员会就取得了土地征收补偿的分配权。特别是村民委员会，大多数情况下行使着土地征收补偿的分配权。

① 参见物权法第59条。

在集体组织名存实亡，无力承担相应职能的背景下，由村民委员会来行使土地征收补偿分配权是个不得已的选择。但问题在于，村委会作为农村自治性组织，是一个政治性的组织，在实际生活中具有准政府的职能，比如协助政府完成计划生育、税收、征兵、民兵训练、拥军优属等政府职责，由村委会负责土地补偿分配，由于缺乏权力的约束，很可能导致公款挪用，滋生腐败。① 基于这一现实，我们一方面要认识到，由村民委员会来行使分配权、负责土地征收补偿的组织工作是必要的；另一方面，也要通过一定的规则设定，尽量保证土地征收补偿分配的公正性和合理性。

为达到土地征收补偿公正合理分配这一目标，首先需要明确，村民委员会作为分配主体，只是分配事务的具体组织者，而不是最终决定者，最终分配方案如何确定，要按照物权法等法律的规定，由集体成员通过村民大会或村民代表大会共同决定。由村民大会或村民代表大会作为土地征收补偿分配的最终决定者，是土地的农村集体所有的法律性质决定的。既然土地是集体所有的，那么在土地征收补偿分配时就应最广泛地体现集体的意志，虑及大多数成员的利益。如《四川省人民政府贯彻落实〈国务院关于深化改革严格土地管理的决定〉的实施意见》规定："根据土地补偿费主要用于被征地农户的原则，全征全转、撤销建制的，土地补偿费经该集体经济组织 2/3 以上的成员同意，可直接支付给被征地农户。"

在明确由村民委员会或村民代表大会作为分配方案的最终决定者之外，还需要进一步明确分配的具体规则，如方案拟定规则，在拟定过程中应吸收全体集体成员的意见；加强分配过程的信息公开，保证整个分配过程都在阳光下进行，杜绝暗箱操作，减少腐败发生的可能性；完善对分配过程中的监督，一旦村民发现分配过程中存有疑问，即可按照相应的监督程序进行监督。

① 高山祥、郭宗逵：《农用地征收补偿费分配机制探讨》，载《安徽农业科学》2010 年第 25 期。

### （四）分配的内容与比例

土地征收补偿分配的内容指的是在土地征收之后，哪些补偿款项用于分配。对此，我国目前所确定的补偿类别包括土地补偿费、安置补助费以及地上附着物和青苗的补偿费，在此之外，实践中还存在搬迁费等不同的补偿类别。在上述补偿类别中，安置补助费是土地管理法实施条例明确规定在被安置人不需要统一安置时，可用于分配的。土地补偿费则根据国务院2004发布的《国务院关于深化改革严格土地管理的决定》也可用于集体内部的分配。地上附着物及青苗补偿费依土地管理法实施条例的规定，归地上附着物及青苗的所有者所有，一般而言，地上附着物和青苗都是归集体之外的个人或单位所有，不必再进行分配。但也不排除在一些情形之下地上附着物及青苗补偿费属于集体所有，如集体所有的房屋作为地上附着物被征收，此时其补偿费即涉及是否分配的问题。而实践中存在的搬迁费等补偿费用，也可能因归属于集体而涉及是否分配问题。综合言之，土地征收过程中所涉及的所有费用，只要其归属于集体所有，就会涉及其是否在集体成员间进行分配问题，构成土地征收补偿分配的内容。

确定土地征收补偿分配的内容之后，还有一个更实际的问题，即对归属于集体的补偿费用，是不是全部都用于分配，还是其中一部分用于分配？若是部分用于分配，则其分配比例应为多少方是合适的？对此，2004年国务院《国务院关于深化改革严格土地管理的决定》仅仅是明确了“土地补偿费主要用于被征地农户”的原则，具体的分配办法由地方政府制定。同年，国土资源部发布的《关于完善征地补偿安置制度的指导意见》在强调这一原则的时候，进一步规定：“土地被全部征收，同时农村集体经济组织撤销建制的，土地补偿费应全部用于被征地农民生产生活安置。”2010年，《国土资源部关于进一步做好征地管理工作的通知》再次明确，要“合理分配补偿费”“省级国土资源部门要会同有关部门，按照征地补偿主要用于被征地农民的原则，结合近年来征地实施情况，制定完善征地补偿费分配办法，报省级政府批准后执行”，但仍然没有明确具体的比例。

在地方政府层面，有关地方制定的规范性文件较国务院与国土资源部的规定更为具体，如《江苏省征地补偿和被征地农民基本生活保障办法》第14条第2款中规定："安置补助费和不低于70%的农用地的土地补偿费进入个人账户。"《甘肃省征收农民集体所有土地补偿费用分配使用管理办法》第8条规定："……将不低于80%的土地补偿费用于被征地农民个人的生活安置、支付被征地农民的养老保险金。"山西省则视被征收土地的性质确定分配的比例，《山西省征收征用农民集体所有土地征地补偿费分配使用办法》第13条规定："已确权确地到户的土地被部分征收或征用的，其土地补偿费以不低于80%的比例支付给被征地农户；其余20%留给村集体经济组织。未确权确地到户的土地被征收征用后，其土地补偿费和安置补助费以不低于80%的比例平均支付给征地补偿安置方案确定时，本集体经济组织依法享有土地承包经营权的成员；其余部分留给农村集体经济组织。"

在实践中，一些地方对土地征收补偿用于分配的比例也有各自的做法，如在内蒙古包头市，目前对征地补偿款的分配存在不同情形：一是将征地补偿款全部分配给农民，如东河区河东镇北二里半村、河北村、磴口村，沙尔镇永富村、邓家营子村等；二是将征地补偿款分为两部分，一部分直接发放给农民个人，另一部分由集体统一调配，但各村留存比例并不统一。[①] 此外，在陈清棕诉亭洋村一组、亭洋村村委会征地补偿款分配纠纷案中，被征地集体也将所有补偿都用于分配，"本组土地被征用后，土地补偿款、安置款等，均已如数发放给相关农户"。[②]

分配的比例问题涉及有多少土地征收补偿可用于集体内部的分配，关系到集体成员可获得的直接利益的多少，一定意义上，它与土地征收补偿可否用于分配具有同样重要的意义。从严格意义上讲，集体利益的内部分配乃属于集体自治范围的事务，因此若集体内部可进行有效的沟通与协商并达成一致意见，则在明确分配基本原则之后，完全可交由集体内部自

① 相关案例可参见曹旭东：《包头市集体土地征收补偿款的确定与分配研究》，内蒙古师范大学2014年硕士学位论文。

② 参见《陈清棕诉亭洋村一组、亭洋村村委会征地补偿款分配纠纷案》，载《中华人民共和国最高人民法院公报》2005年第10期。

行决定。但从现实来看，如何确定分配的比例实属众口难调，达成一致非轻易之事。有鉴于此，由国家或各个省确定用于分配的补偿限额，集体在此限额内进一步分配是可行的。政府在其中只负责分配的监督，保证分配的公正进行。广东省人民代表大会常务委员会2008年修订的《广东省征收农民集体所有土地各项补偿费管理办法》第6条第2款就明确规定："集体所有的土地征地各项补偿费的使用和收益分配办法，必须经村民会议或者村民代表会议过半数通过，报乡级人民政府备案。"这一规定即将具体的分配方案制定权交由集体通过民主程序解决，政府则负责监督。

另需注意的是，土地征收补偿的分配及其比例与农民土地承包权和集体土地所有权相关，基于农民的承包权接近于所有权，在对土地承包权单独补偿之前，承包人应获得土地补偿费和安置补助费的大部分。剩余部分才可以集体成员权为基础进行分配。

（五）分配的对象与标准

土地征收补偿的分配对象，指哪些主体可参与分配，成为土地征收补偿的受益主体。与土地征收补偿分配的其他问题一样，分配对象也同样是基于集体而存在的，没有集体这一现象的存在，也就无所谓土地征收补偿的内部分配对象问题。若法律可对征收补偿对象进行进一步的明确，例如安置补助直接发放给哪些对象（而不是集体），则征收补偿的分配问题也不会如此复杂。但无论如何，只要"集体"仍然存在，那么分配对象如何确定就必然是个问题，需要在实践中予以解决。

对于分配对象的确定问题，一般而言，由集体成员作为对象参加分配是没有疑问的。凡是集体成员都可参加分配。因此，此处最基本的问题是集体成员资格如何界定问题。但问题恰恰在于，集体成员资格的界定并不是一个简单明了的问题，涉及复杂的程序与内涵。"农村集体经济组织成员资格的确定由于涉及中国农村的历史变迁和未来发展，这不仅是一个法学问题，也是政治、经济和社会问题，而在法学本体中也需要民法、行政法、土地法、社会保障法等多重法律部门的协同调整，因此提出批判性观点易，提出建设性的方案却难”。[①] 对此，目前学界有登记主义、事实主义和折中主义三种确定农民集体成员的方式。其中以户籍确定农民集体成员资格的称为登记主义；以是否在本村长期生活作为标准称为事实主义，以户籍登记为原则、以长期居住事实来判定的称为折中主义。[②] 基于农村集体土地所有权的性质和农村集体经济组织的现状，笔者认为，农村集体经济组织成员资格的认定应以户籍为基本标准，拥有合法户籍的，则一般认定为具有集体经济组织成员的资格，即便长期没有在村内居住的，也应承认其作为集体经济组织成员的身份。同时，对一些特殊的情况，还要结合相关法律法规和规范性文件的规定加以综合考虑。如对一些虽无户籍，但在村内长期居住，且依赖土地作为主要生活来源的人员，如因超生而未能登记户籍的人员、因上学而将户口迁出的人员，也应承认其作为村集体经济组织的身份。事实上，最高人民法院公布的相关案例中还明确，对于一些户籍已转出该集体或转变为非农业户口，但保留有土地承包关系的人员，仍然要承认其具有参加土地征收补偿分配的资格。[③]

有学者认为，认定是否具有集体经济组织成员资格应实行户籍与义务相结合的原则，对“人户分离”现象中的特殊主体，根据其是否履行相应义务来确定其对相关权益的享有。[④] 对此，笔者认为，只要相关人员合法地拥有所在集体的户籍，那么即便其没有履行对集体的义务，也不能因此完全剥夺其作为集体成员的资格，不让其参加土地征收补偿的分配。但在分配的过程中，可依其履行义务的具体情况，适当对分配的金额比例加以限制。

值得注意的是，在实践中，一些地方政府也参与土地征收补偿的分

---

① 林苇：《论农村集体经济组织成员资格的界定——以征地款分配纠纷为视角》，载《湖北行政学院学报》2008 年第 3 期。

② 参见张广辉：《村集体内部的土地红利分配：成员权和收益权的冲突与协调》，载《现代经济探讨》2013 年第 11 期。

③ 参见《陈清棕诉亭洋村一组、亭洋村村委会征地补偿款分配纠纷案》，载《中华人民共和国最高人民法院公报》2005 年第 10 期。

④ 参见张广辉：《村集体内部的土地红利分配：成员权和收益权的冲突与协调》，载《现代经济探讨》2013 年第 11 期。

配，如在上海J区，镇政府即参与了分配，其土地补偿费的分配标准是，农民40%、村集体40%、镇政府30%，且集体不允许向农民发放土地补偿费，只有在农民退出集体后才能取得应有的部分。[①] 这种做法是没有任何法定依据的，在理论上也找不到任何的理由，完全属于地方政府利用其强势地位而实施的违法行为。

明确了土地征收补偿的分配对象之后，还有一问题需要解决。在现实生活中，集体的成员尽管都可参与土地征收补偿的分配，但这些成员在集体的关系中，可能是处于不同的具体状态之下。比如，有的成员的承包地是征收的对象，有的成员并没有承包地被征收，让他们按照相同的标准参加分配是不公平的。对此，许多地方采取的办法是对承包地被征收与没有被征收的成员采取不同的分配标准。通常是，征收补偿费用首先用于保证承包地被征收的成员的利益，确定一个比例将补偿费用分配给他。在此之外，承包户再与其他成员一样，参与征收补偿的平均分配。如《河南省人民政府办公厅关于规范农民集体所有土地征地补偿费分配和使用的意见》中明确："已承包到户的农村集体所有土地被全部或部分征收的，其土地补偿费以不得低于80%的比例支付给被征地农户，其余部分留给农村集体经济组织。其中农村集体所有土地被全部征收并撤销建制的，其土地补偿费以不得低于80%的比例分配给被征地农户，其余部分平均分配给征地补偿安置方案确定时本集体经济组织依法享有土地承包经营权的成员。未承包到户的农村集体所有土地被全部或部分征收的，其土地补偿费以不得低于80%的比例平均支付给征地补偿安置方案确定时本集体经济组织依法享有土地承包经营权的成员，其余部分留给农村集体经济组织。其中农村集体所有土地被全部征收并撤销建制的，其土地补偿费要全部平均分配给征地补偿安置方案确定时本集体经济组织依法享有土地承包经营权的成员。"

实践中，也有一些地方采取了一些具有当地特色的土地征收补偿分配办法。比如，包头市一些地方在土地征收补偿分配时，对确权及未确权的

---

① 曾坚：《城乡一体化背景下的农村集体土地征收补偿安置制度研究》，载《东方法学》2013年第4期。

土地（包括未进行承包的土地、荒地、机动地等）并没有进行详细的区分，所有征地补偿款由区政府拨付到村委会集体账户，由被征地村小组召开村民大会自行决定该征地款的分配使用，村小组在进行征地补偿款的分配时，按照土地承包合同、村民户口两项指标综合考虑具体的分配方案，有本村土地承包合同并有本村户口的村民按照人均100%比例进行分配，两项指标中缺少一项的按照人均50%比例进行分配。[①] 应该说，土地征收补偿的分配主要是一个集体经济组织内部的问题，对于类似地方的做法，只要不违反法律法规的强制性规定，符合民主程序的要求，合乎多数村民的意愿，就应该允许其采取新的分配标准。但对那些违背法律规定或法律精神，对不同成员基于性别等原因而采取歧视性待遇的做法，则应该予以严格禁止。

此外，按照土地管理法实施条例规定，“不需要统一安置的，安置补助费发放给被安置人员个人或者征得被安置人员同意后用于支付被安置人员的保险费用”。此处强调经被安置人员同意后相关费用方可用于支付保险费用，但一些地方的规范性文件却直接规定，相关补偿费用首先用于缴纳社会保障费用。如甘肃省规定，分配给农民的补偿费用，“用于被征地农民个人的生活安置、支付被征地农民的养老保险金”。《苏州市征地补偿和被征地农民基本生活保障试行办法》则规定，“征地补偿安置方案报经市或县级市（区）人民政府批准后，土地行政主管部门应将被征耕地的不低于70%的土地补偿费和全部的安置补助费划入同级财政部门在银行设立的被征地农民基本生活保障资金财政专户”。《合肥市征收集体所有土地办法》第7条中规定，“土地补偿费按以下规定支付：（一）总额的70%用于被征地农民养老保障，直接转入被征地农民养老保障基金财政专户。”

① 参见曹旭东：《包头市集体土地征收补偿款的确定与分配研究》，内蒙古师范大学2014年硕士学位论文。

# Chapter 5 第五章

# 土地征收补偿的程序

## 一、法律程序及其在土地征收补偿中的作用

### （一）法律程序与行政程序的内涵与特征

从最一般的含义上讲，程序指“事情进行的先后次序”。① 就个人而言，人们开展活动必须按照一定的程序或次序进行，否则将不能顺利达到预定目标。就社会而言，社会活动的开展也应按照一定的程序进行，否则整个社会生活也将会因次序的错乱而陷入混乱之中。比如说，开车上班至少须遵循以下次序：打开车门、启动汽车、查看是否有燃油耗尽等问题、起步、按交通规则在路上行驶、到达目的地停车、熄火、下车、关门，等等。若非按照上述程序，人们将不能达到开车上班的目标。

在法律意义上，程序有着不同于日常生活的严格含义，“程序，从法律学的角度来看，主要体现为按照一定的方式、顺序和手续来作出决定的相互关系。其普遍形态是：按照标准和条件整理争论点，公平地听取各方意见，在使当事人可以理解和认可的情况下作出决定”。② 作为与“实体”相对应的概念，法律程序体现为法律行为进行的过程，从启动开始，

① 《现代汉语词典（第6版）》，商务印书馆2012年版，第170页。

② 季卫东：《法治秩序的建构》，中国政法大学出版社1999年版，第12页。

整个法律行为逐步展开，直到最终结束。法律程序的特性在于：①

1. 有序性，法律程序应保持一定的次序和连接性，程序最明显的特征是以一定的时间和空间顺序排列的组合，程序一旦失去有序性，就陷入无序混乱状态，程序就不再是程序。

2. 不可逆性，指程序中某一环节一旦过去，或者整个程序一旦结束，就不能再回复或重新启动，这是程序的有序性的必然延伸和逻辑归结。程序的不可逆性意味着它对当事人的约束，“经过程序认定的事实关系和法律关系，都被一一贴上封条，成为无可动摇的真正过去”。②

3. 时限性，这不仅指程序中每一个环节都有时间上的要求，还指程序进程的及时性。

4. 终结性，指程序一旦启动，就必须作出决定，程序以最终作出决定而终止，不可半途而废。

一般而言，法律程序主要有立法程序、司法程序与行政程序三种类型。③ 立法程序指立法机关制定法律或作出立法性决议所遵循的程序；司法程序指审判机关审理案件并作出裁判所遵循的程序；行政程序则是行政机关作出行政行为所遵循的程序。另外，还可根据程序参与者的不同将法律程序分为非第三方程序和第三方程序。非第三方程序是指所有程序参与者都与特定的事实或行为具有利害关系的法律程序；第三方程序指的是，与特定事实或行为没有利害关系的第三方参与到程序中来，并独立作出价值或事实判断的法律程序。

作为法律程序的一种，行政程序是行政权力运行的程序，指行政机关行使行政权力，作出行政决定所遵循的方式、步骤、时间和顺序等方面因

---

① 参见陈桂明：《程序理念与程序规则》，中国法制出版社 1999 年版，第 3—5 页。另可参见季卫东所著《法律程序的意义》一书对法律程序特征的论述，该文认为，法律程序的特征在于：1. 对恣意的限制；2. 理性选择的保证；3. “作茧自缚”的效应，即当事人受程序的约束；4. 反思性的整合，程序是交涉过程的制度化，是追求“有管理的自治”的反思合理性的指向。

② 季卫东：《法治秩序的建构》，中国政法大学出版社 1999 年版，第 19 页。

③ 在严格的立法程序、司法程序与行政程序之外，还存在着其他的法律程序，如仲裁程序、民间调解程序、行业协会等社会中介组织的程序等。

素及其相互关系的总和。[①] 除具有法律程序的一般特征之外，行政程序的特征在于：

首先，在主体上，行政程序的主体是行政机关，[②] 除行政机关之外，立法机关与司法机关作出一定行为时所遵循的程序并不是行政程序，一般的民事主体作出相应行为时所遵循的程序也不是行政程序。当然，行政程序以行政机关为主体，并不排除行政机关之外的主体特别是行政相对人对行政程序的参与，这种参与有时候甚至是程序合法的必备要件之一。

其次，在范围上，并不是行政机关从事任何行为时所遵循的程序都是行政程序，如行政机关以普通民事主体身份到商场购买文具时所经历的程序就不能称之为行政程序。确切地说，行政程序是行政机关行使行政权力时须遵循的程序。

再次，在内容和构成要素上，行政程序主要指行政机关实施一定行为所遵循的方式、步骤、环节、时间和顺序等。如以书面方式或者口头方式通知当事人相关信息，作出一个行政处罚决定须经历哪些步骤和环节，有什么时间与期限要求，等等。

最后，在法律效力上，行政程序具有法定的效力，一个行政行为必须按照既定的行政程序作出，才是合法有效的。对于行政机关而言，违反行政程序的任何一项内容，都意味着其行政行为是有瑕疵的，行为人须因此承担相应的法律责任。

土地征收过程是作为公共利益代表的行政机关，为了公共利益的需要，强制将集体所有的土地转为国家所有的过程。在这个过程中，行政机关必须遵循一定的行政程序。

---

① 这也是中国大陆行政法学界的通常观点。在我国台湾地区行政法学界，认为行政程序有"广义行政程序"与"狭义行政程序"之分，前者包括事前程序（即行政机关作出行政行为的程序）与事后程序（如诉愿程序及强制执行程序），而后者仅指事前程序（详见汤宗德：《行政程序法》，载翁岳生编：《行政法 2000》（下册），中国法制出版社 2002 年版，第 926—928 页）。而在大陆地区，行政程序则通常包括"事前程序"与强制执行程序，但一般不包括行政复议（诉愿）程序。当然，从广义上将行政复议纳入行政程序也并无不可。

② 此处的"行政机关"当作广义理解，即除一般意义上的行政机关外，还包括法律法规授权的主体与受委托实施行政行为的主体。

（二）行政程序的功能

法律程序体现为过程，但过程的顺利进行却并不是程序的全部目的，甚至不是主要目的。任何法律程序都承载着相应的内在价值，在保证法律行为过程顺利进行的同时，要达到过程本身之外的目的，如限制恣意的行为、控制权力的运用、保障当事人的权利，以及通过当事人的认可与理解，获取行为的正当性与社会的安定性等目标。

法律程序的出现及其在法律上的确定，并非基于人们的凭空想象，而在于其在法治社会中具备特定的价值。就行政程序而言，欧内斯特·盖尔霍恩认为，行政程序可以在各种重要的但可能相互冲突的公共价值中间取得某种切实可行的妥协方案，这一价值可归纳为公正性、准确性、效率性与可接受性四个方面。其中，公正性指通过行政机关在作出影响个人权益的决定前对其进行通知与审理等规则的设定，保证实体公正的实现；准确性指通过一系列科学严格的规则的设置，降低行政机关错判的风险，促进行政权力的正确行使；效率性指通过对客观规律的固定化与法律化，保证行政效率，节省与降低人力、物力、财力及时间的耗费；可接受性指由于合法地行使法定权力最终取决于被管理者的同意，通过一系列行政程序的设置，充分考虑行政相对人对行政决定的态度，可使其更易为相对人所接受。正是因为上述价值的存在，法律程序才受到法学理论界的高度重视，并且在各国法律制度中占据越来越重要的地位。①

在我国，学者们也对行政程序的价值进行了研究。例如，马怀德认为，行政程序法的价值包括公正价值、效率价值和秩序价值；章剑生认为，现代行政程序可完善沟通，建立和维系一个可持续发展的稳定社会，确保行政实体法实施，并展示自身独立的法律价值；王万华认为，行政程序法的功能价值主要体现为保证实体法正确实施，制约行政权力，保护相对人权利，提高行政效率。②

---

① 参见［美］欧内斯特·盖尔霍恩、［美］罗纳德·M. 利文：《行政法和行政程序概要》，黄列译，中国社会科学出版社 1996 年版，第 3—5 页。

② 参见马怀德：《行政程序法的价值及立法意义》，载《政法论坛》2004 年第 5 期；章剑生：《行政程序法基本理论》，法律出版社 2003 年版，第 22—29 页；王万华：《行政程序法研究》，中国法制出版社 2000 年版，第 33—46 页。

为了实现上述价值，行政程序必须通过具体的程序制度体现出来，包括听证制度、公开制度、征询意见制度、调查制度、回避制度等。

（三）行政程序在土地征收补偿中的作用

土地征收补偿是在征收集体土地时对被征收人所进行的一种损失弥补，只有公正的补偿，才能保证土地征收活动的顺利进行，充分维护公民的合法权利，有效促进公共利益的实现，推动社会经济的持续发展。在土地征收及其补偿过程中，公正的行政程序具有重要的作用，具体来说，这些作用体现在以下几个方面：

1. 促进公正补偿的实现

正如前文所揭示的，土地征收补偿应该是公正的补偿，既不能太少，也不能太多，既保证公共利益的实现，也不使公民承担特别的损失。这种公正补偿体现在价值上，就应该是一种市场价值的补偿，使得被征收者在征收过程中所失去的，和他在补偿中所得到的，就市场价值而言是一样的。然而，这种公正的补偿是如何实现的呢？是凭着征收者的善良本性实现的，还是应相信被征收者所要求的补偿刚刚与市场价值一样多？人类生活经验告诉我们，上述两种途径都不可能实现征收补偿的公正性。公正的征收补偿的实现，一方面要求立法者确定公正补偿的原则，明确以市场价值为土地征收补偿的基本标准，另一方面，还要确定相应的补偿程序规则，通过程序规则的适用，实现公正的补偿。比如，通过公正的调查程序，明确被征收人到底遭受哪些损失，如被征收土地及房屋的面积是多少，土地的划界是如何确定的，这些土地在农户之间是如何确定其承包权的。又如，可通过公正的评估程序，确定被征收土地和房屋等地上附着物的市场价值，这个价值的确定既不能偏高，也不能偏低，而应该是在一个开放的、公平的市场上自由交易双方都可接受的价格。若没有公正的程序设置，就不可能有公正的补偿。在此种情况下，补偿如果是由征收方决定，就会明显低于市场价值，正如我们现行的土地征收补偿一样；但在一些特殊情形之下，也可能是具体的征收方为了实现征收的目标，而支付了过高的征收补偿。

2. 保护公民的合法权益

公民的合法权益应该得到法律的切实保护，这是法治国家的基本要求。在土地征收的过程中，公民接受征收，本身就是对公共利益的一种贡献，因此在补偿方面，更应该切实保护其合法权益。前述公正的补偿，就是公民合法权益最重要的内容，通过法律程序保证补偿的公正性，就是对公民合法权益的一种保护。然而，公民权利的保护不仅体现于上述实体权利的保护，还体现于程序性权利的实现。在土地征收与补偿的过程中，公民有效参与征收的各个环节，作为程序性权利，它与实体性权利一样，也是公民的权利所在。对这种程序性权利，也同样需要予以保护，需要在程序规则设定时充分予以考虑。

3. 提高土地征收的效率

土地征收作为实现公共利益而开展的行政活动，不但应该得以开展，还应该以有效率的方式开展，在保证各方权利特别是保护被征收方权利的前提下，在尽可能快捷的时间内顺利完成征收活动。就此而言，土地征收程序在许多方面本身就体现为有关时限的规定，直接确定了特定行为应该在特定时间段内完成，从而使行为时限处在一个明确的可预测的范围之内，提高了土地征收行为的效率。比如，对土地征收补偿安置方案，应该在什么时间段在被征收集体范围内进行公开、公开多长时间，程序上都有规定，这种规定使得各个征收环节各耗费的时间不会处在一种不确定的状态之下，也不会久拖不决。除了时间效率之外，行政程序对提高土地征收效率的意义还体现在，公正的程序要充分地保证公民的参与权，在公民的参与下完成土地征收活动，这样更有可能得到农民对征收行为的理解，并对其给予更多的支持与配合，而不是采取杯葛行动。

4. 减少土地征收权力滥用的可能

土地征收尽管涉及土地所有权的转移，也涉及补偿费用的确定与发放，与民事交易极为相像，但其本质上并不是民事行为，而是政府的行政行为，以国家的强制力为保证。在土地征收过程中，政府具有强制的权力，涉及行政权力的运用。根据行政权力的基本原理，只要涉及运用行政权力的领域，就有可能产生行政权力滥用的情形，土地征收领域也同样如此。行政程序的出现，其重要作用之一即为对行政权力的运用予以强有力的制约，减少其滥用的可能性。在土地征收及其补偿过程中，征收程序为行政征收权力的行使设定了特定的环节和步骤，明确了行政行为的方式和途径，规定了时间和顺序，使得行政征收权力在行使的过程中受到了极大约束，减少了自由行动的空间，从而也减少了征收权力滥用的可能性，提高了行政征收行为的合法性，在保护公共利益实现的同时，促进了公民权利的保护。

5. 促进行政征收的顺利进行，维护社会的秩序与稳定

土地征收是为了公共利益的需要而开展的行政活动，其根本目的在于实现公共利益。行政征收必须顺利进行，才可能让公共利益得到有效维护。实践中，行政征收并不总是顺利进行的，而往往是举步维艰，艰难推进，许多时候，被征地农民与政府还形成尖锐的对立，双方剑拔弩张、势如水火，严重影响社会稳定，需要政府采取强有力手段进行压制方可实现土地征收。在补偿标准公正的前提下，完善的行政征收程序可充分地发挥其沟通功能，促进当事各方进行必要的交流沟通，从而促进土地征收及其补偿共识的达成，促进被征收方接受土地征收的决定，顺利完成征收活动，同时维护社会的秩序和稳定。

## 二、土地征收补偿程序的现状与评论

### （一）现行土地征收程序

土地管理法及其实施条例等法律、法规和规章，以及国务院和相关行政主管部门的规范性文件，对土地征收补偿程序作了尽管不统一，但不可谓不细致的规定。[①] 由于土地征收补偿是土地征收的一个重要环节，不可

① 除了土地管理法及其实施条例外，规定的土地征收程序的行政法规与行政规章（或相应的规范性文件）还包括：《国务院关于深化改革严格土地管理的决定》（国发〔2004〕28 号）；《国务院办公厅关于深入开展土地市场治理整顿严格土地管理的紧急通知》（国办发明电〔2004〕20 号）；《国土资源部关于加强征地管理工作的通知》（国土资发〔1999〕480 号）（已失效）；《关于贯彻执行〈中华人民共和国土地管理法〉和〈中华人民共和国土地管理法实施条例〉若干问题的意见的通知》（国土资厅发〔1999〕97 号）；《征用土地公告办法》（国土资源部 2001 年发布）（已被修改）；《报国务院批准的土地开发用地审查办法》（国土资发〔2001〕431 号）；《国土资源听证规定》（国土资源部 2004 年发布）；《关于完善农用地转用和土地征收审查报批工作的意见》（国土资发〔2004〕237 号）；《国土资源部关于贯彻落实〈国务院关于深化改革严格土地管理的决定〉的通知》（国土资电发〔2004〕67 号）；《国土资源部关于加快推进征地补偿安置争议协调裁决制度的通知》（国土资发〔2006〕133 号）；《国土资源部关于调整报国务院批准城市建设用地审批方式有关问题的通知》（国土资发发〔2006〕320 号）；《国土资源部关于进一步做好征地管理工作的通知》（国土资发〔2010〕96 号）等。

脱离土地征收的整体过程而独立存在，故下文对补偿程序的归纳也部分地包含土地征收其他环节的一些内容：

1. 拟定征收土地方案前的调查程序

在拟定征收土地方案前，应开展征地调查。征地调查是开展土地征收及征收补偿工作的基础，在征地调查和征地补偿登记时，应“深入村组，实地调查”。调查结果应与被征地农村集体经济组织、农户和地上附着物产权人共同确认。土地权属应以土地登记或土地利用现状调查的土地权属协议书为依据；土地地类、面积应以土地利用现状调查（变更调查）和勘测定界成果为准，以确保拟征收土地权属明晰，地类、面积准确，附着物情况详实。征地调查应在拟定征收土地方案前完成，并结合征地补偿登记进行复核。

2. 拟定征收土地方案及其过程中的公民参与

征收土地方案拟定过程中，市县国土资源部门要严格按照有关规定，对征地方案进行告知，充分听取农民意见。征地告知要切实落实到村组和农户，结合村务信息公开，采取广播、在村务公开栏和其他明显位置公告等方式，多形式、多途径实施。告知内容包括拟征地的用途、位置、补偿标准、安置途径等事项。被征地农民有异议并提出听证的，应及时组织听证，听取被征地农民意见。对于群众提出的合理要求，必须妥善予以解决。

3. 将征地方案等有关方案上报有批准权的人民政府审批

在征地调查的基础上，市、县人民政府土地行政主管部门拟定征收土地方案及相关的农用地转用方案、补充耕地方案和供地方案，经市、县人民政府审核同意后，逐级上报有批准权的人民政府批准。

4. 征收土地方案的公告

被征收土地所在地的市、县人民政府应当在收到征收土地方案批准文件之日起 10 个工作日内，将征地批准机关、批准文号、批准时间和批准用途；被征收土地的所有权人、位置、地类和面积；征地补偿标准和农业人员安置途径；办理征地补偿登记的期限、地点等内容，在被征收土地所在地的乡（镇）、村予以公告。未依法进行征收土地公告的，被征地农村集体经济组织、农村村民或者其他权利人有权依法要求公告，有权拒绝办理征地补偿登记手续。

5. 征地补偿登记手续

被征收土地的所有权人、使用权人应当在公告规定的期限内，持土地权属证书到公告指定的人民政府土地行政主管部门办理征地补偿登记。未如期办理征地补偿登记手续的，其补偿内容以有关市、县土地行政主管部门的调查结果为准。

6. 拟定征地补偿、安置方案并予公告

市、县人民政府土地行政主管部门会同有关部门根据批准的征收土地方案，在征收土地公告之日起45日内以被征收土地的所有权人为单位拟定征地补偿、安置方案并予以公告。征地报批前履行了告知、确认和听证程序并完成土地权属、地类、面积、地上附着物和青苗等确认以及补偿登记的，可在征地报批的同时拟定征地补偿安置方案。

征地补偿安置方案公告应当包括下列内容：

（1）本集体经济组织被征收土地的位置、地类、面积，地上附着物和青苗的种类、数量，需要安置的农业人口的数量；

（2）土地补偿费的标准、数额、支付对象和支付方式；

（3）安置补助费的标准、数额、支付对象和支付方式；

（4）地上附着物和青苗的补偿标准和支付方式；

（5）农业人员的具体安置途径；

（6）其他有关征地补偿、安置的具体措施。

征收土地方案批准后，征收土地公告和征地补偿安置方案公告可同步进行。未依法进行征地补偿、安置方案公告的，被征地农村集体经济组织、农村村民或者其他权利人有权依法要求公告，有权拒绝办理征地补偿、安置手续。

7. 征收土地补偿、安置方案的公民参与

被征地农村集体经济组织、农村村民或者其他权利人对征地补偿、安置方案有不同意见的或者要求举行听证会的，应当在征地补偿、安置方案公告之日起10个工作日内向有关市、县人民政府土地行政主管部门提出。

有关市、县人民政府土地行政主管部门应当研究被征地农村集体经济组织、农村村民或者其他权利人对征地补偿、安置方案的不同意见。对当事人要求听证的，应当举行听证会。确须修改征地补偿、安置方案的，应当依照有关法律、法规和批准的征收土地方案进行修改。

8. 土地征收补偿、安置方案报批

市、县人民政府土地行政主管部门将征地补偿、安置方案报市、县人民政府审批。报批时，应当附具被征地农村集体经济组织、农村村民或者其他权利人的意见及采纳情况，举行听证会的，还应当附具听证笔录。

经批准后，由市、县人民政府土地行政主管部门组织实施。对补偿标准有争议的，由县级以上地方人民政府协调；协调不成的，由批准征收土地的人民政府裁决。征地补偿、安置争议不影响征收土地方案的实施。

9. 签订征地补偿、安置协议①

市、县人民政府土地行政主管部门应与被征地农村集体经济组织或者村民委员会协商签订征地补偿安置协议。协议一般包括补偿方式、补偿款金额及支付方式、安置人员数量及安置方式、青苗及土地附着物补偿、违约责任和纠纷处理方式等内容。签订协议前，被征地农村集体经济组织或者村民委员会应当就协议主要内容经村民大会或者村民代表大会等民主程序形成书面决议。

10. 土地征收补偿的支付

征收土地的各项费用应当自征地补偿、安置方案批准之日起 3 个月内全额支付。应支付给被征地农民的，要直接支付给农民个人。用地单位未按期全额支付到位的，政府不发放建设用地批准书，农村集体经济组织和农民有权拒绝建设单位动工用地。征地补偿款也可由国土资源局委托用地单位直接向被征地农村集体经济组织支付。

---

① 相关法律法规对此程序并未明确规定，但实践中，一些地方性法规和政府规章对此进行了专门规定，如《北京市建设征地补偿安置办法》第 11 条第 2 款规定："土地行政主管部门在向批准征地机关报送征用土地方案时，应当附具征地双方签订的征地补偿安置协议。"

11. 土地交付程序

市县土地主管部门根据批准的供地方案，在土地征收的补偿、安置补助完成后，被征地者在规定的期限内交出土地，被征地者在规定期限内没有交出土地的，相关土地行政主管部门依法作出限期腾地决定，到期仍不腾地的，土地行政主管部门可以申请人民法院强制执行。

（二）现行土地征收补偿程序的成就

现行土地征收补偿程序，是改革开放以来逐步发展起来的，特别是1998年土地管理法修订以来，国务院及国家土地主管部门发布了一系列有关土地征收补偿的规定，使土地征收补偿程序逐步得到了发展，并取得一些进展。

1982年的《国家建设征用土地条例》在其第7条中专门对土地征收程序进行了规定，其中有关征收补偿仅提到，“协商征地数量和补偿、安置方案。建设地址选定后，由所在地的县、市土地管理机关组织用地单位、被征地单位以及有关单位，商定预计征用的土地面积和补偿、安置方案，签订初步协议”；“经县、市以上人民政府审批核定后，在土地管理机关主持下，由用地单位与被征地单位签订协议”。

1986年土地管理法第四章对土地征收程序也有相应的规定，主要包括申请、报批与划拨环节，但与1982年《国家建设征用土地条例》相比，在土地征收补偿程序方面并无实质性发展。1998年，国家对土地管理法进行了大幅度的修改，国务院颁布了土地管理法实施条例，由此，土地征收程序取得了较大进展，现行土地征收程序框架基本确立。有关土地征收补偿程序主要包括：征收补偿登记、拟定征收补偿方案，征收补偿方案公告、听取被征收方的意见、征收补偿方案报批、争议的协调、争议的裁决、补偿的支付等。

1999年之后，国务院及国务院土地主管部门又发布了一系列规定，对土地征收程序进行完善。如国务院于2004年发布了《国务院关于深化改革严格土地管理的决定》，国务院办公厅于2010年发布了《国务院办公厅关于进一步严格征地拆迁管理工作切实维护群众合法权益的紧急通知》，国土资源部于1999年发布了《国土资源部关于加强征地管理工作的通知》（已失效），2001发布了《征用土地公告办法》（2010年修订），2003年发布了《国土资源听证规定》，2010年发布了《国土资源部关于进一步做好征地管理工作的通知》等。通过这一系列规定，土地征收及其补偿程序相对而言已经比较完善，各级政府的权限更加明确，征收所涉及的各个环节比较完备，公众参与原则得到了一定程度的体现。具体而言，这些成就体现在以下几个方面：

1. 土地征收补偿程序所涉各个环节比较完备，包括征收补偿登记、征收补偿方案的拟定、征收补偿方案的公告、听取被征地农村集体与农民的意见、征收补偿方案的报批与批准、征收补偿争议的协调与裁决、征收补偿的支付等。

2. 被征收土地的调查程序有所体现。如1999年《国土资源部关于加强征地管理工作的通知》（已失效）明确规定："在征地调查和征地补偿登记时，应深入村组，实地调查。土地权属应以土地登记或土地利用现状调查的土地权属协议书为依据；土地地类、面积应以土地利用现状调查（变更调查）和勘测定界成果为准，以确保拟征用土地权属明晰，地类、面积准确，附着物情况详实。征地调查应在拟定征用土地方案前完成，并结合征地补偿登记进行复核。"

3. 土地征收信息的公开和公民的参与权一定程度上得到了重视。土地管理法第48条规定："征地补偿安置方案确定后，有关地方人民政府应当公告，并听取被征地的农村集体经济组织和农民的意见。"此处的表述是，征收补偿方案在"确定"以后再予公告听取意见，对集体和农民有不同意见时方案是否可予更改并未明确。而土地管理法实施条例第25条第3款中规定："市、县人民政府土地行政主管部门根据经批准的征收土地方案，会同有关部门拟订征地补偿、安置方案，在被征收土地所在地的乡（镇）、村予以公告，听取被征收土地的农村集体经济组织和农民的意见。"此处表述明确了第一次公告仅仅是"拟订"的征收补偿方案，这意味着可在听取意见之后进行一定更改。国土资源部发布的《征收土地公告办法》则对征收土地过程中的公告进行了细化规定，其中明确，被征地集体和农民可以对征收补偿方案提出不同意见，也可以提出听证的请求，相关行政机关应据此进行听证；必要时，方案应依法进行修改；方案报批时，应当附具被征地农村集体经济组织、农村村民或者其他权利人的意见及采纳情况，举行听证会的，还应当附具听证笔录。①

4. 规定了争议解决途径。土地管理法实施条例第25条第3款中规定："对补偿标准有争议的，由县级以上地方人民政府协调；协调不成的，由批准征收土地的人民政府裁决。征地补偿、安置争议不影响征收土地方案的实施。"按此规定，在土地征收补偿过程中出现争议时，争议由人民政府协调或裁决。2004年《国务院关于深化改革严格土地管理的决定》又提出了"加快建立和完善征地补偿安置争议的协调和裁决机制，维护被征地农民和用地者的合法权益。"2006年，《国土资源部关于加快推进征地补偿安置争议协调裁决制度的通知》，明确在国土资源系统建立征地补偿安置争议协调裁决制度。

### （三）现行土地征收补偿程序的不足

土地征收补偿程序尽管取得了相当的进展，但仍然存在较多不足与问题，主要体现在以下几个方面：

1. 指导思想上以政府管控为本位，忽略公民权利的保护

现行土地征收及其补偿程序是在计划经济向市场经济转型的过程中逐渐发展起来的，并在市场经济发展和农民的抗争之下得到一定的完善。这种发展背景和历程使得它在指导思想上不可避免地表现出公权力本位的倾向，着眼于方便行政机关实施行政管理和提高行政权力的行使效率，而对公民权利的保护并没有予以足够的关注，进而直接影响着具体程序制度设定的科学性与公正性。现行土地征收补偿程序的设计着重于行政权力的分配，特别是上级政府对下级政府的权力控制，以实现行政管理顺利实施的目标。从具体程序环节的设计上看，整体上仍然以征收补偿方案的拟定和审核批准为核心，体现了完全处于不同层级行政权力间的分配与控制过

① 参见《征收土地公告办法》第10条。

程。但实际上，“加强土地转用的政府管制和计划控制根本无法解决中国的土地问题，只能在错误的道路上越陷越深”。[①]

2. 程序缺少中立性

在整个征收程序中，政府是征收者，也是补偿标准的制定者，还是争议的解决者，程序缺少中立性，行政机关“既是裁判员又是运动员”，自己成了自己的“法官”。比如，按照现行规定，具体的征收补偿标准极具地域差异，各个省份不一样，同一省份内部也不一样。由于经济发展的差异，这本身也不必然是严重问题，但问题在于，如果由当地政府实际制定和发布具体补偿标准（如测算统一年产值），则存在一个致命弊端，即当地政府本身是土地征收的实施主体，从征收中获得土地财政收入，与土地征收有利益关系，同时又是征收补偿标准的实际制定者，因而，其制定的征收补偿标准的正当性和合理性，无论从哪个角度来看都是值得怀疑的。在获取更高土地差价的刺激下，当地政府（尤其在财政资金不足的地区）更倾向于制定较低的补偿标准，如此，农民的利益就可能受到了严重损害。[②]

3. 作为被征收人的集体与农民没有必要的谈判权

现行土地征收程序对农民的参与权进行了一定的规定，如土地征收的相关信息要向被征地集体和农民公开，拟定征收补偿方案时要听取被征地农民的意见，必要时要举行听证，农民对土地征收补偿标准可提出不同意见，并由政府进行协调和裁决，等等。[③] 但总体而言，现行程序对被征地

① 张曙光等：《经济学家和法学家就中国土地制度的对话与争鸣——天则经济研究所“〈土地管理法〉修法建议”研讨会实录》，载《甘肃行政学院学报》2010 年第 2 期。

② 屈茂辉、周志芳：《中国土地征收补偿标准研究——基于地方立法文本的分析》，载《法学研究》2009 年第 3 期。

③ 2010 年 5 月，《国务院办公厅关于进一步严格征地拆迁管理工作切实维护群众合法权益的紧急通知》（国办发明电〔2010〕15 号）提出，征地前要及时进行公告，征求群众意见；对于群众提出的合理要求，必须妥善予以解决，不得强行实施征地。同年 6 月 26 日《国土资源部关于进一步做好征地管理工作的通知》（国土资发〔2010〕96 号）提出，征地报批前认真履行程序，充分听取农民意见。征地告知要切实落实到村组和农户，结合村务信息公开，采取广播、在村务公开栏和其他明显位置公告等方式，多形式、多途径告知征收土地方案。被征地农民有异议并提出听证的，当地国土资源部门应及时组织听证，听取被征地农民意见。对于群众提出的合理要求，必须妥善予以解决。但这两个文件的规定仍属于政策性表述，缺乏操作性，并未在土地征收问题上赋予农民以实质发言权。

农民的权利保护问题没有予以足够的重视，特别是，农民在土地被征收时，对于如何补偿、按什么标准进行补偿，并没有实质意义的谈判权，所谓的参与权只是“提意见”的权利，意见是否得以考虑和采纳，完全由相关地方政府说了算。比如，在农民对土地征收补偿标准有不同意见时，他能做的只是和政府协商，由相关地方政府进行“协调”，如果协商不成则由更高层次的政府进行裁决，裁决之后被征收者只能够同意，没有再讨论的可能性。①

4. 缺少土地调查制度、土地价值评估制度等重要程序制度

法律程序是由一系列具体的程序制度组成的，整体程序是否科学合理体现于具体程序制度是否完备与完善，现行征收补偿程序尽管涉及了各主要环节，但在调查制度与评估制度方面却仍有待健全。

土地调查制度是土地征收补偿的前提，没有完善的土地调查制度，人们就不能了解与确定所征收土地及附着物的详细情况，难以进行公正的补偿。但在实践中，现行程序对有关土地调查制度的规定仅仅在《国土资源部关于加强征地管理工作的通知》（国土资发〔1999〕480 号）（已失效）中提到：“在征地调查和征地补偿登记时，应深入村组，实地调查。”对于如此重要的一项程序制度而言，现有规定无疑是不足的。②

土地价值评估制度是据以实施征收补偿的依据，没有严格中立的土地评估制度，就不可能有公正的征收补偿。目前我国有关补偿是按照土地的原用途根据平均年产值进行的，而有关产值的确定，却由有关行政机关负责。更进一步，以产值为标准确定补偿数额本身也是值得探讨的。因此，有必要确立更加市场化和中立的土地价值评估程序，以促进和保证土地征

---

① 参见李增刚：《土地征收补偿制度完善：标准问题还是程序问题》，载《理论学刊》2013 年第 12 期。

② 事实上，在 1953 年政务院颁布的《国家建设征用土地办法》中，对土地征收前的调查程序有着比现行法律更完善的规定，不知出于何故，现行法律对此倒更为简略。参见 1953 年《国家建设征用土地办法》第 6 条：“在土地未确定征用前，为勘查该土地是否适用，须进行测量、钻探等工作时，亦应由用地单位视勘测范围，分别报经省、市、县人民政府核准后，协同当地人民政府和中共党委向人民解释清楚（有些小的单位则直接在当地党政领导下），取得人民同意后始得进行。如因此项测探工作，使当地人民蒙受损失时，亦须予以适当补偿。”

收补偿的公正与顺利进行。[①]

5. 纠纷解决程序的不足

前文提到，现行土地征收程序中尝试建立了争议解决制度，这是一种进步。但这一制度强调的是，当农民对补偿标准有争议时，由县级以上地方政府协调；协调不成的，由批准征收土地的政府裁决，并且，有关征地补偿、安置争议不影响征收土地方案的实施。可见，在我国现行土地法律法规方面，有关争议解决的规定，目前仅仅限定由政府机关进行裁决，而没有规定诉讼救济程序，甚至没有直接对复议程序进行规定。值得庆幸的是，2014 年修订的行政诉讼法，在其诉讼范围部分明确规定，人民法院受理公民、法人或者其他组织提起的下列诉讼：对征收、征用决定及其补偿决定不服的；认为行政机关不依法履行、未按照约定履行或者违法变更、解除政府特许经营协议、土地房屋征收补偿协议等协议的。[②] 这一规定表明，有关土地征收补偿的争议是可以进入司法程序予以解决的。但仍有遗憾的是，从之前的司法实践看，司法救济对保护农民在土地征收中的权利的作用是有限的，2015 年实施的行政诉讼法有关土地征收补偿争议的规定可发挥什么样的作用还有待观察。

6. 已有程序规定没有得到严格遵循

现有程序制度还存在一个重要的问题：即便现存的程序并不十分完善，在实践中也没有得到很好的遵循，违反土地征收补偿程序的行为普遍存在。“（1）一些征地部门采取先拨款后发布征地公告的技巧，造成被征地农民领钱后同意征地的既成事实。（2）一些征地部门则采取先拨款，但不发布任何征地公告的手段，迫使村民默认征地事实。（3）一些地方的征地部门还采取先填土（即象征性的开发），再向上级土地主管部门报批的方式，以造成占地之事实，迫使村民和上级主管部门承认征地事实”。[③] 此

---

① 就评估程序而言，2006 年《国土资源部关于加快推进征地补偿安置争议协调裁决制度的通知（国土资发〔2006〕133 号）》中提到，各地要在对被征地农民原有生活水平调查、统计的基础上，逐步引入中立的中介组织对被征地土地进行评估，但并没有更加明确具体的规定。

② 参见行政诉讼法第 12 条。

③ 章剑生：《行政征收程序论——以集体土地征收为例》，载《东方法学》2009 年第 2 期。

外，补偿过程中，还普遍存在“会叫的孩子有奶吃”的情形，“钉子户”往往得到更多的补偿，而且“闹得越厉害能够得到的补偿越多”。[①] 这些不遵守程序的做法，一方面使得现有程序形同虚设，无法发挥其应有作用，对农民权利进行保护；另一方面，政府对法律的公然违反，消解了人们对法律的信心，甚至可能使人们认为，法律是用来给老百姓看的，征收机关不会遵守。

## 三、土地征收补偿程序的完善

### （一）土地征收补偿程序重构的基本思路

1. 正当法律程序理念的确立

土地征收权力是国家赋予行政机关的一项重要权力，在公共利益有需要时，行政机关即可运用这一权力征收集体的土地。土地征收权力的存在是人类社会生活经验的总结，具有合法性和必要性。但是，“一切有权力的人都容易滥用权力，这是万古不易的一条经验。有权力的人们使用权力一直到遇有界限的地方才休止”。[②] 为了解决权力的滥用问题，人们采取了各种各样的手段，如权力的分立与制衡等。具体到土地征收及其补偿领域，目前相关法律在实体上只有非常笼统的规定，如宪法只规定了“给予补偿”，土地管理法仅规定“按照被征收土地的原用途给予补偿”以及具体的倍数标准等内容，而物权法也只规定了“应当依法足额支付土地补偿费、安置补助费、地上附着物和青苗的补偿费等费用”。这些实体法的规定无疑不足以保证土地征收权力不被滥用，保证农民在土地征收中得到公正的补偿。因此，“依照现代法治原理，既然实体法上难以制约权力，那么寻求程序法上的制约机制不失为一个上策”。[③] 因为，“我们的世界已变得越来越错综复杂，价值体系五花八门。常常很难就实体上某一点达成一

---

① 李增刚：《土地征收补偿制度完善：标准问题还是程序问题》，载《理论学刊》2013 年第 12 期。

② ［法］孟德斯鸠：《论法的精神》（上册），商务印书馆 1961 年版，第 154 页。

③ 章剑生：《行政征收程序论——以集体土地征收为例》，载《东方法学》2009 年第 2 期。

致。一个问题的正确答案因人而异，因组织而异。程序是他们唯一能达成一致的地方，而且他们能达成一致的唯一程序是能保证程序公正的程序，因为他们一旦同意了程序，则无论是何结果，都必须接受所同意带来的结果。正因为如此，程序公正必须被视为独立的价值”。[①] 换言之，在土地征收及其补偿中，必须确立正当法律程序的理念，建立正当法律程序制度，通过程序的作用，遏制和减少土地征收权力滥用的可能，在确保公共利益实现的同时，维护农民的合法权益。

2. 总体上的完备与具体制度间的协调

如前所述，正当法律程序具有重要的价值。但应注意的是，正当法律程序本身就是一套复杂的体系，要对整个行政权力行使的过程进行制约，而非单一的孤立的制度，也不是众多具体行政程序制度的简单叠加。针对当前我国土地征收及其补偿程序的现状，要对其进行完善必须有整体的考虑，要围绕制约行政权力和维护公民权利，形成统一的完备土地征收及其补偿程序，同时各具体的程序制度之间也应该是互相衔接的、协调的，共同组成一个有机的土地征收补偿程序体系。为了实现这一目标，必须改变当前有关土地征收程序主要由行政机关通过规范性文件的形式进行零散规定的做法，而考虑针对土地征收制定专门法律，在立法中对土地征收及其补偿程序予以统一的规定，形成统一和完备的土地征收及其补偿程序。

3. 全面确立公民参与制度，保障农民的谈判权利

正如我们前面所分析的，公民参与制度的缺失、农民谈判权利付诸阙如是当前土地征收补偿程序最大问题之一。要真正发挥程序的作用，形成公正的土地征收补偿程序，有效保护公民权利，就必须建立完善的公众参与制度，让农民在土地征收补偿乃至征收本身中都具有真正的发言权。“从规划开始到征收决定，到最后补偿，所有链条必须要有公民参与。在所有原则中，公民参与是最重要的原则，一定要提前规划到第一步当中。

① 宋冰编：《程序、正义与现代化——外国法学家在华演讲录》，中国政法大学出版社 1998 年版，第 376 页。

如果可以做到公民参与，土地不需要私有化，也能够解决土地问题。否则即使土地私有化也解决不了问题”。[①] 公众的参与权应该是整个土地征收补偿程序的核心所在，在法律规定的范围之内，按什么标准进行补偿、对哪些事项范围进行、按什么方式进行补偿、如何实现补偿、补偿争议如何进行解决，农民都应该有发言的余地，并且应该通过制度化的方式，保证农民的意见得到充分的尊重。有关土地征收补偿的行政决定，应该淡化当前以上级政府行政控制为核心的审批模式，改为由农民参与决定，即使不是在农民的同意之下作出的，也应该对农民的意见予以足够的考虑，若未考虑的，应公开说明理由。唯有如此，农民才有可能得到公正的土地征收补偿，农民的土地权利才可能受到足够的保护，也唯有如此，因土地征收引起的纷争才有可能减少，社会的稳定才有可能实现。

（二）完善土地征收补偿听证制度

1. 行政听证与土地征收补偿听证概念。行政听证制度是现代行政程序法的核心制度。一般而言，行政听证制度指行政机关在作出影响相对人合法权益的行政行为之前，由行政机关告知决定理由和听证权利，行政相对人陈述意见、提供证据，以及行政主体听取意见、接纳证据并作出相应决定等程序所构成的一种法律制度。[②]

在各国行政程序法发展的过程中，“听证”具有不同的含义。如在美国，听证（hearing）泛指听取利害关系人意见的程序，行政机关可采取从审判式听证到非正式的会议等多种听证形式。而在多数大陆法系国家，听证指通过听证会的形式听取当事人意见的程序，其他听取当事人意见的程序则不称之为听证。如韩国将听取当事人意见的形式分为“听证”、“公听会”和“提出意见”；日本则在听证之外，还有“辩明”等听取当事人意见的形式。在我国，目前规定了听证制度的法律主要有行政处罚法、价格法和行政许可法等。根据这些法律的规定，听证指行政机关在作出行政行

① 张曙光等：《经济学家和法学家就中国土地制度的对话与争鸣——天则经济研究所“〈土地管理法〉修法建议”研讨会实录》，载《甘肃行政学院学报》2010 年第 2 期。

② 姜明安主编：《行政法与行政诉讼法学（第六版）》，北京大学出版社、高等教育出版社 2015 年版，第 341 页。

为前，通过听证会的形式，听取当事人或社会公众的意见的程序制度。[①]土地征收补偿听证制度，则指行政机关在作出有关土地征收补偿的决定过程中，通过听证会的形式，认真听取被征地农民等相关人员的意见并予以充分考虑，在此基础上作出土地征收补偿决定的制度。

2. 土地征收补偿听证的价值。土地征收的实质内容是基于公共利益的需要剥夺农民的土地所有权，尽管理论上征收土地应依法给予补偿，但对农民而言，土地征收权力的行使所蕴含的危险是现实存在的，它随时可能侵犯公民的合法权利，在实践中这种侵害也有所见。为此，在土地征收程序制度设计中，必须保证农民能参与到土地征收过程中去，提出他们的意见，提供相关的证据，证明相关的事实，并确保与土地征收相关的决定以在程序中被证明的事实为依据，被征收人的意见得到充分的考虑和尊重，最大限度地减少征收权力被滥用的可能。听证制度即是这样一种以公民参与为主要内容的程序制度，对保护土地征收过程中的公民权利具有极为重要的作用。就如美国联邦最高法院指出的，“在政府干预公民财产之前，要给人听证的机会。这种条款可以完成两项任务：第一，它有助于正确发现事实。独立的法庭主持的听证，保证财产不会被随意地、突发奇想地或基于歧视性和无关的理由而被征收。在听证中必须列举事实，以证明对财产的剥夺是有法律依据的。第二，听证的权利发挥了重要的尊严性和参与性功能。不经听证不能剥夺公民的财产，也就是说，政府在对公民做出不利行为之前，必须听取他们的意见。这个限制也增加了政府的正统性，有充足的证据表明，在对相对人的权益采取损害行为之前，政府给予他们听证的机会，能使人们感到更加安全和值得信任。其目的是保障程序的公平。”[②]

---

① 如《中华人民共和国行政许可法》第 19 条规定：起草法律草案、法规草案和省、自治区、直辖市人民政府规章草案，拟设定行政许可的，起草单位应当采取听证会、论证会等形式听取意见，并向制定机关说明设定该行政许可的必要性、对经济和社会可能产生的影响以及听取和采纳意见的情况。这说明，行政许可听取意见除了采取听证会这一形式外，还可采取其他形式。

② 这是美国联邦最高法院法官 Justice White 在 Wolff V. Mc Donnell 案中代表最高法院提出的评论。418 U. S. 539，557 –558 （1974）.

具体到土地征收补偿领域，听证制度至少具有以下功能：一是有利于查清征收补偿所根据的事实。利害关系人往往最了解行政行为所根据的事实，他们的参与有利于行政机关全面掌握即将作出的行政行为所根据的事实。比如，对被征收土地的面积、现状、权属、边界等事实，通过听证程序，能更好、更准确地掌握。又如，对被征收集体土地上的青苗的补偿问题，农民远比公务员更为了解青苗的真正价值，通过听证程序，让农民对此提出意见并提供证据，将有助于行政机关了解青苗的真正市场价值，并据以作出公正的补偿决定。二是有利于辨明是非，保护被征收人的合法权利。一个严格科学的土地征收补偿听证程序，要求相关的行政决定依据听证记录作出。经过听证作出的行政决定所依据的将是在听证过程中得到辩明的事实，并对各方意见都予以适当的考虑，从而也就减少了行政决定恣意的可能性，有效防止行政权力的滥用与对公民权利的侵犯。以土地征收过程中的安置补偿为例，在一个涉及部分农民被安置的土地征收案件中，当被征地农民内部对谁应得到安置、进行什么方式的安置有不同意见时，若能通过听证的形式，听取多方面的意见，将有利于更好地辨明是非，作出更合理的安置决定，保证应被安置的人员得到适当的安置。三是有利于提高土地征收的效率。在土地征收补偿过程中适用听证程序，必然耗费一定的时间与金钱，短期来看似乎提高了行政成本，但从长远来看，听证程序却有利于提高土地征收的效率。因为，经过听证的征收补偿决定，由于事先听取了当事人的意见并在决定中对此予以了充分的考虑，因此这个决定将更易为当事人所接受，得到当事人和公众的认可，从而减少行政征收及其补偿决定在执行过程中遭遇的阻力。

3. 土地征收补偿听证的范围。从保护公众参与权利的角度出发，当然是听证范围越广越好。但现代社会中政府行政涉及的事务范围广泛，想在所有行政行为中都采取听证程序是不可能的，因此只能有选择地确定听证范围，主要可分为涉及不特定多数人的行政行为的听证和涉及特定人的行政行为的听证两类。前者如就一项公共基础设施是否建设，何时、何地建设举行的听证；后者如对特定的被征收人的地上附着物的价值问题进行的听证。一般而言，一个行政行为是否听证应以行为的性质为标准，可能对公民权利造成重要影响的特别是可能造成权利重大减损的，都应适用听证程序。

在土地征收中，目前土地管理法和土地管理法实施条例等法律、法规仅仅规定就有关事项须听取被征收土地的农村集体经济组织和农民的意见，正式的听证程序并不是必须的。[①] 然而，上述规定并没有排除相关行政机关可在土地征收及其补偿过程中进行听证，反而在一定程度上体现了对公民参与权的重视。正是根据这种立法精神，国土资源部于2001年通过了《征用土地公告办法》(2010年进行了修订并改名为《征收土地公告办法》)，根据该办法，被征地农村集体经济组织、农村村民或者其他权利人对征地补偿、安置方案有不同意见的或者要求举行听证会的，可在公告之日起10日内提出听证申请。有关市、县人民政府土地行政主管部门应当充分听取被征收人或利害关系人的意见，报批征地补偿、安置方案时，应当附具听证笔录，以及相关意见的采纳情况。2004年，国土资源部又制定了《国土资源听证规定》。根据这一规定，土地征收听证的范围包括依职权举行听证的范围和依申请举行听证的范围两大类。依职权举行听证的范围规定于第12条，其中应当组织听证的是拟定或者修改基准地价行为、拟定或者修改区域性征地补偿标准行为，可根据需要组织听证的是制定规章和规范性文件的行为及其他情形。依申请举行听证的范围规定于第19条，即拟定拟征地项目的补偿标准和安置方案的，应依申请举行听证。

4. 当前土地征收补偿听证制度存在的问题及其完善。改革开放之后我国行政法最初的发展是从实体法着眼的，因而行政程序并没有从一开始就受到应有的关注。20世纪90年代以后，行政程序才在学界的推动下得到较多的重视，程序法治的理念也开始逐渐形成。在土地征收及其补偿过程中，行政程序制度的发展也遵循着这一轨迹，公众参与程序的重要性直到1998年土地管理法修订后才慢慢显现出来，其中听证制度直到2001年才由国土资源部在《征用土地公告办法》(已被修改)中明确规定，2004年才通过《国土资源听证规定》，对相关听证制度进行了具体规定。这一发

---

① 参见土地管理法第46条、第48条。

展历程决定了目前的土地征收补偿听证制度不可能是完备的，在理念上、制度设计上和实践中都存在待完善的地方。

首先，从规范层级角度看，目前的土地征收补偿听证制度是由国土资源部建立的，在规范层级上属于行政规章。对于听证程序而言，其本身目的在于通过中立的程序让农民参与到土地征收补偿行政过程中来，进而使农民土地权利得到应有的尊重与保护。因此，尽管行政规章的意义在现代社会已经得到了普遍的认可，但由土地征收主管部门国土资源部来规定土地征收补偿听证程序，难以保证程序的中立性，即使国土资源部能做到程序公正，也难以保证人们对其中立性有足够的信任。从土地征收补偿听证程序的根本目的着眼，应由相关法律如土地管理法对土地征收及其补偿中的听证程序进行规定，或者在将来制定的土地征收专门法律中对此进行专门规定。

其次，整个土地征收从其过程看，主要包括土地征收的决定与征收补偿的确定两大阶段。在土地征收决定阶段，国家的法律、法规和规章并没有明确规定听证，相关的规定仅仅在国土资源部的文件中有所体现："征地报批前认真履行程序，充分听取农民意见。征地告知要切实落实到村组和农户，结合村务信息公开，采取广播、在村务公开栏和其他明显位置公告等方式，多形式、多途径告知征收土地方案"。[①] 相对于土地征收补偿，土地征收的决定阶段是更本质的阶段，没有土地征收就无所谓土地征收补偿，补偿相对而言仅仅是被列入土地征收合法性要件的弥补性手段。因此，欲仅仅通过补偿阶段的听证程序维护公民的权利是不够的，土地征收补偿听证程序的完善问题不应孤立地来看待，而应放到整个土地征收过程中来做通盘考虑，在构建公正的土地征收程序的框架中，将土地征收补偿及其听证作为一个重要环节来看待。

最后，要真正发挥土地征收补偿听证程序的作用。听证制度是一个权力控制机制，这一机制要真正发挥作用，不仅仅要求在制度设计上是完善的，更要求其得到真正的遵循与实施。土地征收补偿听证程序中参

① 参见《国土资源部关于进一步做好征地管理工作的通知》（国土资发〔2010〕96号）。

加人的意见得到充分尊重与谨慎考虑则是达到这一目标的关键所在。《国土资源听证规定》第 18 条与第 33 条对此分别作了规定。[①] 然而，即使不考虑该规定的效力层次问题，其本身对未严格按听证笔录作出土地征收补偿决定的法律责任，也没有进行相应的规定，换言之，听证笔录对地方政府批准征收补偿方案只具有参考价值。这个问题必须在将来的立法中予以考虑。当然，已经制定的法律制度不能得到严格执行，原因并不仅仅在于没有相应的责任条款的规定，更在于法治理念没有确立，在于良好的法治环境没有形成。只是，这已经超越土地征收补偿听证制度本身的范围。

（三）完善土地征收补偿信息公开制度

行政公开指行政主体在行使行政职权时，除涉及国家机密、个人隐私和商业秘密外，必须向行政相对人及社会公开与行政职权有关的事项。[②] 行政公开制度与公民权利的保护有着密切的关系：公民要通过行政程序保护自己的权利，就必须参与到行政程序中去，对行政行为的事实根据、法律依据、作出的时间、地点等有所了解，否则就不可能真正通过行政程序保护自己的权利。从这个意义上，可以说行政公开是公民参与行政程序的前提性条件，没有行政公开就无所谓行政程序。作为一项重要的行政程序制度，行政公开制度本身也体现为一系列更具体的制度，如公布制度、送达制度、通知制度、案卷查阅制度等。

行政公开的内容在于以下几个方面：（1）行政机关的职权依据，指行政机关应公开其由法律所规定的职权，表明其具有从事某类行政行为的主体资格。（2）行政行为的法律依据，指在特定的行政行为中，行政机关应公开作出该行政行为的法律依据。（3）行政行为所根据的事实，在作出一

---

① 参见《国土资源听证规定》第 18 条："主管部门应当参照听证纪要依法制定规章和规范性文件；在报批拟定或者修改的基准地价、编制或者修改的土地利用总体规划和矿产资源规划、拟定或者修改的区域性征地补偿标准时，应当附具听证纪要。"第 33 条："主管部门应当根据听证笔录，作出行政许可决定，依法作出行政处罚决定；在报批拟定的拟征地项目的补偿标准和安置方案、非农业建设占用基本农田方案时，应当附具听证笔录。"

② 章剑生：《行政程序法基本理论》，法律出版社 2003 年版，第 46 页。

个行政行为之前，行政机关应将作出该行为所根据的事实向相对人进行公开。(4) 特定行政程序的时间、地点，如举行听证的，应向参与人公开举行该听证的时间和地点。(5) 行政程序的参与人，如听证的主持人等。(6) 行政行为的内容，如行政处罚书的内容。(7) 其他应为公众所了解的信息。

对于土地征收补偿而言，基于土地征收行为是为了公共利益而实施的，具有强制性，公民没有选择的余地，同时土地是农民最重要的财产，征收对农民权利有着巨大影响，而公正的征收补偿则是弥补农民损失的不二途径，因此，将土地征收及其补偿的相关内容向被征地农民公开是极为必要的。只有如此，农民才能了解土地征收的相关信息，才可能参与到征收补偿程序中，维护自己的合法权益。土地征收补偿行政公开的内容涉及征收补偿的法律依据与事实依据，征收所涉及土地征收的范围、权属、现状，补偿的方式、范围、标准、补偿的初步方案，以及有关的时间、地点，等等。通过这一系列信息的公开，使公众有效地参与到土地征收补偿程序中来，并且将行政机关作出征收补偿决定的整个过程都呈现于社会公众面前，促进土地征收补偿从过程到结果都趋于公正，并更易为社会公众所接受。

从法律规定的层面上看，土地征收补偿的公开制度是比较完善的，土地管理法第46条和第47条分别对土地征收方案和土地征收补偿方案的公告作了规定。土地管理法实施条例又对此作了补充，明确了公告的内容、公告的范围、公告的期限等。2001年，国土资源部专门出台了《征用土地公告办法》(2010年进行了修订并改名为《征收土地公告办法》)，对公告的相关内容进行了细化规定。对其他方面的信息公开，相关的规范性文件也作了规定。如国务院2004年发布的《国务院关于深化改革严格土地管理的决定》规定，“要将被征地农民知情、确认的有关材料作为征地报批的必备材料”；“经批准的征地事项，除特殊情况外，应予以公示”。2010年国土资源部又进一步明确，要“规范征地程序，提高征地工作透明度”。[①] 另外，按照政府

① 参见《国土资源部关于进一步做好征地管理工作的通知》(国土资发〔2010〕96号)。

信息公开条例的要求，公民也可要求行政机关公开与土地征收及其补偿相关的政府信息。

然而，从通过信息公开保证农民充分了解土地征收补偿相关信息，进而维护其合法权益的目的出发，当前有关土地征收补偿中的公开途径最主要的还是公告程序，这种单一的公开途径对农民权利的保护是不够的。公告的性质决定了它只能是一种笼统的告知，在内容上具有概括性，在对象上缺少针对性，土地征收及其补偿所涉及的权利人完全可能由于各种原因而未能及时了解公告的内容，也可能由于公告本身并不针对特定个人而忽视公告的内容，还可能因为公告内容不够明确而造成误解，从而造成如耽误主张权利的期限等不利后果，更不要说实践中还较普遍地存在不按规定进行公告的情况。因此，应在保留公告这一公开途径的基础上，同时采取其他公开和告知途径，如通过有针对性的通知和送达程序公开土地征收补偿相关的内容。对于土地征收及其补偿而言，所涉及的土地范围和相应权利人范围一般而言都是确定的，完全可通过专门通知的方式使权利人了解行政行为的内容，以及他所具有的相应权利。而公告程序则作为专门通知程序的补充存在，以防止在通知与送达的过程中有所遗漏，或者在土地所有人和承包人之外存在其他在土地上拥有或认为自己拥有权利的人。

（四）完善土地征收补偿调查程序

调查程序是行政机关在当事人和其他程序参加人的参与下，采取一系列调查措施，对相关的案件事实进行调查取证，认定拟作出的行政行为所依据的事实的程序。[①] 从广义上讲，调查程序还包括听取当事人意见的内容，因此听证程序等公民参与程序自然也被包括在调查程序之内，但这样一来，调查程序几乎就涵盖了行政过程的全部内容，难以作为一项相对独立的具体程序制度而存在。狭义的调查程序则仅仅就行政机关查证行政行为所依据的事实而言。当然，狭义的调查程序也并非与听证等公民参与程序毫不相干，某些事实的查证与认定本身就需要通过听证等途径来达到，

① 张树义主编：《行政程序法教程》，中国政法大学出版社2005年版，第146页。

而向有关人员了解情况，听取他们的意见本身就是调查的重要内容。本书所称的土地征收补偿调查程序是指狭义的行政调查程序，仅就行政机关在听证程序之外查证相关事实而言。通常，行政机关查证的事实包括与一定土地的征收及其补偿有关的一切事实，既包括对当事人有利的事实，也包括对当事人不利的事实。只有在性质和法律上不需查证的事实才不被纳入调查范围，如业经生效法律文书确认了的事实或众所周知的公理性事实等。

调查程序对于行政行为的重要意义是显而易见的，任何行政行为都必须依据一定的事实作出，脱离事实的行政行为必然是违法的行政行为，因此行政机关在作出行政行为之前，必须掌握行政行为所依据的事实。而这一事实的获取，并不能由行政机关根据道听途说确定，更不能经由凭空想象得出。调查程序一方面为事实的获取设定方法与途径、手段与步骤；另一方面也对行政机关获取案件事实的权力进行限定，防止其滥用调查权力而侵犯公民权利。也就是说，调查程序一方面是组织程序，另一方面也是控制程序；一方面是工具，另一方面也是制约；它既有保障行政机关顺利履行其职能的功能，又有防止行政机关滥用权力而侵害公民权利的作用。

在土地征收及其补偿中，调查程序是整个土地征收程序中的重要环节，甚至是基础性环节。土地征收补偿是在土地征收的过程中，对被征收人及其他权利人因土地征收行为而导致损失的一种弥补。这就要求行政机关在征收补偿等决定作出之前，对相关事实进行调查，明确拟征收土地的位置、权属、现状、数量、界限、地上物情况等，进而依据这些事实作出相应的征收补偿决定。考虑到我国农村土地所有权归集体，而使用权则归农民所有，同一块土地上涉及权利人人数众多，关系复杂，权属不明，土地征收补偿过程中的调查程序就更具有了特别重要的意义，只有在详细调查的基础上，土地征收及其补偿程序才可能顺利进行。

土地征收及其补偿的调查程序在政务院 1953 年所颁布的《国家建设征用土地办法》（已失效）中即有规定，该办法经 1958 年修改后，调查程序仍有存在。[①] 1982 年的《国家建设征用土地条例》（已失效）中仍暗含着进行调查的要求，[②] 但到 1986 年土地管理法制定之后，有关征收调查程序却不见了踪迹。1998 年，土地管理法进行了较大幅度的修改，但土地征收调查程序却仍付诸阙如。土地管理法实施条例中也没有专门针对有关土地征收的调查程序进行规定。1999 年，《国土资源部关于加强征地管理工作的通知》（国土资发〔1999〕480 号）（已失效），对调查程序作了一定程度的弥补，要求在征地方案完成前先进行征地调查。[③] 2004 年，国务院针对土地管理中存在的问题，下发了《国务院关于深化改革严格土地管理的决定》，其中提到了征地调查程序，但也仅仅规定“对拟征土地现状的调查结果须经被征地农村集体经济组织和农户确认”，而未明确规定征地调查是土地征收决定的前置程序。[④] 作为国务院上述决定的配套文件，国土资源部《关于完善征地补偿安置制度的指导意见》对征地调查进行了进一步规定，该意见将土地征收方案报批前的程序分为三个部分：（1）告知

① 1953 年《国家建设征用土地办法》第 6 条规定：“在土地未确定征用前，为勘查该土地是否适用，须进行测量、钻探等工作时，亦应由用地单位视勘测范围，分别报经省、市、县人民政府核准后，协同当地人民政府和中共党委向人民解释清楚（有些小的单位则直接在当地党政领导下），取得人民同意后始得进行。如因此项测探工作，使当地人民蒙受损失时，亦须予以适当补偿。”1958 年《国家建设征用土地办法》第 11 条规定：“用地单位对准备申请征用的土地进行测量、勘探的时候，应该先征得当地人民委员会和土地所有者的同意，如果测量、勘探使土地所有者受到损失，应该适当补偿。”这两条规定尽管没有明确要求征收土地之前应先行开展调查程序，但其内容暗示着在决定征收土地之前应进行调查，至少在部分征收过程中是存在调查程序的。

② 1982 年《国家建设征用土地条例》第 18 条第 3 款规定：“建设单位为选择建设地址而需要对土地进行勘测时，应当征得当地县、市人民政府同意；造成损失的，应当按照实际情况给予补偿。”

③ 《国土资源部关于加强征地管理工作的通知》（国土资发〔1999〕480 号）（已失效）规定：“在征地调查和征地补偿登记时，应深入村组，实地调查。土地权属应以土地登记或土地利用现状调查的土地权属协议书为依据；土地地类、面积应以土地利用现状调查（变更调查）和勘测定界成果为准，为确保拟征用土地权属明晰，地类、面积准确，附着物情况详实。征地调查应在拟定征用土地方案前完成，并结合征地补偿登记进行复核。”

④ 《国务院关于深化改革严格土地管理的决定》规定：“在征地过程中，要维护农民集体土地所有权和农民土地承包经营权的权益。在征地依法报批前，要将拟征地的用途、位置、补偿标准、安置途径告知被征地农民；对拟征土地现状的调查结果须经被征地农村集体经济组织和农户确认；确有必要的，国土资源部门应当依照有关规定组织听证。要将被征地农民知情、确认的有关材料作为征地报批的必备材料。”这一规定没有明确将调查程序作为征地决定的前置程序，不过明确将听证作为进行征地调查的手段之一。

征地情况；（2）确认征地调查结果；（3）组织征地听证。其中征地调查程序要求由当地国土资源部门应对拟征土地的权属、地类、面积以及地上附着物权属、种类、数量等现状进行调查，调查结果应与被征地农村集体经济组织、农户和地上附着物产权人共同确认。①

从现有规定看，尽管调查程序已通过国务院和土地主管部门文件的形式进行了规定，但这种规定从法律效力上看是不足的，它甚至不是严格意义上的行政法规与行政规章。在法律责任方面，作为内部文件的要求，上述规定并没有明确违反调查程序的后果，既没有规定责任人所要承担的责任，也没有规定违反程序的征地决定与补偿方案的法律效力。在内容上，现有规定的内容也是不完善的，仅以寥寥数语作出要求，对调查范围、调查手段、调查内容等都未作出比较完备的规定。从完善土地征收及其补偿程序、保证征地工作顺利进行和维护农民合法权益的角度，从维护社会稳定的角度，土地征收及其补偿过程中的调查程序仍需按照正当法律程序原则的要求予以进一步完善，明确其调查目的、调查原则、调查主体、调查内容、调查方法、调查成果、调查效力、调查手续等。

（五）健全土地价值评估程序

在土地征收的过程中，为达到在实现公共利益的同时维护农民的合法权益的目标，就必须对被征地农民予以公正的补偿。在按市场价值公正补偿的原则下，补偿中最为实质的部分则在于如何确定被征收土地的价值。

土地价值需要通过一定的手段方可确定，具体包括双方协商确定、按法定标准确定、由征收方和被征收方之外的主体按照第三方程序确定等。按照现行土地管理法的规定，当前我国的土地征收补偿标准是按照“产值倍数法”确定的，即土地征收补偿的总额为该土地平均年产值乘以一定的

① 详见《国土资源部关于完善征地补偿安置制度的指导意见》（国土资发〔2004〕238号）之规定。

倍数。[①] 这一土地征收补偿标准所考虑的是保障农民生存权、使其生活水平不致因土地征收而降低等因素，与土地的实际市场价值并没有直接关系。但在制度发展的过程中，市场的因素也开始逐渐地融入补偿标准，如国土资源部《征地区片综合地价测算指导性意见（暂行）》规定，征地区片综合地价是“依据地类、产值、土地区位、农用地等级、人均耕地数量、土地供求关系、当地经济发展水平和城镇居民最低生活保障水平等因素，划分区片并测算的征地综合补偿标准”，诸如“地类”“土地区位”“土地供求关系”等市场因素都在其中得到了一定体现，成为确定地价的考虑因素。

但总体上，目前的土地征收补偿标准并不是以土地的市场价值为基础的，因此饱受诟病。与实体性标准同样受到诟病的，是其确定的程序——当前的补偿标准是由作为征地方的政府确定的。对此，《国务院关于深化改革严格土地管理的决定》有着明确规定。[②] 这一确定程序尽管考虑到了公民的参与问题，[③] 但从根本上说，确定产值或地价的主体仍然是政府，它们拥有最后的决定权，公众的意见至多是参考性的。政府既是征收的主体，又是地价的确定者，既当“运动员”，又当“裁判员”。在这一现实之下，引入作为第三方程序的土地价值评估程序就具有了重要意义。

土地价值评估程序指的是，由作为征收主体的政府和被征收主体的农民之外的第三方主体，按照一定规则对被征收土地的价值进行评估，以确定公正合理的征收补偿数额的一种程序。这一程序的功能在于，它是由作为土地征收当事人即政府和农民之外的第三方独立作出的评估，至少在理

---

① 土地管理法第 47 条第 2 款规定：“征收耕地的补偿费用包括土地补偿费、安置补助费以及地上附着物和青苗的补偿费。征收耕地的土地补偿费，为该耕地被征收前三年平均年产值的六至十倍。征收耕地的安置补助费，按照需要安置的农业人口数计算。需要安置的农业人口数，按照被征收的耕地数量除以征地前被征收单位平均每人占有耕地的数量计算。每一个需要安置的农业人口的安置补助费标准，为该耕地被征收前三年平均年产值的四至六倍。但是，每公顷被征收耕地的安置补助费，最高不得超过被征收前三年平均年产值的十五倍。”

② 《国务院关于深化改革严格土地管理的决定》（国发〔2004〕28 号）规定：“省、自治区、直辖市人民政府要制订并公布各市县征地的统一年产值标准或区片综合地价。”

③ 国土资源部《征地区片综合地价测算指导性意见（暂行）》和《征地统一年产值标准测算指导性意见（暂行）》都在其“基本原则”中规定了“公开听证原则”。

论上其评估结论更具公正性，更能为土地征收当事各方所接受，更有利于土地征收的顺利进行和公共利益的顺利实现，同时还有助于减少征地补偿纠纷的产生，促进社会的和谐发展。

在当前的制度背景之下，土地价值评估程序要真正发挥其功能，尚有以下几个问题要关注：首先，要保持土地评估机构的实质独立性。评估机构的独立性是评估程序作为公正的第三方程序的根本所在，若评估机构的独立性得不到保证，则整个评估程序也就失去了意义。为此，必须高度注意评估机构与当事人特别是政府与用地方的单方接触问题，避免评估机构成为政府与用地方的代言人。在实践中，目前存在的评估机构很多都是由所谓的“事业单位”转制而来的，它们与行政机关有着千丝万缕的联系。为保证评估机构的独立性，有必要使这些机构与行政机关完全脱钩，实现真正的市场化与独立化。其次，由于我国不存在土地买卖市场，土地所有权是不能转让的，能转让的是土地使用权，因此，所谓的土地市场价值很难与实行土地私有制国家的土地市场价值相提并论，确定土地市场价值的主要方法如“可比销售法”“总体收入法”“复制成本法”① 很难在我国的土地价值评估中直接加以运用。但这并不是说我国的土地市场价值就失去了可供参考的标准。比如说，可参考政府出让相近地段、相当等级土地的使用权的价格，确定相应土地的市场价值。最后，由于当前土地征收中的补偿标准很多都是由政府统一制定的，土地价值评估程序要发挥其功能，只能生存于现行制度的缝隙里。从评估对象上看，可能仅局限于政府尚未制定综合征地价或统一年产值的土地。这一空间不管是如何的狭小，它总是公正的土地价值评估程序赖以生长的空间和发展的起点。任何制度的发展都会经历一个过程，这个过程可能是漫长且艰辛的，但只要它是真正适应社会需要的，就能逐步成长。因此，作为第三方程序的土地价值评估程序应立足于现有制度空间，着眼于长远的发展，坚持自己的独立性与公正性，发挥其独特的作用，促进公共利益与个别利益的平衡，促进社会和谐稳定的发展。

---

① 参见张千帆：《“公正补偿”与征收权的宪法限制》，载《法学研究》2005 年第 2 期。

（六）健全土地征收补偿中的其他程序

1. 回避制度

回避制度是指行政机关工作人员在行使职权过程中，因其与所处理的事务有利害关系，为保证实体处理结果与程序进展的公正性，根据当事人的申请或行政机关工作人员的请求，有权机关依法中止其职务的行使并由他人代替的一种法律制度。① 回避制度是自然公正原则的基本要求，即“任何人都不得在与自己有关的案件中担任法官”，要求案件的裁判者保持不偏不倚的立场，在有可能影响案件的公正裁判时，与案件有利害关系的人员应该回避。以避免可能产生的偏私或消除公众对不公正的合理怀疑。

回避制度对保证公正的土地征收补偿的实现和土地征收的顺利进行有着重要的意义。比如，在确定一块被征收的承包地的面积与界限时，若与特定承包人有利害关系的人员参加到确定程序中来，则可能使得承包土地的面积被多算或少算，或者一个农民承包的土地被计入另一个承包人的名下，或者在承包地界线的确认过程中偏袒特定的当事人，所有这些可能产生的现象，都影响土地征收补偿的公正性。而在行政补偿、安置方案的确定过程中，若与方案有利害关系的人（如被征收人的亲友或用地方的亲友）参加决策，那么也可能影响补偿、安置方案的公正性。现行的《土地管理法》及其实施条例对回避制度并没有明确规定，但《国土资源听证规定》对此进行了规定。② 随着土地征收及其补偿程序的发展与完善，回避制度应该更广泛地应用到土地征收补偿中来。

2. 征询意见制度

征询意见制度指除听证程序外，行政机关在作出行政行为之前，通过一定的方式与途径听取公众的意见，并在考虑公众意见的基础上作出行政行为。一般而言，征询意见制度适用于抽象行政行为的公众参与程序或具

① 章剑生：《行政程序法基本理论》，法律出版社2003年版，第131页。

② 参见《国土资源听证规定》第28条：“当事人认为听证员、记录员与拟听证事项有利害关系可能影响公正的，有权申请回避，并说明理由。听证主持人的回避由主管部门决定。听证员、记录员的回避，由听证主持人决定。”

有较多利害关系人参与的行政程序。由于听证程序的特点决定了其只能在有限的范围内适用，因此，征询意见制度对于保证公众的参与权利、保证行政行为的公正性和提高行政效率就具有了特殊的意义。

在中国，征询意见制度的宪法依据在于《中华人民共和国宪法》第27条第2款规定："一切国家机关和国家工作人员必须依靠人民的支持，经常保持同人民的密切联系，倾听人民的意见和建议，接受人民的监督，努力为人民服务。"在宪法之外，其他法律、法规也对征询意见作出了规定，如《中华人民共和国立法法》《中华人民共和国行政许可法》《行政法规制定程序条例》《规章制定程序条例》等。①

在土地征收中，相关的法律、法规也对征询意见制度作了规定。土地管理法第48条规定："征地补偿安置方案确定后，有关地方人民政府应当公告，并听取被征地的农村集体经济组织和农民的意见。"土地管理法实施条例第25条第3款规定："市、县人民政府土地行政主管部门根据经批准的征收土地方案，会同有关部门拟订征地补偿、安置方案，在被征收土地所在地的乡（镇）、村予以公告，听取被征用土地的农村集体经济组织和农民的意见。"

由于土地征收对被征地农民的权利影响巨大，而听证制度由于其本身特点所限不可能在土地征收及其补偿的各个环节及各个时间段都适用，为保证土地征收补偿的合法性与公正性，作为听证程序之外重要的公民参与制度，征询意见制度应该发挥更大的作用，在更大的范围内得到应用，征询意见的方式途径也可更加灵活多样。比如，在征询意见的方式与途径方面，土地管理法及其实施条例并未明确规定，但通常可包括书面征求意见、座谈会、论证会，以及调查研究等多种形式。由于征询意见制度的目的在于了解相关公众对特定事项的态度与意见，因此，只要法律没有禁止性规定，任何有利于农民表达意见和征地机关听取意见的方式与途径，都可加以应用。

---

① 参见《中华人民共和国立法法》第35条，《中华人民共和国行政许可法》第19条，《行政法规程序条例》第12条、第19条第2款，《规章制定程序条例》第15条的规定。

3. 说明理由制度

在行政程序上，说明理由指行政机关在作出一定的行政行为的时候，须对其行为的事实依据和法律依据予以说明。若违法未予说明的，则相应的行政行为被视为是存在程序缺陷的行为。

在土地征收及其补偿制度中，土地管理法及其实施条例对说明理由制度都没有进行明确规定。但国土资源部制定的《征收土地公告办法》明确规定，“有关市、县人民政府土地行政主管部门将征地补偿、安置方案报市、县人民政府审批时，应当附具被征地农村集体经济组织、农村村民或者其他权利人的意见及采纳情况，举行听证会的，还应当附具听证笔录”。此处规定系说明理由程序的明确要求。应该承认，《征收土地公告办法》的相关规定是极具意义的，体现了其对公众意见的尊重，但从整个土地征收特别是征收补偿的过程来看，目前的法律对说明理由的规定还是不完善的。鉴于说明理由程序所具有的保障性机制价值，可一定程度防止“听取意见”流于形式，防止听证“过程”变成“过场”,[①] 在土地征收立法进行修改完善时，应对说明理由制度予以更多的关注。

① 章剑生：《行政征收程序论——以集体土地征收为例》，载《东方法学》2009 年第 2 期。

# 结论：

# 按善治的要求改革和完善土地征收补偿制度

我国正处在社会转型的关键时期，经济市场化正在完善，政治民主化正在推进。转型的过程也是各种利益分化组合的过程，是各种结构性矛盾积聚与引发的过程，这些矛盾与问题若不能得到良好处理，社会转型就难以顺利完成。但无论如何，建设一个利益协调、秩序平和、矛盾与冲突可控的社会是各利益主体都追求的目标。土地征收及其补偿领域是社会矛盾与冲突集中的领域，这个领域的问题若得不到良好解决，则建设和谐有序社会的目标就难以达成。过去数十年的经验证明，土地征收及其补偿领域的问题，运用传统的管理理念，单纯依靠政府的力量、运用传统的管理方式是不能有效解决的。为此，有必要在土地征收与补偿领域引入治理的理念，将土地征收与补偿作为国家与社会治理的一个重要环节来对待。

基于治理的视角，前文对土地征收补偿范围与方式、土地征收补偿标准、土地征收补偿分配、土地征收补偿程序等进行了逐项的分析和论证，通过分析论证，我们可以得出以下结论：

## 一、有关现行土地征收补偿制度及其实践的基本判断

1. 目前的土地征收补偿制度需进一步完善。现行土地征

收补偿制度在范围上较为狭窄，在方式上较为杂乱，在标准上以原用途为基础按产值倍数进行补偿，在分配上不规范，在程序上不完善。这种补偿尽管在过去十余年时间的实践中有了一些改进，但总体上仍需改善。

2. 土地征收补偿制度的法律实践与法律表达并不一致。土地征收与补偿制度的宪法依据主要体现于宪法第10条第3款，“国家为了公共利益的需要，可以依照法律规定对土地实行征收或者征用并给予补偿”。其直接的法律依据是土地管理法，另外，物权法、农村土地承包法等法律对土地征收及其补偿也有涉及。这些法律中，土地管理法的规定涉及土地征收补偿的范围和方式、补偿的标准与补偿的程序，但其规定在范围、方式和程序方面是非常原则性的，在补偿标准方面则是在原用途基础上按产值倍数法进行补偿，不能体现公正补偿的要求。在实践中，政府对行政征收补偿制度进行了完善，相对于法律的规定，补偿的范围更宽、方式更多、程序更全，补偿的标准甚至在一定范围内已经超出了原用途基础上的产值倍数标准，而纳入了一定的市场因素。换言之，土地征收补偿制度的表达与实践是不一致的，实践中在一定程度上已经超越了法律的规定。

## 二、土地征收补偿制度及其实施现状的成因

土地征收补偿的不公正是客观存在的，其所积聚和引发的社会矛盾可能危及社会稳定，必须予以高度重视。但是，土地征收补偿问题的症结不在于补偿本身，甚至也不在于土地征收制度，而在于现行土地征收及其补偿赖以生存的制度与社会环境：

1. 土地所有制。按照我国宪法规定，土地要么归国家所有，要么归集体所有，并且“任何组织或者个人不得侵占、买卖或者以其他形式非法转让土地”，这一规定确立了土地的公有制，并明确了土地所有权不允许交易。在集体所有权之下，土地补偿费与安置补助费通常都是以集体为补偿对象，但集体的特性决定了这些补偿还须在作为集体成员的农民之间进行

再分配，而这个再分配的过程也同样是重要的矛盾积聚点。

2. 土地财政。当前，中央与地方实行分税制，中央取得了大部分的财政收入，但在公共事务分配上，地方却承担了远超其所获财政收入比率的公共职责。于是，为履行这些职责，同时某些地方官员也为了完成政绩目标，土地财政愈演愈烈，地方政府依赖土地征收与出让的差价获取其所需收入，从而，土地征收实施公正补偿也就成了不可能达成的目标。

3. 市场经济。随着市场经济的发展，人们越来越清楚地认识到了土地的价值，而国家没有对土地征收补偿进行实质性的调整。在这种情形之下，纠纷自然越来越激烈，矛盾也不断积聚与引发。

4. 法治现状。土地征收补偿领域各种问题的积聚与引发。现实中，经常出现越能“折腾”的人越能得到更多补偿的现象，这种现象产生了强烈的反向示范效应，让人们认为“会哭的孩子有奶吃”，于是“钉子户”越来越多，土地征收补偿矛盾与冲突也愈演愈烈。[①] 这种补偿不公的现象时有发生，其背后原因则在于法治的理念没有得以确立，导致土地征收补偿不规范，因人施法、区别对待。而土地征收补偿实践中政府所作的对农民有利的安排，尽管客观上有助于农民维护其权利，但它同样也反映了法治的不健全，反映了政府可在法律规定之外，甚至违反法律规定对农民作出让步。

5. 民主与公众参与。现行土地征收补偿制度是单向的，政府在统治的理念之下，单方作出了土地征收与补偿的制度安排，作为被征地方的农民，不能充分地参与到土地征收及其补偿过程中去，虽然在实践之中，被征地农民的参与权一定程度上得到了尊重，诸如征询意见、听证等参与制度开始建立，但从整体上讲，现有的参与制度并不完善，参与主要是形式意义上的。

---

① 所谓“钉子户”并不意味着他们的要求都是不合理的，但在很多时候，“钉子户”之所以成为“钉子户”，主要原因即在于他们观察到成为“钉子户”可得到更多的补偿。

## 三、按照善治的要求改革和完善土地征收补偿制度

按照善治的要求，土地征收补偿要达成公正补偿、保证和促进社会经济顺利发展的目标，就必须从以下几个方面实施改革：

1. 将土地征收补偿纳入土地制度完善的大视野。治理是一个由多方主体共同努力达成公共利益的过程，它不是一套规则，也不是单纯的政府活动。在治理的视野下考虑土地征收补偿的完善，就不能孤立地看待其本身，而必须将它纳入土地制度的整体框架。事实上，如果无视现有的土地所有制和土地征收制度，孤立地看待土地征收补偿制度，是不可能解决这一制度存在的诸多问题的。为此，必须在土地征收中严格限定征收的范围，只有为了公共利益的需要，才能实施土地征收行为。与此相应的，是改革现行的建设用地制度，打破（除特殊情况外）所有建设都必须在国有土地上进行的规定，扩大和推广当前正在试点的集体经营性建设用地入市，使集体的建设用地可与国有建设用地一样平等地进入市场，这样就可有效减少土地征收与补偿的矛盾与冲突。在条件成熟时，也可对现行的土地集体所有制进行通盘考虑，探索是否有更符合中国农村实际的土地所有权制度。

2. 确立公正补偿的基本理念。治理尽管具有技术性的特征，但同样应该体现特定的价值。现行土地征收补偿的基本理念是“原用途”补偿，农民不能分享土地增值收益。建立能使国家、集体、个人利益达到均衡的机制，从制度上消除土地利用中“囚徒困境博弈”的利益诱因。① 只有这样，才能有效缓解和平息土地征收领域日益突出的矛盾与冲突，维护社会的和谐与稳定；政府才可能真正提高行政效率、降低行政成本、更好获取公众支持，增强其合法性（正当性）。

3. 完善土地征收过程中的信息公开与公众参与制度。按照善治的要求，治理应该体现透明性与回应性，在公共权威的主导下，在各相关方的

---

① 谢志岿、曹景钧：《如何制度化解决当前中国土地问题——对土地管理制度改革目标模式的探讨》，载《中国行政管理》2012 年第 1 期。

参与下，共同达成公共利益。为此，在土地征收与补偿制度的完善中，必须确立信息公开制度与公众参与制度，使土地征收从一个单向度的政府行为，成为一个多向度的公共利益达成与农民权益维护的协商合作过程。就前者而言，凡是与土地征收相关的信息，都应该向被征地农民公开，让农民充分掌握与土地征收相关的信息，既有利于农民作出维护自身权利的决定，也有利于提高土地征收行为的透明度。就后者而言，在土地征收与补偿的整个过程中，都要有被征地农民乃至社会公众的参与，并且保证参与者的意见得到充分的重视和慎重的考虑，让被征地农民真正成为土地征收这一公共活动的主体，而不仅仅是消极的被征收对象。这样才能一方面促进公共利益的达成，另一方面促进农民合法权益的保护。

4. 法治的确立。法治是善治的基本要求，“没有健全的法制，没有对法律的充分尊重，没有建立在法律之上的社会秩序，就没有善治”。[①] 土地征收及其补偿制度，本身应该是一项严格的法律制度，以公共利益的达成为目标，同时也对由此受损的公民权益予以公正的补偿。但从现行土地征收及其补偿制度的实践看，法治理念并没有真正得以确立，不按法律规定实施土地征收的现象多有所见。为达到有效实现公共利益并维护公民权利的目标，就必须坚定树立法治理念，制定良好法律，严格实施生效的法律，对违法者严格追究其责任，让法律成为土地征收的最高准则。只有这样，才可保证土地征收补偿的公正实施，保证土地征收的顺利完成，预防和减少土地征收及其补偿过程中各种矛盾与冲突的产生。

---

① 俞可平：《治理和善治：一种新的政治分析框架》，载《南京社会科学》2001 年第 9 期。

# 附录（一）：

# 宪法、法律、行政法规与部门规章

## 中华人民共和国宪法（1954）（节选）

**第十三条** 国家为了公共利益的需要，可以依照法律规定的条件，对城乡土地和其他生产资料实行征购、征用或者收归国有。

# 中华人民共和国宪法（1982）（节选）

**第十条** 城市的土地属于国家所有。

农村和城市郊区的土地，除由法律规定属于国家所有的以外，属于集体所有；宅基地和自留地、自留山，也属于集体所有。

国家为了公共利益的需要，可以依照法律规定对土地实行征用。

任何组织或者个人不得侵占、买卖、出租或者以其他形式非法转让土地。

一切使用土地的组织和个人必须合理地利用土地。

# 中华人民共和国宪法修正案（2004）（节选）

**第二十条** 宪法第十条第三款“国家为了公共利益的需要，可以依照法律规定对土地实行征用。”修改为：“国家为了公共利益的需要，可以依照法律规定对土地实行征收或者征用并给予补偿。”

# 中华人民共和国物权法（节选）

（2007 年 3 月 16 日第十届全国人民代表大会第五次会议通过）

**第四十二条** 为了公共利益的需要，依照法律规定的权限和程序可以征收集体所有的土地和单位、个人的房屋及其他不动产。

征收集体所有的土地，应当依法足额支付土地补偿费、安置补助费、地上附着物和青苗的补偿费等费用，安排被征地农民的社会保障费用，保障被征地农民的生活，维护被征地农民的合法权益。

征收单位、个人的房屋及其他不动产，应当依法给予拆迁补偿，维护被征收人的合法权益；征收个人住宅的，还应当保障被征收人的居住条件。

任何单位和个人不得贪污、挪用、私分、截留、拖欠征收补偿费等费用。

**第一百三十二条** 承包地被征收的，土地承包经营权人有权依照本法第四十二条第二款的规定获得相应补偿。

# 中华人民共和国土地管理法（1986）（节选）

（1986 年 6 月 25 日第六届全国人民代表大会常委会第十六次会议通过）

**第二十一条** 国家进行经济、文化、国防建设以及兴办社会公共事业，需要征用集体所有的土地或者使用国有土地的，按照本章规定办理。

**第二十三条** 国家建设征用土地，建设单位必须持国务院主管部门或县级以上地方人民政府按照国家基本建设程序批准的设计任务书或者其他批准文件，向县级以上地方人民政府土地管理部门提出申请，经县级以上人民政府审查批准后，由土地管理部门划拨土地。

国家建设征用土地，被征地单位应当服从国家需要，不得阻挠。

**第二十四条** 国家建设所征用的集体所有的土地，所有权属于国家，用地单位只有使用权。

**第二十五条** 国家建设征用耕地一千亩以上，其他土地二千亩以上的，由国务院批准。

征用省、自治区行政区域内的土地，由省、自治区人民政府批准；征用耕地三亩以下，其他土地十亩以下的，由县级人民政府批准；省辖市、自治州人民政府的批准权限，由省、自治区人民代表大会常务委员会决定。

征用直辖市行政区域内的土地，由直辖市人民政府批准；直辖市的区人民政府和县人民政府的批准权限，由直辖市人民代表大会常务委员会决定。

**第二十六条** 一个建设项目需要使用的土地，应当根据总体设计一次申请批准，不得化整为零。分期建设的项目，应当分期征地，不得先征待用。铁路、公路和输油、输水等管线建设需要使用的土地，可以分段申请批准，办理征地手续。

**第二十七条** 国家建设征用土地，由用地单位支付土地补偿费。征用耕地的补偿费，为该耕地被征用前三年平均年产值的三至六倍。征用其他土地的补偿费的标准，由省、自治区、直辖市参照征用耕地的补偿费标准规定。

被征用土地上的附着物和青苗的补偿标准，由省、自治区、直辖市规定。

征用城市郊区的菜地，用地单位应当按照国家有关规定缴纳新菜地开发建设基金。

**第二十八条** 国家建设征用土地，用地单位除支付补偿费外，还应当支付安置补助费。

征用耕地的安置补助费，按照需要安置的农业人口数计算。需要安置的农业人口数，按照被征用的耕地数量除以征地前被征地单位平均每人占有耕地的数量计算。每一个需要安置的农业人口的安置补助费标准，为该耕地被征用前三年平均每亩年产值的二至三倍，但是，每亩被征用耕地的安置补助费，最高不得超过被征用前三年平均年产值的十倍。征用其他土地的安置补助费标准，由省、自治区、直辖市参照征用耕地的安置补助费标准规定。

**第二十九条** 依照本法第二十七条、第二十八条的规定支付土地补偿费和安置补助费，尚不能使需要安置的农民保持原有生活水平的，经省、自治区、直辖市人民政府批准，可以增加安置补助费。但是，土地补偿费和安置补助费的总和不得超过土地被征用前三年平均年产值的二十倍。

**第三十条** 国家建设征用土地的各项补偿费和安置补助费，除被征用土地上属于个人的附着物和青苗的补偿费付给本人外，由被征地单位用于发展生产和安排因土地被征用而造成的多余劳动力的就业和不能就业人员的生活补助，不得移作他用，任何单位和个人不得占用。

**第三十一条** 因国家建设征用土地造成的多余劳动力，由县级以上地方人民政府土地管理部门组织被征地单位、用地单位和有关单位，通过发展农副业生产和举办乡（镇）村企业等途径，加以安置；安置不完的，可以安排符合条件的人员到用地单位或者其他集体所有制单位、全民所有制单位就业，并将相应的安置补助费转拨给吸收劳动力的单位。

被征地单位的土地被全部征用的，经省、自治区、直辖市人民政府审查批准，原有的农业户口可以转为非农业户口。原有的集体所有的财产和有所得的补偿费、安置补助费，由县级以上地方人民政府与有关乡（镇）村商定处理，用于组织生产和不能就业人员的生活补助，不得私分。

**第三十二条** 大中型水利、水电工程建设征用土地的补偿费标准和移民安置办法，由国务院另行规定。

# 中华人民共和国土地管理法（1998）（节选）

（1986 年 6 月 25 日第六届全国人民代表大会常委会第十六次会议通过，1998 年 8 月 29 日第九届全国人民代表大会常务委员会第四次会议修订）

**第四十三条** 任何单位和个人进行建设，需要使用土地的，必须依法申请使用国有土地；但是，兴办乡镇企业和村民建设住宅经依法批准使用本集体经济组织农民集体所有的土地的，或者乡（镇）村公共设施和公益事业建设经依法批准使用农民集体所有的土地的除外。

前款所称依法申请使用的国有土地包括国家所有的土地和国家征用的原属于农民集体所有的土地。

**第四十四条** 建设占用土地，涉及农用地转为建设用地的，应当办理农用地转用审批手续。

省、自治区、直辖市人民政府批准的道路、管线工程和大型基础设施建设项目、国务院批准的建设项目占用土地，涉及农用地转为建设用地的，由国务院批准。

在土地利用总体规划确定的城市和村庄、集镇建设用地规模范围内，为实施该规划而将农用地转为建设用地的，按土地利用年度计划分批次由原批准土地利用总体规划的机关批准。在已批准的农用地转用范围内，具体建设项目用地可以由市、县人民政府批准。

本条第二款、第三款规定以外的建设项目占用土地，涉及农用地转为建设用地的，由省、自治区、直辖市人民政府批准。

**第四十五条** 征用下列土地的，由国务院批准：

（一）基本农田；

（二）基本农田以外的耕地超过三十五公顷的；

（三）其他土地超过七十公顷的。

征用前款规定以外的土地的，由省、自治区、直辖市人民政府批准，并报国务院备案。

征用农用地的，应当依照本法第四十四条的规定先行办理农用地转用审批。其中，经国务院批准农用地转用的，同时办理征地审批手续，不再另行办理征地审批；经省、自治区、直辖市人民政府在征地批准权限内批准农用地转用的，同时办理征地审批手续，不再另行办理征地审批，超过征地批准权限的，应当依照本条第一款的规定另行办理征地审批。

**第四十六条** 国家征用土地的，依照法定程序批准后，由县级以上地方人民政府予以公告并组织实施。

被征用土地的所有权人、使用权人应当在公告规定期限内，持土地权属证书到当地人民政府土地行政主管部门办理征地补偿登记。

**第四十七条** 征用土地的，按照被征用土地的原用途给予补偿。

征用耕地的补偿费用包括土地补偿费、安置补助费以及地上附着物和青苗的补偿费。征用耕地的土地补偿费，为该耕地被征用前三年平均年产值的六至十倍。征用耕地的安置补助费，按照需要安置的农业人口数计算。需要安置的农业人口数，按照被征用的耕地数量除以征地前被征用单位平均每人占有耕地的数量计算。每一个需要安置的农业人口的安置补助费标准，为该耕地被征用前三年平均年产值的四至六倍。但是，每公顷被征用耕地的安置补助费，最高不得超过被征用前三年平均年产值的十五倍。

征用其他土地的土地补偿费和安置补助费标准，由省、自治区、直辖市参照征用耕地的土地补偿费和安置补助费的标准规定。

被征用土地上的附着物和青苗的补偿标准，由省、自治区、直辖市规定。

征用城市郊区的菜地，用地单位应当按照国家有关规定缴纳新菜地开发建设基金。

依照本条第二款的规定支付土地补偿费和安置补助费，尚不能使需要安置的农民保持原有生活水平的，经省、自治区、直辖市人民政府批准，可以增加安置补助费。但是，土地补偿费和安置补助费的总和不得超过土地被征用前三年平均年产值的三十倍。

国务院根据社会、经济发展水平，在特殊情况下，可以提高征用耕地的土地补偿费和安置补助费的标准。

**第四十八条** 征地补偿安置方案确定后，有关地方人民政府应当公告，并听取被征地的农村集体经济组织和农民的意见。

**第四十九条** 被征地的农村集体经济组织应当将征用土地的补偿费用的收支状况向本集体经济组织的成员公布，接受监督。

禁止侵占、挪用被征用土地单位的征地补偿费用和其他有关费用。

**第五十条** 地方各级人民政府应当支持被征地的农村集体经济组织和农民从事开发经营，兴办企业。

**第五十一条** 大中型水利、水电工程建设征用土地的补偿费标准和移民安置办法，由国务院另行规定。

# 中央人民政府政务院关于国家建设征用土地办法

（1953 年 11 月 5 日政务院第一百九十二次会议通过
经中央人民政府主席批准 1953 年 12 月 5 日政务院公布施行）

**第一条** 为适应国家建设的需要，慎重地妥善地处理国家建设征用土地问题，特制定本办法。

**第二条** 凡兴建国防工程、厂矿、铁路、交通、水利工程、市政建设及其他经济、文化建设等所需用之土地，均依本办法征用之。

**第三条** 国家建设征用土地的基本原则是：既应根据国家建设的确实需要，保证国家建设所必需的土地，又应照顾当地人民的切身利益，必须对土地被征用者的生产和生活有妥善的安置。凡属有荒地、空地可资利用者，应尽量利用，而不征用或少征用人民的耕地良田。凡属目前并不十分需要的工程，不应举办。凡虽属需要，而对土地被征用者一时无法安置，则应俟安置妥善后再行举办，或另行择地举办。

**第四条** 凡征用土地，均应由用地单位本节约用地的原则，提出征用土地计划书，按业务系统报经其上级领导机关批准后，依关于批准权限的下列规定，分别转请中央人民政府政务院或大行政区行政委员会或省、市、县人民政府核准公布征用之：

甲、全国性的建设事业用地，经中央人民政府国家计划委员会核定，由中央人民政府政务院批准；

乙、地方性建设事业，用地在五千亩以上或迁移居民三百户以上者，由大行政区行政委员会批准；用地不足五千亩而在一千亩以上者或迁移居民不足三百户而在五十户以上者，由省（市）人民政府批准；用地不足一千亩，或迁移居民不足五十户者，由县人民政府批准；

丙、国防建筑工程，分别大小经中央人民政府人民革命军事委员会、大军区或省军区核定，移送政务院或地方人民政府批准。

征用土地的计划书，送请上级批核时，均应详细说明用地的属境、位置（附图标明）和数量，用地所涉及的户数和人口数，用地上的附着物和农作物，以及对土地被征用者的补偿安置计划，并连同用地所在的地方政府意见一并报核。上级机关审批时，亦须掌握节约用地的精神仔细核实。

**第五条** 征用土地计划书完成第四条规定的批准手续后，用地单位应协同当地人民政府和中共党委（有些小的单位则直接在当地党政领导下），向当地人民进行解释工作，宣布对土地被征用者补偿安置的各项具体办法，并给群众以必要的准备时间，使群众在当前切身利益得到适当照顾的条件下，自觉地服从国家利益，服从人民的长远利益，然后始得确定征用，进行施工。如征用大量土地，迁移大量居民甚至迁移整个村庄者，应先在当地人民中切实做好准备工作，然后召开人民代表大会讨论解决之。

**第六条** 在土地未确定征用前，为勘查该土地是否适用，须进行测量、钻探等工作时，亦应由用地单位视勘测范围，分别报经省、市、县人民政府核准后，协同当地人民政府和中共党委向人民解释清楚（有些小的单位则直接在当地党政领导下），取得人民同意后始得进行。如因此项测探工作，使当地人民蒙受损失时，亦须予以适当补偿。

**第七条** 如遇临时抢险等紧急需要，不及备办征用土地的批准手续时，得一面先行进入地内施工，一面报告当地人民政府，并在施工中及时补办征用手续。

**第八条** 被征用土地的补偿费，在农村中应由当地人民政府会同用地单位、农民协会及土地原所有人（或原使用人）或由原所有人（或原使用人）推出之代表评议商定之。一般土地以其最近三年至五年产量的总值为标准，特殊土地得酌情变通处理之。如另有公地可以调剂，亦须发给被调剂土地的农民以迁移补助费。

对被征用土地上的房屋、水井、树木等附着物及种植的农作物，均应根据当地人民政府、用地单位、农民协会及土地原所有人和原使用人（或原所有人和原使用人推出之代表）会同勘定之现状，按公平合理的代价予以补偿。

**第九条** 征用公有土地及城市郊区国有土地时，对耕种该土地的农民亦应依其生活情况适当予以补助。该土地上的附着物和农作物同样按第八条第二项规定办理。

对于原来依靠公有土地收入维持的公益事业，在该项土地被征用后仍须续办而经费无着者，应由当地人民政府按该事业性质分别在主管部门的事业经费内开支。如无法开支时，应及时报请上级人民政府解决。

**第十条** 凡因征用土地而须迁移坟墓者，必须事前通知坟主迁移，发给适当的迁葬费用，并应照顾当地的风俗习惯妥善处理。坟墓无主者应由用地单位代迁。对无地迁葬者应协助找地迁葬。对烈士的坟墓更应妥善迁移，并应通知当地县（市）人民政府。

在已被征用的土地范围内的名胜古迹，应在不妨碍建设的条件下尽力保存之。

**第十一条** 凡修建工程，须临时使用征用范围以外之土地作为材料堆存场所及临时运输道路等用途者，应与该项土地所有人（或使用人）协商临时借用，或订立契约临时租用。

凡因修建工程而使附近未被征用之土地蒙受损失者，对该项土地所有人（或使用人）亦应给以应得的补偿。

**第十二条** 已征用之土地在勘探施工过程中，如因情况变化停止使用，或勘探结果证明不合用者，可以退还原所有人（或原使用人）。如原所有人（或原使用人）已因勘探施工而蒙受一定损失者，亦应给以适当补偿。

已征用的土地，如在农作物的生长时间一季以上暂不修建，并为了有利生产，在不妨碍建设用途的条件下，应仍准农民暂时继续耕种。

**第十三条** 农民耕种的土地被征用后，当地人民政府必须负责协助解决其继续生产所需之土地或协助其转业，不得使其流离失所。用地单位亦应协同政府劳动部门和工会在条件许可的范围内，尽可能吸收其参加工作。

**第十四条** 被征用的土地及其附着的房屋等应由原所有人或其合法的代理人凭所有权的证状或当地乡以上人民政府的证明，向用地单位领取补偿费（可由当地人民政府代发）。如证状遗失或在用地单位发补偿费期间未能提出证状而当地乡以上人民政府又不能证明者，以及在用地单位发补偿费期间无人前来承领者，用地单位应将补偿费送交当地人民政府代为保管，保管期间一年。如原所有人或其合法的代理人在一年内前来承领，或补提证状经地政机关认可或乡人民政府证明者，得予补发。逾期无人请领或不能提证请领时，当地人民政府即将所代管的补偿费报缴国库，并通知用地单位。

**第十五条** 原所有人的土地房屋所有权的证状上所载之土地房屋，如全数已被征用，此项证状在领取补偿费时即应交与当地人民政府注销。未全部被征用者，则于领取补偿费时，由当地人民政府在该证状上注明被征用部分后发还本人或换发新证。如征用后所余土地无多，原所有人不愿使用或不便处理时，可经当地人民政府核准，一并征用。

凡按本办法，经人民政府批准征用之土地，其产权转移时，一律免纳契税。

**第十六条** 补偿费发放竣事后，用地单位应将征用的土地，绘图造册，一式两份，送当地县（市）人民政府备案盖印，一份由用地单位收执，一份即存县（市）人民政府备查。

**第十七条** 凡因国家建设的需要，在城市市区内征用土地时，地上的房屋及其他附着物等，应根据当地人民政府、用地单位及原所有人和原使用人（或原所有人和原使用人推出之代表）会同勘定之现状，按公平合理的代价予以补偿。地基与房屋的产权同属一人者，地基部分不另补偿；分属两人者，视地基所有人的生活情况酌情补偿之。市区内的空地得无偿征用。

地主在市区内出租的农地得无偿征用，但对租种此项土地的农民，应对其在此项租入土地上的农作物及附着物等按第八条第二项的规定予以补偿。

征用农民在市区内自耕的农地时，补偿办法按第八条规定办理。

市区内农民自耕或租种的土地被征用后，其生产、生活问题应按第十三条的规定予以妥善安置。

**第十八条** 凡征用之土地，产权属于国家。用地单位不需用时，应交还国家，不得转让。

**第十九条** 私营经济企业和私营文教事业用地，得向省（市）以上人民政府提出申请，获得批准后由当地人民政府援用本办法，代为征用。

**第二十条** 各地已颁行的征用土地办法于本办法公布后即行废止。

各省（市）人民政府得根据本办法制定当地的具体实施办法，报请大行政区行政委员会批准实施，并报中央人民政府政务院备案。

**第二十一条** 在少数民族自治区，国家建设征用土地办法，由自治区政府制定，报请省以上人民政府批准施行，并报中央人民政府政务院备案。在自治区的单行办法未制定前，应根据当地的民族习惯，参照本办法变通办理之。

**第二十二条** 本办法经政务会议通过，报请中央人民政府主席批准公布，自公布之日起实行。

# 国家建设征用土地办法（已失效）

（1953 年 11 月 5 日政务院第一百九十二次会议通过
经中央人民政府主席批准 1953 年 12 月 5 日政务院公布施行
1957 年 10 月 18 日国务院全体会议第五十八次会议修正
1958 年 1 月 6 日全国人民代表大会常务委员会第九十次会议批准
1958 年 1 月 6 日国务院公布施行）

**第一条** 为适应国家建设的需要，慎重地妥善地处理国家建设征用土地问题，制定本办法。

**第二条** 国家兴建厂矿、铁路、交通、水利、国防等工程，进行文化教育卫生建设、市政建设和其他建设，需要征用土地的时候，都按照本办法的规定办理。

**第三条** 国家建设征用土地，既应该根据国家建设的实际需要，保证国家建设所必需的土地，又应该照顾当地人民的切身利益，必须对被征用土地者的生产和生活有妥善的安置。如果对被征用土地者一时无法安置，应该等待安置妥善后再行征用，或者另行择地征用。

国家建设征用土地，必须贯彻节约用地的原则。一切目前可以不举办的工程，都不应该举办；需要举办的工程，在征用土地的时候，必须精打细算，严格掌握设计定额，控制建筑密度，防止多征、早征，杜绝浪费土地。凡有荒地、劣地、空地可以利用的，应该尽量利用；尽可能不征用或者少征用耕地良田，不拆或者少拆房屋。

**第四条** 征用土地，须由有权批准本项建设工程初步设计的机关负责批准用地的数量，然后由用地单位向土地所在地的省级人民委员会申请一次或者数次核拨；建设工程用地在三百亩以下和迁移居民在三十户以下的，可以向土地所在地的县级人民委员会申请核拨。

用地单位申请核拨用地时，须送交征用土地申请书（详细注明土地的属境、位置和经批准的数量），并附对被征用土地者的补偿、安置计划，以及经批准的建设工程初步设计文件（附平面布置图），施工时间文件和土地所在地的县级或者乡、镇人民委员会的书面意见；但是申请核拨铁路、公路路线用地和国防工程用地，送交上述某种附件确有困难的时候，经过批准用地数量的机关的同意，可以免交或者以后补交。

**第五条** 土地经核拨以后，用地单位应该协同当地人民委员会向群众进行解释，宣布对被征用土地者补偿安置的各项具体办法，并给他们以必要的准备时间，使群众在当前切身利益得到适当照顾的情况下，自觉地服从国家利益和人民和长远利益，然后才能正式确定土地的征用，进行施工。如果征用大量土地，迁移大量居民甚至迁移整个村庄的，应该先在当地群众中切实做好准备工作，然后把有关征用土地的问题，提交当地人民代表大会讨论解决。

**第六条** 遇到临时抢险或者紧急用地的情况，如果事前来不及完全按照本办法第四条、第五条的规定办理，可以先行进入地内施工，同时尽快补办征用土地的手续，并向群众进行解释。

**第七条** 征用土地，应该尽量用国有、公有土地调剂，无法调剂的或者调剂后对被征用土地者的生产、生活有影响的，应该发给补偿费或者补助费。

征用土地的补偿费，由当地人民委员会会同用地单位和被征用土地者共同评定。对于一般土地，以它最近二年至四年的定产量的总值为标准；对于茶山、桐山、鱼塘、藕塘、桑园、竹林、果园、苇塘等特殊土地，可以根据具体情况变通办理。

遇有因征用土地必须拆除屋房的情况，应该在保证原来的住户有房屋居住的原则下给房屋所有人相当的房屋，或者按照公平合理的原则发给补偿费。

对被征用土地的水井、树木等物和农作物，都应该按照公平合理的原则发给补偿费。

**第八条** 被征用土地的补偿费或者补助费以及土地上房屋、水井、树木等附着物和农作物的补偿费，都由用地单位支付。

征用农业生产合作社的土地，土地补偿费或者补助费发给合作社；征用私有的土地，补偿费或者补助费发给所有人。土地上的附着物和农作物，属于农业生产合作社的，补偿费发给合作社；属于私有的，补偿费发给所有人。

**第九条** 征用农业生产合作社的土地，如果社员大会或者社员代表大会认为对社员生活没有影响，不需要补偿，并经当地县级人民委员会同意，可以不发给补偿费。

征用农业生产合作社使用的非社员的土地，如果土地所有人不从事农业生产，又不以土地收入维持生活，可以不发给补偿费，但必须经本人同意。

**第十条** 征用城市市区内的房屋地基，如果房屋和地基同属一人，地基部分不另补偿；如果分属两人，可以根据地基所有人的生活情况酌情补偿。

市区内没有收益的空地，可以无偿征用。

**第十一条** 用地单位对准备申请征用的土地进行测量、勘探的时候，应该先征得当地人民委员会和土地所有者的同意。如果测量、勘探使土地所有者受到损失，应该适当补偿。

**第十二条** 用地单位或者施工单位在修建工程进行中，需要临时使用征用范围以外的土地，作为堆存材料的场所和运输道路等，商得当地人民委员会和土地所有者的同意后，可以租用或者借用。因进行修建工程而使未被征用的土地受到损失的时候，用地单位或者施工单位应该给土地所有者以应得的补偿。

**第十三条** 对因土地被征用而需要安置的农民，当地乡、镇或者县级人民委员会应该负责尽量就地在农业上予以安置；对在农业上确实无法安置的，当地县级以上人民委员会劳动、民政等部门应该会同用地单位设法就地在其他方面予以安置；对就地在农业上和在其他方面都无法安置的，可以组织移民。组织移民应该由迁出和迁入地区的县级以上人民委员会共同负责。移民经费由用地单位负责支付。

**第十四条** 已经征用的土地，所有权属于国家。用地单位应该将征用的土地，绘图造册，一式两份，送当地县或者市人民委员会审核盖印后，一份存县或者市人民委员会备查，一份由用地单位自己保存。

**第十五条** 已经征用的土地，如果用地单位因计划变更或者其他原因不使用或者不全部使用，必须把不使用或者多余的土地交由当地县级人民委员会拨给其他用地单位使用或者交给农民耕种。

已经征用的土地，如果在种植一季农作物的期间暂不使用，在不妨碍建设用途的条件下，应该交给农民继续耕种。对有农作物正在生长的土地，应该尽可能等到收获以后动用。

**第十六条** 被征用土地内的坟墓需要迁移的时候，由当地人民委员会通知坟主迁移。用地单位应该发给适当的迁葬费，并照顾当地的风俗习惯妥善处理。无主的坟墓，由用地单位代迁。无地迁葬的，由当地人民委员会协助找地迁葬。迁移烈士的坟墓应该通知当地县级以上人民委员会。

被征用土地内，如果有值得保存的文物和名胜古迹，用地单位和施工单位应该会同县级以上人民委员会文化部门妥善处理，负责保护。

**第十七条** 用地单位或者施工单位在修建工程进行中，对于同当地人民群众的生产、生活有密切关系的水源、渠道、交通等，应该会同当地人民委员会妥善处理，不准轻易阻断和破坏。

**第十八条** 国家建设需用国有、公有土地，应该按照本办法第四条和第五条的规定申请核拨，并且向群众进行解释。

拨用农民耕种的国有、公有土地的时候，可以根据他们的生活情况，由用地单位给以适当补助。对地上附着物、农作物的补偿和对原耕种这些土地的农民的安置，分别按照本办法第七条和第十三条的规定办理。

拨用国家机关、部队、企业、学校、人民团体等单位正使用着的国有、公有土地的时候，对原使用单位迁建所必需的房屋和地基等问题，由当地县级以上人民委员会会同申请用地单位和原使用单位，本着紧缩用地、用房和节省国家财政开支的原则协商处理。原使用单位能够自行解决的，尽量自行解决；原使用单位无法自行解决的，尽量采取互换、调剂办法解决，无法互换、调剂的，由申请用地单位给予适当补偿。

**第十九条** 原来依靠公有土地收入兴办的公益事业，在这项土地被拨用后，仍须续办而经费无着的，应该由当地人民委员会按照事业的性质分别在主管部门的事业经费内开支；如果无法开支，应该及时报请上级人民委员会解决。

**第二十条** 公私合营企业、信用合作社、供销合作社、手工业生产合作社用地以及群众自办的公益事业用地，可以向当地县级以上人民委员会提出申请，获得批准后，援用本办法的规定办理。

**第二十一条** 县级以上人民委员会和用地单位的上级机关，应该对已经征用土地的使用情况，经常进行监督检查。如果发现用地单位和施工单位有违反本办法的规定浪费土地和损害群众利益的现象，应该及时予以纠正，情节严重的，应该追究责任，严肃处理；对征而不用和多余的土地，在不妨碍建设用途的情况下，必须及时收回。

县级以上人民委员会，应该将征用土地的情况和问题，定期综合上报。

**第二十二条** 各省级人民委员会可以根据本办法的规定，结合当地的具体情况，制定实施办法，报国务院备案。

民族自治地方的自治机关，可以根据当地的具体情况，参照本办法规定的基本原则，制定本地区征用土地的办法；也可以参照本办法变通办理。

# 国家建设征用土地条例（已失效）

（1982 年 5 月 4 日全国人民代表大会常务委员会第二十三次会议原则批准
1982 年 5 月 14 日国务院发布　1982 年 5 月 14 日起施行）

**第一条**　根据中华人民共和国宪法，为合理使用土地资源，保证国家建设必需的土地，并妥善安置被征地单位群众的生产和生活，特制定本条例。

**第二条**　国家进行经济、文化、国防建设以及兴办社会公共事业，需要征用集体所有的土地时，必须按照本条例办理。禁止任何单位直接向农村社队购地、租地或变相购地、租地。农村社队不得以土地入股的形式参与任何企业、事业的经营。

**第三条**　节约土地是我国的国策。一切建设工程，都必须遵循经济合理的原则，提高土地利用率。凡有荒地可以利用的，不得占用耕地；凡有劣地可以利用的，不得占用良田，尤其不得占用菜地、园地、精养鱼塘等经济效益高的土地。

各地区特别是大城市近郊和人口密集地区，都应按照土地利用规划，对各项建设用地严格加以控制。

在城市规划区范围内进行建设，必须符合城市规划的要求，并同改造旧城区结合起来，以减少新占土地。

**第四条**　国家建设征用土地，凡符合本条例规定的，被征地社队的干部和群众应当服从国家需要，不得妨碍和阻挠。

**第五条**　征用的土地，所有权属于国家，用地单位只有使用权。

**第六条**　各项工程使用土地必须符合国家有关土地管理、环境保护、水土保持等法规的要求，防止土地沙化、水土流失、水源枯竭、泥石流、盐碱化、洪涝灾害和环境污染。因此造成损失的，用地单位必须进行整治或支付整治费用，并对受害者给予相应的补偿。整治的要求和整治费、补偿费的标准，由用地单位、受害单位和有关单位在当地县、市土地管理机关主持下协商决定。达不成协议的，由县、市人民政府决定；县、市人民政府决定不了的，报上一级政府决定。不能恢复耕种的土地作为征地处理，按本条例规定的审批权限，由县、市以上人民政府安排使用。

被征用土地内有与工农业生产和群众生活密切相关的水源、渠道、涵闸、管道、道路、电缆等设施的，用地单位和施工单位应当在当地人民政府组织下，会同有关部门妥善处理，不得擅自阻断或破坏；发生阻断或破坏的，应加以修复或建设相应的工程设施。

**第七条** 征用土地的程序：

一、申请选址。用地单位持经批准的建设项目设计计划任务书或上级主管机关的有关证明文件，向拟征地所在地的县、市土地管理机关申请，经县、市人民政府审查同意后，进行选址。在城市规划区范围内选址，还应当取得城市规划管理部门同意。

二、协商征地数量和补偿、安置方案。建设地址选定后，由所在地的县、市土地管理机关组织用地单位、被征地单位以及有关单位，商定预计征用的土地面积和补偿、安置方案，签订初步协议。

三、核定用地面积。建设项目的初步设计经批准后，用地单位持有关批准文件和总平面布置图或建设用地图，向所在地的县、市土地管理机关正式申报建设用地面积，按本条例规定的权限经县、市以上人民政府审批核定后，在土地管理机关主持下，由用地单位与被征地单位签订协议。

四、划拨土地。征地申请经批准后，由所在地的县、市土地管理机关根据计划建设进度一次或分期划拨土地，并督促被征地单位按时移交土地。

**第八条** 征用土地的审批权限：

征用耕地、园地一千亩以上，其他土地一万亩以上，由国务院批准；征用直辖市郊区的土地，由直辖市人民政府批准；征用五十万人口以上城市郊区的土地，由所在市人民政府审查，报省、自治区人民政府批准；征用其他地区耕地、园地三亩以上，林地、草地十亩以上，其他土地二十亩以上，由所在县、市人民政府审查，报省、自治区人民政府批准，在上述限额以下的，由县、市人民政府批准。

省、自治区、直辖市人民政府可以根据本地区实际情况，适当放宽或缩小县、市人民政府审批征地数额的权限。

一个建设项目所需土地，应当根据总体设计一次报批，不得化整为零。分期建设的工程应当分期征地，不得早征迟用。铁路、公路干线所需土地，可以分段报批和办理征地手续。

**第九条** 征用土地应当由用地单位支付补偿费。

各项补偿费的标准：

一、土地补偿费。征用耕地（包括菜地）的补偿标准，为该耕地年产值的三至六倍，年产值按被征用前三年的平均年产量和国家规定的价格计算。各类耕地的具体补偿标准，由省、自治区、直辖市人民政府在此范围内制定。征用园地、鱼塘、藕塘、苇塘、宅基地、林地、牧场、草原等的补偿标准，由省、自治区、直辖市人民政府制定。征用无收益的土地，不予补偿。

二、青苗补偿费和被征用土地上的房屋、水井、树木等附着物补偿费的标准，由省、自治区、直辖市人民政府制定。但是在开始协商征地方案后抢种的作物、树木和抢建的设施，一律不予补偿。

征用城市郊区的菜地，还应当按照有关规定向国家缴纳新菜地开发建设基金，具体办法另订。

**第十条** 为了妥善安排被征地单位的生产和群众生活，用地单位除付给补偿费外，还应当付给安置补助费。

安置补助费的标准：

一、征用耕地（包括菜地）的，每一个农业人口的安置补助费标准，为该耕地每亩年产值的二至三倍，需要安置的农业人口数按被征地单位征地前农业人口（按农业户口计算，不包括开始协商征地方案后迁入的户口）和耕地面积的比例及征地数量计算。年产值按被征用前三年的平均年产量和国家规定的价格计算。但是，每亩耕地的安置补助费，最高不得超过其年产值的十倍。

二、征用园地、鱼塘、藕塘、林地、牧场、草原等土地的，安置补助费标准由省、自治区、直辖市人民政府参照一般耕地的安置补助费标准制定。

三、征用宅基地的，不付给安置补助费。

个别特殊情况，按照上述补偿和安置补助标准，尚不能保证维持群众原有生产和生活水平的，经省、自治区、直辖市人民政府审查批准，可以适当增加安置补助费，但土地补偿费和安置补助费的总和不得超过被征土地年产值的二十倍。

**第十一条** 用地单位支付的各项补偿费和安置补助费，除被征用土地上的附着物中产权确属个人的其补偿费应当付给本人，集体种植的土地上的青苗补偿费可以纳入当年集体收益分配外，都应当由被征地单位用于发展生产和安排因土地被征用而出现的多余劳动力的就业和不能就业人员的生活补助，不得移作他用。有关领导机关和其他单位不得以任何借口占用。

**第十二条** 因征地造成的农业剩余劳动力由县、市土地管理机关组织被征地单位、用地单位和有关单位分别负责安置。安置的主要途径有：

一、发展农业生产。改良土壤，兴修水利，改善耕作条件；在可能和合理的条件下，经县、市土地管理机关批准，适当开荒，扩大耕地面积；也可以由用地单位结合工程施工帮助造地，但要按造地数量相应扣除安置补助费。

二、发展社队工副业生产。在符合国家有关规定的条件下，因地制宜，兴办对国计民生有利的工副业和服务性事业。

三、迁队或并队。土地已被征完或基本征完的生产队，在有条件的地方，可以组织迁队；也可以按照自愿互利的原则，与附近生产队合并。

按照上述途径确实安置不完的剩余劳动力，经省、自治区、直辖市人民政府批准，在劳动计划范围内，符合条件的可以安排到集体所有制单位就业，并将相应的安置补助费转拨给吸收劳动力的单位；用地单位如有招工指标，经省、自治区、直辖市人民政府同意，也可以选招其中符合条件的当工人，并相应核减被征地单位的安置补助费。

生产队的土地已被征完，又不具备迁队、并队条件的，本队原有的农业户口，经省、自治区、直辖市人民政府审查批准，可转为非农业户口或城镇户口。原有的集体所有的财产和所得的补偿费、安置补助费，由县、市以上人民政府与有关社队商定处理，用于组织生产和不能就业人员的生活补助，不准私分。

**第十三条** 经批准安排被征地单位人员就业的，农业户口转为非农业户口或城镇户口的，相应的粮食供应指标以及不能就业人员的生活安置工作，分别由当地劳动、公安、粮食、民政部门负责办理。

**第十四条** 征用土地拆迁集体的和社员的房屋时，由生产队或房屋所有者按照社队的统一安排进行重建。

**第十五条** 被征地单位用补偿费和安置补助费兴建生产生活设施所需建设物资，社队能够解决的，由社队自行解决；社队不能解决的，由当地政府协助解决；地方无法解决的少数统配部管物资，经县、市土地管理机关审查核实后，由用地单位随同建设项目向国家有关部门申请分配。物资价款由被征地单位支付。

**第十六条** 大中型水利、水电工程建设的移民安置办法，由国家水利电力部门会同国家土地管理机关参照本条例另行制定。

**第十七条** 被征地单位不得在本条例规定的补偿、补助范围以外，提出额外要求或附加条件。

**第十八条** 在工程项目施工过程中，需要建设材料堆场、运输通路和其它临时设施的，应当尽量在征地范围内安排。确实需要另行增加临时用地的，由建设单位向原批准工程项目用地的主管机关提出临时用地数量和期限的申请，经批准后，同生产队签订临时用地协议，并按生产队土地前三年平均年产值逐年给予补偿。在临时用地上不得修建永久性建筑。使用期满，用地单位应当负责恢复土地的耕种条件，及时归还生产队，或按恢复工作量向生产队支付费用。

架设地上线路、铺设地下管线、建设其他地下工程以及地质勘探等部门进行野外工作需要临时使用土地的，按照上述原则办理。使用期限在一年以内的，由所在县、市人民政府批准。

建设单位为选择建设地址而需要对土地进行勘测时，应当征得当地县、市人民政府同意；造成损失的，应当按照实际情况给予补偿。

**第十九条** 遇到抢险或紧急的军事需要等特殊情况急需用地时，属于临时用地的可以先使用，并立即报告所在地县、市人民政府；属于永久用地的，经县、市以上人民政府同意，可以先使用，并按照规定的审批权限，补办征地手续。

**第二十条** 已征用的土地上有青苗的，在不影响工程正常进行的情况下，应当等待农民收获，不得铲毁；凡在当地一个耕种收获期内尚不需使用的土地，建设单位应当与生产队签订协议，允许农民耕种。

**第二十一条** 已征用二年还不使用的土地，除经原批准征地的机关同意延期使用的土地外，当地县、市人民政府有权收回，并报原批准机关备案。原用地单位不得擅自处理，其他单位和个人不得侵占。收回的土地，可作如下处理：

（一）按本条例规定的审批权限，有偿拨给其他符合征地条件的单位使用。其费用按原用地单位实际支付的各项补偿费、安置补助费计算，交原用地单位按国家有关规定处理。

（二）借给生产队耕种。生产队在耕种期间，不准在土地上兴建任何建筑物和种植多年生作物。国家建设需要使用时，生产队必须立即交还，不得再提出补偿、安置的要求；有青苗的，用地单位应当酌情付给青苗补偿费。

铁路沿线以及因安全防护等特殊需要，符合国家规定的留用土地，不得视为征而未用的土地。

**第二十二条** 被征用土地上的坟墓，由用地单位报请当地人民政府公告坟主迁移，并支付迁坟费。无主坟墓，由用地单位代迁或深埋。

在征用的土地内发现文物古迹或无主财物，用地单位和施工单位应当负责保护，并报县、市以上人民政府处理。

**第二十三条** 跨县的工程，征地工作由省、自治区、直辖市人民政府土地管理机关统一组织。

**第二十四条** 各级人民政府的土地管理机关和用地单位的上级主管部门，应当时已征用土地的使用情况和安置方案的落实情况及时进行监督检查。

**第二十五条** 对违反本条例的，分别情况给予经济制裁、行政处分，直至追究刑事责任。

一、采取非法手段骗取批准征用土地的，超越审批权限批准征用土地的，征地协议无效；情节严重的，对主管人员和直接责任人员给予行政处分，可以并处罚款。

二、侵占集体土地的，占用临时用地期满不归还的，责令退还土地，并赔偿所造成的经济损失；情节严重的，对主管人员和直接责任人员给予行政处分，可以并处罚款。

三、买卖、租赁或变相买卖、租赁土地的，违法转让土地的，没收其非法所得，在非法占用的土地上建造的建筑物予以没收或拆除；情节严重的，对主管人员和直接责任人员处以罚款，并可以给予行政处分。

四、对批准征用的土地，一方当事人坚持无理要求，拒不签订征地协议的，由土地管理机关裁决。当事人任何一方不执行征地协议，致使对方遭受经济损失的，责令赔偿；情节严重的，对主管人员和直接责任人员处以罚款。

五、挪用或占用补偿费和安置补助费的，责令退赔；情节严重的，对主管人员和直接责任人员给予行政处分，可以并处罚款。侵占招工、转户指标的，招工、转户无效；情节严重的，对主管人员和直接责任人员给予行政处分，可以并处罚款。

上列各项，行政处分由土地管理机关提出意见，报请县级以上人民政府批准，责令所在单位或其上级主管机关决定和执行。经济制裁由土地管理机关决定并限期执行；当事人不服的，可以在期满前向人民法院起诉；期满不起诉又不履行的，由土地管理机关提请人民法院依照民事诉讼程序强制执行。

在征地过程中，煽动群众闹事，阻挠国家建设，贪污、盗窃国家和集体财物，行贿、受贿，敲诈勒索，以及其它违法犯罪行为，构成犯罪的，由司法机关依法追究刑事责任；情节轻微、不构成犯罪的，分别给以治安管理处罚或经济制裁、行政处分。

**第二十六条** 对个人罚款数额，最低为人民币三十元，最高不超过本人六个月的收入。

全民所有制企业、事业单位和行政机关支付的经济赔偿，应从该单位的企业基金、利润留成、经费包干结余等资金中支付，不得列入生产成本或摊入基本建设投资。

**第二十七条** 在本条例公布以前，征用土地已按国家有关规定达成协议的，仍按照原协议执行。

**第二十八条** 全民所有制单位同农村社队联合投资建设的项目，需要使用农村社队集体所有土地的，视同国家建设征用土地，按照本条例的规定办理。

**第二十九条** 城镇集体所有制单位进行建设或同农村社队联合投资建设的项目，需要使用农村社队集体所有土地的，比照本条例的规定办理。

**第三十条** 农村人民公社和生产大队进行建设，需要使用生产队土地的，也应当给予补偿并对农民进行妥善安置，具体办法和补偿、安置标准由省、自治区、直辖市人民政府参照本条例制定。

**第三十一条** 国家建设使用国有荒山、荒地、滩涂以及其它单位使用的国有土地，按照本条例规定的程序和审批权限无偿划拨；收回社队长期耕种的国有土地，根据具体情况给予社队适当补助。使用河滩地，还必须经水利、水产和交通部门批准。

**第三十二条** 各省、自治区、直辖市人民政府可以根据本条例，结合当地具体情况，制定实施办法。

**第三十三条** 本条例自公布之日起施行。1958 年 1 月 6 日国务院公布的《国家建设征用土地办法》即行废止。

# 中华人民共和国土地管理法实施条例（节选）（已被修改）

（1998 年 12 月 24 日国务院第 12 次常务会议通过
1999 年 1 月 1 日起施行）

**第二十五条** 征收土地方案经依法批准后，由被征收土地所在地的市、县人民政府组织实施，并将批准征地机关、批准文号、征收土地的用途、范围、面积以及征地补偿标准、农业人员安置办法和办理征地补偿的期限等，在被征收土地所在地的乡（镇）、村予以公告。

被征收土地的所有权人、使用权人应当在公告规定的期限内，持土地权属证书到公告指定的人民政府土地行政主管部门办理征地补偿登记。

市、县人民政府土地行政主管部门根据经批准的征收土地方案，会同有关部门拟订征地补偿、安置方案，在被征收土地所在地的乡（镇）、村予以公告，听取被征收土地的农村集体经济组织和农民的意见。征地补偿、安置方案报市、县人民政府批准后，由市、县人民政府土地行政主管部门组织实施。对补偿标准有争议的，由县级以上地方人民政府协调；协调不成的，由批准征收土地的人民政府裁决。征地补偿、安置争议不影响征收土地方案的实施。

征收土地的各项费用应当自征地补偿、安置方案批准之日起 3 个月内全额支付。

**第二十六条** 土地补偿费归农村集体经济组织所有；地上附着物及青苗补偿费归地上附着物及青苗的所有者所有。

征收土地的安置补助费必须专款专用，不得挪作他用。需要安置的人员由农村集体经济组织安置的，安置补助费支付给农村集体经济组织，由农村集体经济组织管理和使用；由其他单位安置的，安置补助费支付给安置单位；不需要统一安置的，安置补助费发放给被安置人员个人或者征得被安置人员同意后用于支付被安置人员的保险费用。

市、县和乡（镇）人民政府应当加强对安置补助费使用情况的监督。

# 大中型水利水电工程建设征地补偿和移民安置条例（已被修改）

（2006年3月29日国务院第130次常务会议通过
自2006年9月1日起施行）

## 第一章 总 则

**第一条** 为了做好大中型水利水电工程建设征地补偿和移民安置工作，维护移民合法权益，保障工程建设的顺利进行，根据《中华人民共和国土地管理法》和《中华人民共和国水法》，制定本条例。

**第二条** 大中型水利水电工程的征地补偿和移民安置，适用本条例。

**第三条** 国家实行开发性移民方针，采取前期补偿、补助与后期扶持相结合的办法，使移民生活达到或者超过原有水平。

**第四条** 大中型水利水电工程建设征地补偿和移民安置应当遵循下列原则：

（一）以人为本，保障移民的合法权益，满足移民生存与发展的需求；

（二）顾全大局，服从国家整体安排，兼顾国家、集体、个人利益；

（三）节约利用土地，合理规划工程占地，控制移民规模；

（四）可持续发展，与资源综合开发利用、生态环境保护相协调；

（五）因地制宜，统筹规划。

**第五条** 移民安置工作实行政府领导、分级负责、县为基础、项目法人参与的管理体制。

国务院水利水电工程移民行政管理机构（以下简称国务院移民管理机构）负责全国大中型水利水电工程移民安置工作的管理和监督。

县级以上地方人民政府负责本行政区域内大中型水利水电工程移民安置工作的组织和领导；省、自治区、直辖市人民政府规定的移民管理机构，负责本行政区域内大中型水利水电工程移民安置工作的管理和监督。

## 第二章　移民安置规划

**第六条**　已经成立项目法人的大中型水利水电工程，由项目法人编制移民安置规划大纲，按照审批权限报省、自治区、直辖市人民政府或者国务院移民管理机构审批；省、自治区、直辖市人民政府或者国务院移民管理机构在审批前应当征求移民区和移民安置区县级以上地方人民政府的意见。

没有成立项目法人的大中型水利水电工程，项目主管部门应当会同移民区和移民安置区县级以上地方人民政府编制移民安置规划大纲，按照审批权限报省、自治区、直辖市人民政府或者国务院移民管理机构审批。

**第七条**　移民安置规划大纲应当根据工程占地和淹没区实物调查结果以及移民区、移民安置区经济社会情况和资源环境承载能力编制。

工程占地和淹没区实物调查，由项目主管部门或者项目法人会同工程占地和淹没区所在地的地方人民政府实施；实物调查应当全面准确，调查结果经调查者和被调查者签字认可并公示后，由有关地方人民政府签署意见。实物调查工作开始前，工程占地和淹没区所在地的省级人民政府应当发布通告，禁止在工程占地和淹没区新增建设项目和迁入人口，并对实物调查工作作出安排。

**第八条**　移民安置规划大纲应当主要包括移民安置的任务、去向、标准和农村移民生产安置方式以及移民生活水平评价和搬迁后生活水平预测、水库移民后期扶持政策、淹没线以上受影响范围的划定原则、移民安置规划编制原则等内容。

**第九条**　编制移民安置规划大纲应当广泛听取移民和移民安置区居民的意见；必要时，应当采取听证的方式。

经批准的移民安置规划大纲是编制移民安置规划的基本依据，应当严格执行，不得随意调整或者修改；确需调整或者修改的，应当报原批准机关批准。

**第十条**　已经成立项目法人的，由项目法人根据经批准的移民安置规划大纲编制移民安置规划；没有成立项目法人的，项目主管部门应当会同移民区和移民安置区县级以上地方人民政府，根据经批准的移民安置规划大纲编制移民安置规划。

大中型水利水电工程的移民安置规划，按照审批权限经省、自治区、直辖市人民政府移民管理机构或者国务院移民管理机构审核后，由项目法人或者项目主管部门报项目审批或者核准部门，与可行性研究报告或者项目申请报告一并审批或者核准。

省、自治区、直辖市人民政府移民管理机构或者国务院移民管理机构审核移民安置规划，应当征求本级人民政府有关部门以及移民区和移民安置区县级以上地方人民政府的意见。

**第十一条** 编制移民安置规划应当以资源环境承载能力为基础，遵循本地安置与异地安置、集中安置与分散安置、政府安置与移民自找门路安置相结合的原则。

编制移民安置规划应当尊重少数民族的生产、生活方式和风俗习惯。

移民安置规划应当与国民经济和社会发展规划以及土地利用总体规划、城市总体规划、村庄和集镇规划相衔接。

**第十二条** 移民安置规划应当对农村移民安置、城（集）镇迁建、工矿企业迁建、专项设施迁建或者复建、防护工程建设、水库水域开发利用、水库移民后期扶持措施、征地补偿和移民安置资金概（估）算等作出安排。

对淹没线以上受影响范围内因水库蓄水造成的居民生产、生活困难问题，应当纳入移民安置规划，按照经济合理的原则，妥善处理。

**第十三条** 对农村移民安置进行规划，应当坚持以农业生产安置为主，遵循因地制宜、有利生产、方便生活、保护生态的原则，合理规划农村移民安置点；有条件的地方，可以结合小城镇建设进行。

农村移民安置后，应当使移民拥有与移民安置区居民基本相当的土地等农业生产资料。

**第十四条** 对城（集）镇移民安置进行规划，应当以城（集）镇现状为基础，节约用地，合理布局。

工矿企业的迁建，应当符合国家的产业政策，结合技术改造和结构调整进行；对技术落后、浪费资源、产品质量低劣、污染严重、不具备安全生产条件的企业，应当依法关闭。

**第十五条** 编制移民安置规划应当广泛听取移民和移民安置区居民的意见；必要时，应当采取听证的方式。

经批准的移民安置规划是组织实施移民安置工作的基本依据，应当严格执行，不得随意调整或者修改；确需调整或者修改的，应当依照本条例第十条的规定重新报批。

未编制移民安置规划或者移民安置规划未经审核的大中型水利水电工程建设项目，有关部门不得批准或者核准其建设，不得为其办理用地等有关手续。

**第十六条** 征地补偿和移民安置资金、依法应当缴纳的耕地占用税和耕地开垦费以及依照国务院有关规定缴纳的森林植被恢复费等应当列入大中型水利水电工程概算。

征地补偿和移民安置资金包括土地补偿费、安置补助费，农村居民点迁建、城（集）镇迁建、工矿企业迁建以及专项设施迁建或者复建补偿费（含有关地上附着物补偿费），移民个人财产补偿费（含地上附着物和青苗补偿费）和搬迁费，库底清理费，淹没区文物保护费和国家规定的其他费用。

**第十七条** 农村移民集中安置的农村居民点、城（集）镇、工矿企业以及专项设施等基础设施的迁建或者复建选址，应当依法做好环境影响评价、水文地质与工程地质勘察、地质灾害防治和地质灾害危险性评估。

**第十八条** 对淹没区内的居民点、耕地等，具备防护条件的，应当在经济合理的前提下，采取修建防护工程等防护措施，减少淹没损失。

防护工程的建设费用由项目法人承担，运行管理费用由大中型水利水电工程管理单位负责。

**第十九条** 对工程占地和淹没区内的文物，应当查清分布，确认保护价值，坚持保护为主、抢救第一的方针，实行重点保护、重点发掘。

## 第三章　征地补偿

**第二十条**　依法批准的流域规划中确定的大中型水利水电工程建设项目的用地，应当纳入项目所在地的土地利用总体规划。

大中型水利水电工程建设项目核准或者可行性研究报告批准后，项目用地应当列入土地利用年度计划。

属于国家重点扶持的水利、能源基础设施的大中型水利水电工程建设项目，其用地可以以划拨方式取得。

**第二十一条**　大中型水利水电工程建设项目用地，应当依法申请并办理审批手续，实行一次报批、分期征收，按期支付征地补偿费。

对于应急的防洪、治涝等工程，经有批准权的人民政府决定，可以先行使用土地，事后补办用地手续。

**第二十二条**　大中型水利水电工程建设征收耕地的，土地补偿费和安置补助费之和为该耕地被征收前三年平均年产值的16倍。土地补偿费和安置补助费不能使需要安置的移民保持原有生活水平、需要提高标准的，由项目法人或者项目主管部门报项目审批或者核准部门批准。

征收其他土地的土地补偿费和安置补助费标准，按照工程所在省、自治区、直辖市规定的标准执行。

被征收土地上的零星树木、青苗等补偿标准，按照工程所在省、自治区、直辖市规定的标准执行。

被征收土地上的附着建筑物按照其原规模、原标准或者恢复原功能的原则补偿；对补偿费用不足以修建基本用房的贫困移民，应当给予适当补助。

使用其他单位或者个人依法使用的国有耕地，参照征收耕地的补偿标准给予补偿；使用未确定给单位或者个人使用的国有未利用地，不予补偿。

移民远迁后，在水库周边淹没线以上属于移民个人所有的零星树木、房屋等应当分别依照本条第三款、第四款规定的标准给予补偿。

**第二十三条**　大中型水利水电工程建设临时用地，由县级以上人民政府土地主管部门批准。

**第二十四条** 工矿企业和交通、电力、电信、广播电视等专项设施以及中小学的迁建或者复建，应当按照其原规模、原标准或者恢复原功能的原则补偿。

**第二十五条** 大中型水利水电工程建设占用耕地的，应当执行占补平衡的规定。为安置移民开垦的耕地、因大中型水利水电工程建设而进行土地整理新增的耕地、工程施工新造的耕地可以抵扣或者折抵建设占用耕地的数量。

大中型水利水电工程建设占用25度以上坡耕地的，不计入需要补充耕地的范围。

## 第四章　移民安置

**第二十六条** 移民区和移民安置区县级以上地方人民政府负责移民安置规划的组织实施。

**第二十七条** 大中型水利水电工程开工前，项目法人应当根据经批准的移民安置规划，与移民区和移民安置区所在的省、自治区、直辖市人民政府或者市、县人民政府签订移民安置协议；签订协议的省、自治区、直辖市人民政府或者市人民政府，可以与下一级有移民或者移民安置任务的人民政府签订移民安置协议。

**第二十八条** 项目法人应当根据大中型水利水电工程建设的要求和移民安置规划，在每年汛期结束后60日内，向与其签订移民安置协议的地方人民政府提出下年度移民安置计划建议；签订移民安置协议的地方人民政府，应当根据移民安置规划和项目法人的年度移民安置计划建议，在与项目法人充分协商的基础上，组织编制并下达本行政区域的下年度移民安置年度计划。

**第二十九条** 项目法人应当根据移民安置年度计划，按照移民安置实施进度将征地补偿和移民安置资金支付给与其签订移民安置协议的地方人民政府。

**第三十条** 农村移民在本县通过新开发土地或者调剂土地集中安置

的，县级人民政府应当将土地补偿费、安置补助费和集体财产补偿费直接全额兑付给该村集体经济组织或者村民委员会。

农村移民分散安置到本县内其他村集体经济组织或者村民委员会的，应当由移民安置村集体经济组织或者村民委员会与县级人民政府签订协议，按照协议安排移民的生产和生活。

**第三十一条** 农村移民在本省行政区域内其他县安置的，与项目法人签订移民安置协议的地方人民政府，应当及时将相应的征地补偿和移民安置资金交给移民安置区县级人民政府，用于安排移民的生产和生活。

农村移民跨省安置的，项目法人应当及时将相应的征地补偿和移民安置资金交给移民安置区省、自治区、直辖市人民政府，用于安排移民的生产和生活。

**第三十二条** 搬迁费以及移民个人房屋和附属建筑物、个人所有的零星树木、青苗、农副业设施等个人财产补偿费，由移民区县级人民政府直接全额兑付给移民。

**第三十三条** 移民自愿投亲靠友的，应当由本人向移民区县级人民政府提出申请，并提交接收地县级人民政府出具的接收证明；移民区县级人民政府确认其具有土地等农业生产资料后，应当与接收地县级人民政府和移民共同签订协议，将土地补偿费、安置补助费交给接收地县级人民政府，统筹安排移民的生产和生活，将个人财产补偿费和搬迁费发给移民个人。

**第三十四条** 城（集）镇迁建、工矿企业迁建、专项设施迁建或者复建补偿费，由移民区县级以上地方人民政府交给当地人民政府或者有关单位。因扩大规模、提高标准增加的费用，由有关地方人民政府或者有关单位自行解决。

**第三十五条** 农村移民集中安置的农村居民点应当按照经批准的移民安置规划确定的规模和标准迁建。

农村移民集中安置的农村居民点的道路、供水、供电等基础设施，由乡（镇）、村统一组织建设。

农村移民住房，应当由移民自主建造。有关地方人民政府或者村民委员会应当统一规划宅基地，但不得强行规定建房标准。

**第三十六条** 农村移民安置用地应当依照《中华人民共和国土地管理法》和《中华人民共和国农村土地承包法》办理有关手续。

**第三十七条** 移民安置达到阶段性目标和移民安置工作完毕后，省、自治区、直辖市人民政府或者国务院移民管理机构应当组织有关单位进行验收；移民安置未经验收或者验收不合格的，不得对大中型水利水电工程进行阶段性验收和竣工验收。

## 第五章 后期扶持

**第三十八条** 移民安置区县级以上地方人民政府应当编制水库移民后期扶持规划，报上一级人民政府或者其移民管理机构批准后实施。

编制水库移民后期扶持规划应当广泛听取移民的意见；必要时，应当采取听证的方式。

经批准的水库移民后期扶持规划是水库移民后期扶持工作的基本依据，应当严格执行，不得随意调整或者修改；确需调整或者修改的，应当报原批准机关批准。

未编制水库移民后期扶持规划或者水库移民后期扶持规划未经批准，有关单位不得拨付水库移民后期扶持资金。

**第三十九条** 水库移民后期扶持规划应当包括后期扶持的范围、期限、具体措施和预期达到的目标等内容。水库移民安置区县级以上地方人民政府应当采取建立责任制等有效措施，做好后期扶持规划的落实工作。

**第四十条** 水库移民后期扶持资金应当按照水库移民后期扶持规划，主要作为生产生活补助发放给移民个人；必要时可以实行项目扶持，用于解决移民村生产生活中存在的突出问题，或者采取生产生活补助和项目扶持相结合的方式。具体扶持标准、期限和资金的筹集、使用管理依照国务院有关规定执行。

省、自治区、直辖市人民政府根据国家规定的原则，结合本行政区域实际情况，制定水库移民后期扶持具体实施办法，报国务院批准后执行。

**第四十一条** 各级人民政府应当加强移民安置区的交通、能源、水利、环保、通信、文化、教育、卫生、广播电视等基础设施建设，扶持移民安置区发展。

移民安置区地方人民政府应当将水库移民后期扶持纳入本级人民政府国民经济和社会发展规划。

**第四十二条** 国家在移民安置区和大中型水利水电工程受益地区兴办的生产建设项目，应当优先吸收符合条件的移民就业。

**第四十三条** 大中型水利水电工程建成后形成的水面和水库消落区土地属于国家所有，由该工程管理单位负责管理，并可以在服从水库统一调度和保证工程安全、符合水土保持和水质保护要求的前提下，通过当地县级人民政府优先安排给当地农村移民使用。

**第四十四条** 国家在安排基本农田和水利建设资金时，应当对移民安置区所在县优先予以扶持。

**第四十五条** 各级人民政府及其有关部门应当加强对移民的科学文化知识和实用技术的培训，加强法制宣传教育，提高移民素质，增强移民就业能力。

**第四十六条** 大中型水利水电工程受益地区的各级地方人民政府及其有关部门应当按照优势互补、互惠互利、长期合作、共同发展的原则，采取多种形式对移民安置区给予支持。

## 第六章　监督管理

**第四十七条** 国家对移民安置和水库移民后期扶持实行全过程监督。省、自治区、直辖市人民政府和国务院移民管理机构应当加强对移民安置和水库移民后期扶持的监督，发现问题应当及时采取措施。

**第四十八条** 国家对征地补偿和移民安置资金、水库移民后期扶持资金的拨付、使用和管理实行稽察制度，对拨付、使用和管理征地补偿和移民安置资金、水库移民后期扶持资金的有关地方人民政府及其有关部门的负责人依法实行任期经济责任审计。

**第四十九条** 县级以上人民政府应当加强对下级人民政府及其财政、发展改革、移民等有关部门或者机构拨付、使用和管理征地补偿和移民安置资金、水库移民后期扶持资金的监督。

县级以上地方人民政府或者其移民管理机构应当加强对征地补偿和移民安置资金、水库移民后期扶持资金的管理，定期向上一级人民政府或者其移民管理机构报告并向项目法人通报有关资金拨付、使用和管理情况。

**第五十条** 各级审计、监察机关应当依法加强对征地补偿和移民安置资金、水库移民后期扶持资金拨付、使用和管理情况的审计和监察。

县级以上人民政府财政部门应当加强对征地补偿和移民安置资金、水库移民后期扶持资金拨付、使用和管理情况的监督。

审计、监察机关和财政部门进行审计、监察和监督时，有关单位和个人应当予以配合，及时提供有关资料。

**第五十一条** 国家对移民安置实行全过程监督评估。签订移民安置协议的地方人民政府和项目法人应当采取招标的方式，共同委托有移民安置监督评估专业技术能力的单位对移民搬迁进度、移民安置质量、移民资金的拨付和使用情况以及移民生活水平的恢复情况进行监督评估；被委托方应当将监督评估的情况及时向委托方报告。

从事移民安置规划编制和移民安置监督评估的专业技术人员，应当通过国家考试，取得相应的资格。

**第五十二条** 征地补偿和移民安置资金应当专户存储、专账核算，存储期间的孳息，应当纳入征地补偿和移民安置资金，不得挪作他用。

**第五十三条** 移民区和移民安置区县级人民政府，应当以村为单位将大中型水利水电工程征收的土地数量、土地种类和实物调查结果、补偿范围、补偿标准和金额以及安置方案等向群众公布。群众提出异议的，县级人民政府应当及时核查，并对统计调查结果不准确的事项进行改正；经核查无误的，应当及时向群众解释。

有移民安置任务的乡（镇）、村应当建立健全征地补偿和移民安置资金的财务管理制度，并将征地补偿和移民安置资金收支情况张榜公布，接受群众监督；土地补偿费和集体财产补偿费的使用方案应当经村民会议或者村民代表会议讨论通过。

移民安置区乡（镇）人民政府、村（居）民委员会应当采取有效措施帮助移民适应当地的生产、生活，及时调处矛盾纠纷。

**第五十四条** 县级以上地方人民政府或者其移民管理机构以及项目法人应当建立移民工作档案，并按照国家有关规定进行管理。

**第五十五条** 国家切实维护移民的合法权益。

在征地补偿和移民安置过程中，移民认为其合法权益受到侵害的，可以依法向县级以上人民政府或者其移民管理机构反映，县级以上人民政府或者其移民管理机构应当对移民反映的问题进行核实并妥善解决。移民也可以依法向人民法院提起诉讼。

移民安置后，移民与移民安置区当地居民享有同等的权利，承担同等的义务。

**第五十六条** 按照移民安置规划必须搬迁的移民，无正当理由不得拖延搬迁或者拒迁。已经安置的移民不得返迁。

## 第七章　法律责任

**第五十七条** 违反本条例规定，有关地方人民政府、移民管理机构、项目审批部门及其他有关部门有下列行为之一的，对直接负责的主管人员和其他直接责任人员依法给予行政处分；造成严重后果，有关责任人员构成犯罪的，依法追究刑事责任：

（一）违反规定批准移民安置规划大纲、移民安置规划或者水库移民后期扶持规划的；

（二）违反规定批准或者核准未编制移民安置规划或者移民安置规划未经审核的大中型水利水电工程建设项目的；

（三）移民安置未经验收或者验收不合格而对大中型水利水电工程进行阶段性验收或者竣工验收的；

（四）未编制水库移民后期扶持规划，有关单位拨付水库移民后期扶持资金的；

（五）移民安置管理、监督和组织实施过程中发现违法行为不予查处的；

（六）在移民安置过程中发现问题不及时处理，造成严重后果以及有其他滥用职权、玩忽职守等违法行为的。

**第五十八条** 违反本条例规定，项目主管部门或者有关地方人民政府及其有关部门调整或者修改移民安置规划大纲、移民安置规划或者水库移民后期扶持规划的，由批准该规划大纲、规划的有关人民政府或者其有关部门、机构责令改正，对直接负责的主管人员和其他直接责任人员依法给予行政处分；造成重大损失，有关责任人员构成犯罪的，依法追究刑事责任。

违反本条例规定，项目法人调整或者修改移民安置规划大纲、移民安置规划的，由批准该规划大纲、规划的有关人民政府或者其有关部门、机构责令改正，处 10 万元以上 50 万元以下的罚款；对直接负责的主管人员和其他直接责任人员处 1 万元以上 5 万元以下的罚款；造成重大损失，有关责任人员构成犯罪的，依法追究刑事责任。

**第五十九条** 违反本条例规定，在编制移民安置规划大纲、移民安置规划、水库移民后期扶持规划，或者进行实物调查、移民安置监督评估中弄虚作假的，由批准该规划大纲、规划的有关人民政府或者其有关部门、机构责令改正，对有关单位处 10 万元以上 50 万元以下的罚款；对直接负责的主管人员和其他直接责任人员处 1 万元以上 5 万元以下的罚款；给他人造成损失的，依法承担赔偿责任。

**第六十条** 违反本条例规定，侵占、截留、挪用征地补偿和移民安置资金、水库移民后期扶持资金的，责令退赔，并处侵占、截留、挪用资金额 3 倍以下的罚款，对直接负责的主管人员和其他责任人员依法给予行政处分；构成犯罪的，依法追究有关责任人员的刑事责任。

**第六十一条** 违反本条例规定，拖延搬迁或者拒迁的，当地人民政府或者其移民管理机构可以申请人民法院强制执行；违反治安管理法律、法规的，依法给予治安管理处罚；构成犯罪的，依法追究有关责任人员的刑事责任。

## 第八章　附　　则

**第六十二条** 长江三峡工程的移民工作，依照《长江三峡工程建设移民条例》执行。

南水北调工程的征地补偿和移民安置工作，依照本条例执行。但是，南水北调工程中线、东线一期工程的移民安置规划的编制审批，依照国务院的规定执行。

**第六十三条**　本条例自2006年9月1日起施行。1991年2月15日国务院发布的《大中型水利水电工程建设征地补偿和移民安置条例》同时废止。

# 城镇个人建造住宅管理办法

（1983 年 5 月 25 日由国务院批准
1983 年 6 月 4 日城乡建设环境保护部发布
2008 年 1 月 15 日国务院令第 516 号废止）

**第一条** 为了鼓励城镇个人建造住宅，防止个人建造住宅中的违法乱纪行为，特制定本办法。

**第二条** 本办法适用于市、镇和未设镇建制的县城、工矿区。

本办法所说的城镇个人建造住宅，包括以下几种形式：

（一）自筹自建：城镇居民或职工自己投资、投料、投工，新建或扩建住宅；

（二）民建公助：以城镇居民或职工自己投资、投料、投工为主，人民政府或职工所在单位在征地、资金、材料、运输、施工等方面给予适当帮助，新建或扩建住宅；

（三）互助自建：城镇居民或职工互相帮助，共同投资、投料、投工，新建或扩建住宅；

（四）所在地人民政府同意的其他形式。

**第三条** 凡在城镇有正式户口、住房确有困难的居民或职工，都可以申请建造住宅；但夫妇一方户口在农村的，一般不得申请在城镇建造住宅。

城镇个人建造住宅，须由建造人所在单位或所在地居民委员会开具证明，向所在地房地产管理机关提出申请，经审核同意后，才准建造住宅。

**第四条** 城镇个人建造住宅，必须十分珍惜和合理利用土地。要与改造旧城相结合，充分利用原有的宅基地和空闲地，提倡建造两层以上的住宅。禁止占用良田、菜田、道路和城市绿地建造住宅。有条件的城镇，应当由人民政府统一解决用地，统一规划。

城镇个人建造住宅需要征用土地的，必须按照国家有关规定，办理征地手续，禁止任何单位和个人未经批准擅自占地建造住宅。

**第五条** 城镇个人建造住宅的建筑面积，由各省、自治区、直辖市人民政府根据实际情况确定，但按城镇正式户口平均，每人建筑面积一般不得超过二十平方米（包括在本城的异地住宅）。禁止用围墙筑院的方式扩大宅基地。

**第六条** 城镇个人建造住宅，必须符合城市规划的要求，不得妨碍交通、消防、市容、环境卫生和毗邻建筑的采光、通风。

城镇个人建造住宅，必须经城市规划管理机关审查批准，发给建设许可证后，方可施工。

**第七条** 城镇个人建造住宅的资金、材料、施工力量的来源必须正当，不得利用职权侵占国家、集体资财和平调劳动力、运输力。

城镇个人建造住宅所需要的主要建筑材料，应当列入地方物资供应计划。有条件的单位，应当在资金、材料、运输等方面给职工以支持和帮助，但补贴金额一般不得超过住宅造价的百分之二十。补贴应当从本单位自有资金中解决，不得列入生产成本或挤占行政、事业费。

**第八条** 城镇个人建造的住宅，属于本办法第二条第二款第（一）、（二）、（三）项的，所有权归个人；属于本办法第二条第二款第（四）项的，所有权根据具体情况确定。

住宅竣工一个月内，建造人须持建筑许可证和建筑图纸，向房地产管理机关申请验查，经审查批准后，领取房屋所有权证。

**第九条** 违反本办法规定的，应视其情节轻重，给予行政处分、罚款。对违法建筑的住宅，予以拆除或没收。造成经济损失的，责令赔偿。触犯刑律的，依法追究刑事责任。

**第十条** 各省、自治区、直辖市人民政府可根据本办法制定实施细则。

**第十一条** 本办法自发布之日起施行。

# 关于征用土地费实行包干使用暂行办法

（1984年12月25日农牧渔业部、国家计划委员会、
城乡建设环境保护部印发）

**第一条** 为了认真贯彻执行《国家建设征用土地条例》（以下简称《条例》），管好用好土地，改善国家建设征用土地的工作，并根据国务院《关于改革建筑业和基本建设管理体制若干问题的暂行规定》的精神，对依法批准征用的土地，实行由县、市人民政府统一负责组织征用，包干使用征地费，特制定本暂行办法。

**第二条** 本暂行办法所称的征地费，系指《条例》规定，由用地单位（包括城市建设综合开发公司，下同）支付的各项因征地产生的费用和土地管理费的总称。

**第三条** 各省、自治区、直辖市人民政府要按照《条例》和国家有关规定，区别城市和农村，近郊和远郊，土地年产值的高低，人均耕地的多少和劳动力安置等情况，分别制订出征地费用的具体数额和包干使用办法，并报国务院备案。

**第四条** 由县、市人民政府的土地管理机关与用地单位签订征地协议，明确双方的权利、义务，同时，按规定向用地单位统一收取征地费，包干使用。

用地单位不得与被征地单位擅自商议征地。

对中央和地方的建设项目，必须一视同仁，按当地同一个标准收取征地费。

**第五条** 县、市人民政府统一收取的征地费，必须按规定用途，妥善安排，合理使用。有关领导机关和其他单位不得以任何借口占用、挪用。

**第六条** 县、市人民政府要责成土地管理机关做好征地、拆迁和安置工作。组织力量，对拟征用的土地进行勘查、登记，具体承办搬迁、安置等项工作，保证建设用地。

**第七条** 县、市人民政府可将征地费的一部分，资助被安置农民，鼓励他们自谋职业。

**第八条** 用地单位要按照征用土地协议的规定，积极协同县、市人民政府做好征地安置工作，并如期交付征地费。

**第九条** 县、市土地管理机关从征地费中提取土地管理费的比率，要按不同情况确定不同的标准，凡一次性征地面积较多，动迁安置工作量不大，牵扯人力较少的，一般可提取1%左右，如有特殊情况，经省、自治区、直辖市人民政府批准，可适当提高取费比率，但最高不得超过2%；一次性征地数量较少，动迁安置工作量大，牵扯人力较多的，一般可提取2%左右，如有特殊情况，经省、自治区、直辖市人民政府批准，可适当提高取费比率，但最高不得超过4%。

县、市提取的土地管理，应按一定比例上交给上级土地管理机关为征地服务所必需的费用。上交的具体比例，由省、自治区、直辖市人民政府确定。

**第十条** 土地管理费要专款专用，主要用于：征地、拆迁、安置工作的办公、会议费；借用、招聘人员的工资、差旅、福利费；业务培训、宣传教育、经验交流和其他必要的费用。

**第十一条** 征地费用的包干使用，由建设银行和上级土地管理机关检查、监督。

# 征用土地公告办法（已被修改）

（2001年10月18日国土资源部第9次部务会议通过）

**第一条** 为规范征用土地公告工作，保护农村集体经济组织、农村村民或者其他权利人的合法权益，保障经济建设用地，根据《中华人民共和国土地管理法》和《中华人民共和国土地管理法实施条例》，制定本办法。

**第二条** 征用土地公告和征地补偿、安置方案公告，适用本办法。

**第三条** 征用农民集体所有土地的，征用土地方案和征地补偿、安置方案应当在被征用土地所在地的村、组内以书面形式公告。其中，征用乡（镇）农民集体所有土地的，在乡（镇）人民政府所在地进行公告。

**第四条** 被征用土地所在地的市、县人民政府应当在收到征用土地方案批准文件之日起10个工作日内进行征用土地公告，该市、县人民政府土地行政主管部门负责具体实施。

**第五条** 征用土地公告应当包括下列内容：

（一）征地批准机关、批准文号、批准时间和批准用途；

（二）被征用土地的所有权人、位置、地类和面积；

（三）征地补偿标准和农业人员安置途径；

（四）办理征地补偿登记的期限、地点。

**第六条** 被征地农村集体经济组织、农村村民或者其他权利人应当在征用土地公告规定的期限内持土地权属证书到指定地点办理征地补偿登记手续。

被征地农村集体经济组织、农村村民或者其他权利人未如期办理征地补偿登记手续的，其补偿内容以有关市、县土地行政主管部门的调查结果为准。

**第七条** 有关市、县人民政府土地行政主管部门会同有关部门根据批准的征用土地方案，在征用土地公告之日起45日内以被征用土地的所有权人为单位拟订征地补偿、安置方案并予以公告。

**第八条** 征地补偿安置、方案公告应当包括下列内容：

（一）本集体经济组织被征用土地的位置、地类、面积，地上附着物和青苗的种类、数量，需要安置的农业人口的数量；

（二）土地补偿费的标准、数额、支付对象和支付方式；

（三）安置补助费的标准、数额、支付对象和支付方式；

（四）地上附着物和青苗的补偿标准和支付方式；

（五）农业人员的具体安置途径；

（六）其他有关征地补偿、安置的具体措施。

**第九条** 被征地农村集体经济组织、农村村民或者其他权利人对征地补偿、安置方案有不同意见的或者要求举行听证会的，应当在征地补偿、安置方案公告之日起10个工作日内向有关市、县人民政府土地行政主管部门提出。

**第十条** 有关市、县人民政府土地行政主管部门应当研究被征地农村集体经济组织、农村村民或者其他权利人对征地补偿、安置方案的不同意见。对当事人要求听证的，应当举行听证会。确需修改征地补偿、安置方案的，应当依照有关法律、法规和批准的征用土地方案进行修改。

有关市、县人民政府土地行政主管部门将征地补偿、安置方案报市、县人民政府审批时，应当附具被征地农村集体经济组织、农村村民或者其他权利人的意见及采纳情况，举行听证会的，还应当附具听证笔录。

**第十一条** 征地补偿、安置方案经批准后，由有关市、县人民政府土地行政主管部门组织实施。

**第十二条** 有关市、县人民政府土地行政主管部门将征地补偿、安置费用拨付给被征地农村集体经济组织后，有权要求该农村集体经济组织在一定时限内提供支付清单。

市、县人民政府土地行政主管部门有权督促有关农村集体经济组织将征地补偿、安置费用收支状况向本集体经济组织成员予以公布，以便被征地农村集体经济组织、农村村民或者其他权利人查询和监督。

**第十三条** 市、县人民政府土地行政主管部门应当受理对征用土地公告内容和征地补偿、安置方案公告内容的查询或者实施中问题的举报，接受社会监督。

**第十四条** 未依法进行征用土地公告的，被征地农村集体经济组织、农村村民或者其他权利人有权依法要求公告，有权拒绝办理征地补偿登记手续。

未依法进行征地补偿、安置方案公告的，被征地农村集体经济组织、农村村民或者其他权利人有权依法要求公告，有权拒绝办理征地补偿、安置手续。

**第十五条** 因未按照依法批准的征用土地方案和征地补偿、安置方案进行补偿、安置引发争议的，由市、县人民政府协调；协调不成的，由上一级地方人民政府裁决。

征地补偿、安置争议不影响征用土地方案的实施。

**第十六条** 本办法自 2002 年 1 月 1 日起施行。

# 国土资源听证规定

（2003 年 12 月 30 日国土资源部第 12 次部务会议通过）

## 第一章　总　　则

**第一条**　为了规范国土资源管理活动，促进依法行政，提高国土资源管理的科学性和民主性，保护公民、法人和其他组织的合法权益，根据有关法律、法规，制定本规定。

**第二条**　县级以上人民政府国土资源行政主管部门（以下简称主管部门）依职权或者依当事人的申请组织听证的，适用本规定。

**第三条**　听证由拟作出行政处罚、行政许可决定，制定规章和规范性文件、实施需要报政府批准的事项的主管部门组织。

依照本规定具体办理听证事务的法制工作机构为听证机构；但实施需要报政府批准的事项可以由其经办机构作为听证机构。

本规定所称需要报政府批准的事项，是指依法由本级人民政府批准后生效但主要由主管部门具体负责实施的事项，包括拟定或者修改基准地价、组织编制或者修改土地利用总体规划和矿产资源规划、拟定或者修改区域性征地补偿标准、拟定拟征地项目的补偿标准和安置方案、拟定非农业建设占用基本农田方案等。

**第四条**　主管部门组织听证，应当遵循公开、公平、公正和便民的原则，充分听取公民、法人和其他组织的意见，保证其陈述意见、质证和申辩的权利。

依职权组织的听证，除涉及国家秘密外，以听证会形式公开举行，并接受社会监督；依当事人的申请组织的听证，除涉及国家秘密、商业秘密或者个人隐私外，听证公开举行。

**第五条**　法律、法规和规章规定应当听证的事项，当事人放弃听证权利或者因情况紧急须即时决定的，主管部门不组织听证。

## 第二章 听证的一般规定

**第六条** 听证参加人包括拟听证事项经办机构的指派人员、听证会代表、当事人及其代理人、证人、鉴定人、翻译等。

**第七条** 听证一般由一名听证员组织；必要时，可以由三或五名听证员组织。听证员由主管部门指定。

听证设听证主持人，在听证员中产生；但须是听证机构或者经办机构的有关负责人。

记录员由听证主持人指定，具体承担听证准备和听证记录工作。

拟听证事项的具体经办人员，不得作为听证员和记录员；但可以由经办机构办理听证事务的除外。

**第八条** 在听证开始前，记录员应当查明听证参加人的身份和到场情况，宣布听证纪律和听证会场有关注意事项。

**第九条** 听证会按下列程序进行：

（一）听证主持人宣布听证开始，介绍听证员、记录员，宣布听证事项和事由，告知听证参加人的权利和义务；

（二）拟听证事项的经办机构提出理由、依据和有关材料及意见；

（三）当事人进行质证、申辩，提出维护其合法权益的事实、理由和依据（听证会代表对拟听证事项的必要性、可行性以及具体内容发表意见和质询）；

（四）最后陈述；

（五）听证主持人宣布听证结束。

**第十条** 记录员应当将听证的全部活动记入笔录。听证笔录应当载明下列事项，并由听证员和记录员签名：

（一）听证事项名称；

（二）听证员和记录员的姓名、职务；

（三）听证参加人的基本情况；

（四）听证的时间、地点；

（五）听证公开情况；

（六）拟听证事项的理由、依据和有关材料；

（七）当事人或者听证会代表的观点、理由和依据；

（八）延期、中止或者终止的说明；

（九）听证主持人对听证活动中有关事项的处理情况；

（十）听证主持人认为的其他事项。

听证笔录经听证参加人确认无误或者补正后当场签字或者盖章；无正当理由又拒绝签字或者盖章的，记明情况附卷。

**第十一条** 公开举行的听证会，公民、法人或者其他组织可以申请参加旁听。

## 第三章 依职权听证的范围和程序

**第十二条** 有下列情形之一的，主管部门应当组织听证：

（一）拟定或者修改基准地价；

（二）编制或者修改土地利用总体规划和矿产资源规划；

（三）拟定或者修改区域性征地补偿标准。

有下列情形之一的，直接涉及公民、法人或者其他组织的重大利益的，主管部门根据需要组织听证：

（一）制定规章和规范性文件；

（二）主管部门规定的其他情形。

**第十三条** 主管部门对本规定第十二条规定的事项举行听证的，应当在举行听证会30日前，向社会公告听证会的时间、地点、内容和申请参加听证会须知。

**第十四条** 符合主管部门规定条件的公民、法人和其他组织，均可申请参加听证会，也可推选代表参加听证会。

主管部门根据拟听证事项与公民、法人和其他组织的申请情况，指定听证会代表；指定的听证会代表应当具有广泛性、代表性。

公民、法人和其他组织推选的代表，符合主管部门条件的，应当优先被指定为听证会代表。

**第十五条** 听证机构应当在举行听证会的10个工作日前将听证会材料

送达听证会代表。

**第十六条** 听证会代表应当亲自参加听证，并有权对拟听证事项的必要性、可行性以及具体内容发表意见和质询，查阅听证纪要。

听证会代表应当忠于事实，实事求是地反映所代表的公民、法人和其他组织的意见，遵守听证纪律，保守国家秘密。

**第十七条** 听证机构应当在举行听证会后7个工作日内，根据听证笔录制作包括下列内容的听证纪要：

（一）听证会的基本情况；

（二）听证事项的说明；

（三）听证会代表的意见陈述；

（四）听证事项的意见分歧；

（五）对听证会意见的处理建议。

**第十八条** 主管部门应当参照听证纪要依法制定规章和规范性文件；在报批拟定或者修改的基准地价、编制或者修改的土地利用总体规划和矿产资源规划、拟定或者修改的区域性征地补偿标准时，应当附具听证纪要。

## 第四章 依申请听证的范围和程序

**第十九条** 有下列情形之一的，主管部门在报批之前，应当书面告知当事人有要求举行听证的权利：

（一）拟定拟征地项目的补偿标准和安置方案的；

（二）拟定非农业建设占用基本农田方案的。

有下列情形之一的，主管部门在作出决定之前，应当书面告知当事人有要求举行听证的权利：

（一）较大数额罚款、责令停止违法勘查或者违法开采行为、吊销勘查许可证或者采矿许可证等行政处罚的；

（二）国有土地使用权、探矿权、采矿权的许可直接涉及申请人与他人之间重大利益关系的；

（三）法律、法规或者规章规定的其他情形。

**第二十条** 当事人对本规定第十九条规定的事项要求听证的，主管部门应当组织听证。

**第二十一条** 当事人应当在告知后 5 个工作日内向听证机构提出书面申请，逾期未提出的，视为放弃听证；但行政处罚听证的时限为 3 个工作日。放弃听证的，应当书面记载。

**第二十二条** 当事人可以委托一至二名代理人参加听证，收集、提供相关材料和证据，进行质证和申辩。

**第二十三条** 听证的书面申请包括以下内容：

（一）当事人的姓名、地址（法人或者其他组织的名称、地址、法定代表人）；

（二）申请听证的具体事项；

（三）申请听证的依据、理由。

申请听证的，应当同时提供相关材料。

**第二十四条** 听证机构收到听证的书面申请后，应当对申请材料进行审查；申请材料不齐备的，应当一次告知当事人补正。

有下列情形之一的，不予受理：

（一）提出申请的不是听证事项的当事人或者其代理人的；

（二）在告知后超过 5 个工作日提出听证的；

（三）其他不符合申请听证条件的。

不予受理的，主管部门应当书面告知当事人不予听证。

**第二十五条** 听证机构审核后，对符合听证条件的，应当制作《听证通知书》，并在听证的 7 个工作日前通知当事人和拟听证事项的经办机构。

《听证通知书》应当载明下列事项：

（一）听证的事由与依据；

（二）听证的时间、地点；

（三）听证员和记录员的姓名、职务；

（四）当事人、拟听证事项的经办机构的权利和义务；

（五）注意事项。

**第二十六条** 当事人在接到《听证通知书》后，应当准时到场；无正当理由不到场的，或者未经听证主持人允许中途退场的，视为放弃听证。放弃听证的，记入听证笔录。

**第二十七条** 拟听证事项的经办机构在接到《听证通知书》后，应当指派人员参加听证，不得放弃听证。

**第二十八条** 当事人认为听证员、记录员与拟听证事项有利害关系可能影响公正的，有权申请回避，并说明理由。

听证主持人的回避由主管部门决定。听证员、记录员的回避，由听证主持人决定。

**第二十九条** 有下列情形之一的，可以延期举行听证：

（一）因不可抗力的事由致使听证无法按期举行的；

（二）当事人申请延期，有正当理由的；

（三）可以延期的其他情形。

延期听证的，主管部门应当书面通知听证参加人。

**第三十条** 有下列情形之一的，中止听证：

（一）听证主持人认为听证过程中提出新的事实、理由和依据或者提出的事实有待调查核实的；

（二）申请听证的公民死亡、法人或者其他组织终止，尚未确定权利、义务承受人的；

（三）应当中止听证的其他情形。

中止听证的，主管部门应当书面通知听证参加人。

**第三十一条** 延期、中止听证的情形消失后，由主管部门决定恢复听证，并书面通知听证参加人。

**第三十二条** 有下列情形之一的，终止听证：

（一）有权申请听证的公民死亡，没有继承人，或者继承人放弃听证权利的；

（二）有权申请听证的法人或者其他组织终止，承受其权利的法人或者组织放弃听证权利的；

（三）当事人在听证过程中声明退出的；

（四）当事人在告知后明确放弃听证权利或者被视为放弃听证权利的；

（五）需要终止听证的其他情形。

**第三十三条** 主管部门应当根据听证笔录，作出行政许可决定，依法作出行政处罚决定；在报批拟定的拟征地项目的补偿标准和安置方案、非农业建设占用基本农田方案时，应当附具听证笔录。

## 第五章 法律责任

**第三十四条** 法律、法规和规章规定应当听证的事项，当事人要求听证而未组织的，对直接负责的主管人员和其他直接责任人员依法给予行政处分。

**第三十五条** 主管部门的拟听证事项经办机构指派人员、听证员、记录员在听证时玩忽职守、滥用职权、徇私舞弊的，依法给予行政处分；构成犯罪的，依法追究刑事责任。

## 第六章 附 则

**第三十六条** 组织听证不得向当事人收取或者变相收取任何费用。

组织听证所需经费列入主管部门预算。听证机构组织听证必需的场地、设备、工作条件，主管部门应当给予保障。

**第三十七条** 主管部门办理行政复议，受委托起草法律、法规或者政府规章草案时，组织听证的具体程序参照本规定执行。

**第三十八条** 本规定自2004年5月1日起施行。

# 附录（二）：

# 国务院及国务院部门颁布的规范性文件

## 国务院关于严格贯彻执行《国家建设征用土地条例》的通知（已失效）

（1983年1月21日）

《国家建设征用土地条例》公布实施以来，许多地方和单位认真贯彻执行这个条例，积极做好征地拆迁和安置工作，既保证了国家建设必需的土地，又妥善安置了被征地单位群众的生产和生活。但是，也有不少地方没有很好执行《国家建设征用土地条例》中的规定，有的索价过高，敲国家竹杠；有的互相扯皮，长期达不成征地协议；有的甚至无理阻拦施工，影响了国家建设项目的进行。

最近，中央和国务院领导同志对建设征地问题做了重要指示。陈云同志批示："征地搬迁也要有法必依。敲国家竹杠，吃基建大户的现象不能再继续下去。各级党委和政府应当协助中央部门做好这项工作，对工作得好的，象'引水济津'这样的事，要大大表扬。"胡耀邦同志批示："完全同意陈云同志的批示，请万里同志考虑落实。"万里同志批示："国务院已有决定，凡不服从规定者，要批评，为此而影响国家建设者，应给以法律制裁。请抓几个例子国务院处理，以教育大家，保证法令的严肃性。"各省、市、自治区人民政府要按照中央领导同志指示精神，对贯彻执行《国家建设征用土地条例》的情况认真进行一次检查，表扬那些认真贯彻执行的单位，批评或处理那些不执行国家规定的单位和个人。要教育各级干部和群众，充分认识保证国家建设用地，对于缩短建设工期，加快建设速度，实现党的十二大提出的全面开创社会主义现代化建设新局面的重要意义。

各级人民政府要把做好征地工作当作一件大事来抓，并责成主管部门把建设用地管起来。对于征地中存在的问题，要尽快加以解决。各用地部门和建设单位要注意贯彻节约用地的方针，少占或不占耕地，并且按照国家政策规定，会同当地人民政府妥善安排被征地单位群众的生产和生活。对征地中的困难和问题，要及时向当地人民政府报告，各省、市、自治区人民政府要根据中央领导同志指示精神，认真采取措施，协助解决，特别是那些长期不解决而影响建设的征地问题，要逐个限期解决。所有征地和被征地单位都要认真贯彻执行《国家建设征用土地条例》的各项规定，对于违反国家规定，坚持过高要求的，要进行批评；对挪用或占用补偿费和安置补助费，侵占招工、转户指标的，要责令退赔、退回，情节严重的，要给予必要的处分；对于那种借征用土地之机，煽动群众闹事，敲诈勒索，阻碍国家建设及其他违法犯罪行为，当地人民政府要本着“有法必依，执法必严，违法必究”的精神，严肃处理。

请各省、市、自治区人民政府将检查和处理的情况，于一九八三年三月底前报告国务院。

附:《国家建设征用土地条例》若干问题的说明（一九八三年六月九日国家计划委员会、农牧渔业部、城乡建设环境保护部印发）

一、关于征用耕地、园地一千亩以上，其他土地一万亩以上的报批程序问题

按《条例》规定的程序逐级审查后，由省、市、自治区人民政府将审查意见连同建设项目初步设计的批准文件、总平面图（或建设用地图）、用地申请书以及征用土地的补偿、安置方案报送国务院，并抄送农牧渔业部和建设单位的主管部。在城镇规划区范围内征地的应抄送城乡建设环境保护部和建设单位的主管部。按照国务院关于部门分工的规定，分别由负

责土地管理的部门会同有关部门研究提出审批建议，报送国务院。

二、关于土地补偿费和安置补助费中有关年产值的计算问题

（1）征用耕地应根据统计年报算出征地前三年该耕地的平均年产量（也可以采取由地方政府根据统计年产量，分区域定出平均年产量）乘以国家牌价（包括征购价和超购价）或议价（指没有国家牌价的农产品）得出年产值。

（2）耕地的年产量包括各类作物的主、副产品的产量（如秸秆等）。

（3）国家牌价中征购与超购的比例是以所在生产队的实际比例还是以县或公社范围内的平均比例计算，由省、市、自治区根据具体情况作出规定。

三、关于安置补助费的计算问题

以征用土地的面积数除以征地前每个农业人口（指户籍以内的直接从事农业生产的劳动力及其抚养的人口）平均占有耕地面积，计算出征地后应当付给安置补助费的农业人口数，每个农业人口的安置补助费按被征土地每亩平均年产值的二至三倍计算。每征一亩地的安置补偿费，因人均耕地多少而不等。举例如下：每人平均占有一亩地，每亩土地的安置补助费为年产值的二倍至三倍。每人平均占有二亩地，每亩土地的安置补助费为年产值的一倍至一点五倍。每人平均占有半亩地，每亩土地的安置补助费为年产值的四倍至六倍。每人平均占有0.25亩地，按规定方法计算，每亩土地的安置补助费为年产值的八倍至十二倍，但《条例》又规定“每亩耕地的安置补助费，最高不得超过其年产值的十倍”，故应定为八倍至十倍。

四、关于如何理解土地补偿费和安置补助费的总和不得超过被征土地年产值二十倍的问题

土地补偿费、安置补助费均应按照上述第二、三条的具体办法计算，不能任意提高。只有个别情况下，例如在城市郊区征地，劳动力安置难度很大，所需费用多，或产量和年产值很低，按规定办法具体计算的土地补偿费和安置补助费不能保证维持群众原有生产和生活水平，经过省、市、自治区审查批准，可以适当提高安置补助费年产值的倍数。不允许不经计算和批准，任意要求或决定提高土地补偿费、安置补助费的标准，更不得

笼统地按年产值二十倍进行补偿和补助。

五、关于区别不同情况确定土地补偿费和安置补助费年产值倍数的问题

由于我国幅员辽阔，各地区的情况差异较大，为了适应各地不同情况，因此《条例》规定的土地补偿费和安置补助费标准均保留较大的幅度。各省、市、自治区必须结合本地区实际情况，在《条例》规定的幅度范围内，制定具体的标准，不留或少留幅度，不能就高不就低。例如，土地补偿费，省、市、自治区可以定为平均年产值的三倍、四倍、五倍、六倍或三至四倍、四至五倍等；每人的安置补助费可以定为每亩土地平均年产值的二倍、二倍半、三倍等；也可以把全省、市、自治区分成几类地区，对不同地区规定不同的倍数。

不同隶属关系（中央部属、省属、县、市属）建设项目征地中的土地补偿费、安置补助费都应按规定的统一标准执行，一视同仁，既不准吃大户，敲国家竹杠，也不准搞平调，克扣社队和农民，否则以违反条例论处。

六、关于需要安置的农业人口数与安置劳动力的关系问题

《条例》规定的“需要安置的农业人口数”，仅作为计算和付给安置补助费的依据，与如何安置劳动力是两回事。因征地造成的农业剩余劳动力的具体安置，应按《条例》第十二条规定的途径和办法，首先在农业上和社队兴办对国计民生有利的工副业和服务业中进行安置。确实安置不完的，经省、市、自治区批准，在劳动计划范围内，对符合条件的，可安排就业。但必须按劳动力与农业人口的比例相应扣减安置补助费（例如劳动力占农业人口的百分之五十，则每安置一个劳动力应扣减两个农业人口的安置补助费）。对安排到集体所有制单位就业的，应将扣减的安置补助费转给吸收劳动力的单位。

七、关于国家建设征用土地后，减免被征地社队的农业税和征购任务的问题

被征地的社队应减免农业税和征购任务。但根据粮食征购的有关规定，国家分配省、市、自治区的征购指标以及调出、调入任务不变，被征

地社队减免的指标由县、市、省逐级调剂。

八、关于农村社队建设用地是否按《条例》执行问题

农村社队建设用地，应按照一九八二年二月十三日国务院发布的《村镇建房用地管理条例》执行。但因这一条例没有对补偿、安置办法作出规定，因此除生产队自用以外的社队建设用地，其有关补偿、安置补助的具体办法和标准，可以参照《条例》的规定由省、市、自治区人民政府制定。

九、关于国家建设使用机关、部队、企业、学校、国营农（林、牧、渔）场土地是否付给补偿费问题

按《条例》第三十一条规定国家建设使用国有荒山、荒地、滩涂以及其他单位使用的国有土地，按照本条例规定的程序和审批权限无偿划拨。对于经批准必须使用其他单位正在使用着的国有土地，如果给这些单位带来经济损失和拆迁等问题的，应由当地县、市以上土地管理机关或人民政府会同申请用地单位和原使用单位，本着节约用地和节约国家投资的原则进行协商，采取互换、调剂等办法解决，或由申请用地单位给予适当补偿。拆迁补偿的具体标准，由双方协商，按《条例》规定的征地审批权限审查批准。

十、关于《条例》第七条第三款中的“由用地单位与被征地单位签订协议”，被征地单位是否即为基本核算单位问题

《条例》第七条第三款所说的被征地单位，是指基本核算单位，但当建设项目一次征用一个生产队的全部土地或一次征用超过一个生产队范围的土地，签订协议时，除有关的基本核算单位参加外，还应请所在生产大队或公社参加。具体办法，各地可以自行规定。

十一、关于在《条例》公布以前，征用的土地已达成协议或已办理完毕，现在又提出异议应如何处理问题

《条例》规定，《条例》颁布前征地已达成协议的，即征地双方已商定预计征地面积和补偿安置方案，初步协议经双方签字同意的，应仍按原协议执行。过去历年国家建设征用土地已经办理完毕，《条例》颁布后被征地单位又提出要求按新的补偿和安置标准执行的，应进行说服教育，一律

不得同意。

十二、关于《条例》第二十一条规定，国家建设征而不用的土地，借给生产队耕种，国家建设需要时，生产队必须立即交还，不得再提出补偿、安置的要求，与第三十一条规定“收回社队长期耕种的国有土地，根据具体情况给予社队适当补助”如何区分问题

两者的区别在于：收回社队长期耕种的国有土地，一般是指国有土地在土改时交给农民或以后划拨给社队长期耕种的。这些土地，社队已进行长期投资，国家收回也存在劳动力的安置问题，所以应该根据具体情况给予适当补助。国家已经征用而暂时不用，为避免土地荒芜，借给生产队耕种的土地，在征地时已经给予了补偿和安置，国家建设需要使用时，社队不得再提补偿、安置要求。

# 国务院关于深化改革严格土地管理的决定（节选）

（国发〔2004〕28 号）

各省、自治区、直辖市人民政府，国务院各部委、各直属机构：

实行最严格的土地管理制度，是由我国人多地少的国情决定的，也是贯彻落实科学发展观，保证经济社会可持续发展的必然要求。去年以来，各地区、各部门认真贯彻党中央、国务院部署，全面清理各类开发区，切实落实暂停审批农用地转用的决定，土地市场治理整顿取得了积极进展，有力地促进了宏观调控政策的落实。但是，土地市场治理整顿的成效还是初步的、阶段性的，盲目投资、低水平重复建设，圈占土地、乱占滥用耕地等问题尚未根本解决。因此，必须正确处理保障经济社会发展与保护土地资源的关系，严格控制建设用地增量，努力盘活土地存量，强化节约利用土地，深化改革，健全法制，统筹兼顾，标本兼治，进一步完善符合我国国情的最严格的土地管理制度。现决定如下：

三、完善征地补偿和安置制度

（十二）完善征地补偿办法。县级以上地方人民政府要采取切实措施，使被征地农民生活水平不因征地而降低。要保证依法足额和及时支付土地补偿费、安置补助费以及地上附着物和青苗补偿费。依照现行法律规定支付土地补偿费和安置补助费，尚不能使被征地农民保持原有生活水平的，不足以支付因征地而导致无地农民社会保障费用的，省、自治区、直辖市人民政府应当批准增加安置补助费。土地补偿费和安置补助费的总和达到法定上限，尚不足以使被征地农民保持原有生活水平的，当地人民政府可以用国有土地有偿使用收入予以补贴。省、自治区、直辖市人民政府要制订并公布各市县征地的统一年产值标准或区片综合地价，征地补偿做到同地同价，国家重点建设项目必须将征地费用足额列入概算。大中型水利、水电工程建设征地的补偿费标准和移民安置办法，由国务院另行规定。

（十三）妥善安置被征地农民。县级以上地方人民政府应当制定具体办法，使被征地农民的长远生计有保障。对有稳定收益的项目，农民可以经依法批准的建设用地土地使用权入股。在城市规划区内，当地人民政府应当将因征地而导致无地的农民，纳入城镇就业体系，并建立社会保障制度；在城市规划区外，征收农民集体所有土地时，当地人民政府要在本行政区域内为被征地农民留有必要的耕作土地或安排相应的工作岗位；对不具备基本生产生活条件的无地农民，应当异地移民安置。劳动和社会保障部门要会同有关部门尽快提出建立被征地农民的就业培训和社会保障制度的指导性意见。

（十四）健全征地程序。在征地过程中，要维护农民集体土地所有权和农民土地承包经营权的权益。在征地依法报批前，要将拟征地的用途、位置、补偿标准、安置途径告知被征地农民；对拟征土地现状的调查结果须经被征地农村集体经济组织和农户确认；确有必要的，国土资源部门应当依照有关规定组织听证。要将被征地农民知情、确认的有关材料作为征地报批的必备材料。要加快建立和完善征地补偿安置争议的协调和裁决机制，维护被征地农民和用地者的合法权益。经批准的征地事项，除特殊情况外，应予以公示。

（十五）加强对征地实施过程监管。征地补偿安置不落实的，不得强行使用被征土地。省、自治区、直辖市人民政府应当根据土地补偿费主要用于被征地农户的原则，制订土地补偿费在农村集体经济组织内部的分配办法。被征地的农村集体经济组织应当将征地补偿费用的收支和分配情况，向本集体经济组织成员公布，接受监督。农业、民政等部门要加强对农村集体经济组织内部征地补偿费用分配和使用的监督。

二〇〇四年十月二十一日

# 国务院关于加强土地调控有关问题的通知（节选）

（国发〔2006〕31 号）

各省、自治区、直辖市人民政府，国务院各部委、各直属机构：

党中央、国务院高度重视土地管理和调控。2004 年印发的《国务院关于深化改革严格土地管理的决定》（国发〔2004〕28 号），在严格土地执法、加强规划管理、保障农民权益、促进集约用地、健全责任制度等方面，作出了全面系统的规定。各地区、各部门采取措施，积极落实，取得了初步成效。但是，当前土地管理特别是土地调控中出现了一些新动向、新问题，建设用地总量增长过快，低成本工业用地过度扩张，违法违规用地、滥占耕地现象屡禁不止，严把土地"闸门"任务仍然十分艰巨。为进一步贯彻落实科学发展观，保证经济社会可持续发展，必须采取更严格的管理措施，切实加强土地调控。现就有关问题通知如下：

二、切实保障被征地农民的长远生计

征地补偿安置必须以确保被征地农民原有生活水平不降低、长远生计有保障为原则。各地要认真落实国办发〔2006〕29 号文件的规定，做好被征地农民就业培训和社会保障工作。被征地农民的社会保障费用，按有关规定纳入征地补偿安置费用，不足部分由当地政府从国有土地有偿使用收入中解决。社会保障费用不落实的不得批准征地。

八、严肃惩处土地违法违规行为

国家机关工作人员非法批准征收、占用土地，或者非法低价出让国有土地使用权，触犯刑律的，依法追究刑事责任。对不执行国家土地调控政策、超计划批地用地、未按期缴纳新增建设用地土地有偿使用费及其他规定税费、未按期足额支付征地补偿安置费而征占土地，以及通过调整土地利用总体规划擅自改变基本农田位置，以规避建设占用基本农田应依法上报国务院审批的，要追究有关人员的行政责任。

完善土地违法案件的查处协调机制，加大对土地违法违规行为的查处力度。监察部要会同国土资源部等有关部门，在近期集中开展一次以查处非法批地、未批先用、批少用多、非法低价出让国有土地使用权等行为为重点的专项行动。对重大土地违法违规案件要公开处理，涉嫌犯罪的，要移送司法机关依法追究刑事责任。

# 国土资源部关于加强征地管理工作的通知（已失效）

（国土资发〔1999〕480号）

各省、自治区、直辖市及计划单列市土地（国土）管理局（厅），解放军土地管理局，新疆生产建设兵团土地管理局：

长期以来，各级土地行政主管部门在政府的统一领导下，认真执行国家土地管理法律、法规和有关规定，在征用集体土地管理方面做了大量工作，妥善安排了被征地单位群众的生产和生活，保障了各类建设用地。但是，一些地方还存在滥用征地权、征地补偿标准不合法、征地补偿安置不落实、侵犯农民权益等问题，群众反映十分强烈。为切实贯彻实施《土地管理法》和《土地管理法实施条例》，加强征地管理工作，现就有关问题通知如下：

一、进一步推行和完善政府统一征地制度，保证征地工作依法进行

征用农村集体所有土地，为经济建设和社会发展提供用地，是政府行为。各地必须按照《土地管理法》确立的征用土地制度，实行由县级以上地方人民政府统一征地。各级土地行政主管部门根据职责及法定的征地批准权限和程序，代表政府负责组织征地的审查报批和具体实施工作，其他任何单位和个人均无权审查报批和组织实施征用土地。

各地应依法规范征地审批和实施行为，确保国家经济建设用地。征用土地必须依法报省级人民政府或国务院批准，严禁越权批准征用土地。征用土地方案经依法批准后，由被征用土地所在地的市、县人民政府组织实施，市、县土地行政主管部门承担实施的具体工作。

二、依法拟定征用土地方案和征地补偿安置方案，确保农村集体经济组织和农民的合法权益

各地应按照《关于印发试行建设用地审批管理文书格式的通知》（国土资厅发〔1999〕41号）和《关于印发征地批后实施管理文书参考

格式的通知》（国土资厅发〔1999〕35 号）的要求拟定征用土地方案和征地补偿安置方案。在征地调查和征地补偿登记时，应深入村组，实地调查。土地权属应以土地登记或土地利用现状调查的土地权属协议书为依据；土地地类、面积应以土地利用现状调查（变更调查）和勘测定界成果为准，以确保拟征用土地权属明晰，地类、面积准确，附着物情况详实。征地调查应在拟定征用土地方案前完成，并结合征地补偿登记进行复核。

各地应认真执行《土地管理法》第四十七条有关规定，合理确定土地补偿费和安置补助费标准。征用耕地的，要根据《关于贯彻执行〈中华人民共和国土地管理法〉和〈中华人民共和国土地管理法实施条例〉若干问题的意见》（国土资厅发〔1999〕97 号）的有关解释，核定有关费用标准。省级土地行政主管部门可以依据法律规定，结合本地实际，组织市、县土地行政主管部门拟定不同地类的具体征地补偿费用标准，由省级人民政府批准后公布实施。既要防止克扣、压低征地补偿费用，损害农民利益；也要防止被征地单位和群众漫天要价、谎报地类、扩大面积和有关部门借征地之名“搭车收费”，加重用地单位负担。

三、依法管理和使用征地费用，妥善安排好被征地单位群众的生产和生活

根据《土地管理实施条例》第二十五条规定，征地补偿安置方案经依法批准后，由市、县土地行政主管部门组织实施。各地要深入细致地做好工作，切实保证征地费用依法管理和使用。土地补偿支付给享有被征用土地所有权的农村集体经济组织，用于发展生产；地上附着物及青苗补偿根据征地补偿登记，依照征地补偿安置方案确定的标准支付给地上附着物及青苗的所有者；安置补助费根据不同安置途径，依照法律规定支付给负责安置的农村集体经济组织或单位；不需要统一安置的，可发放给被安置人，由其自谋职业。对土地被全部征用，农村集体经济组织被撤销建制，实行“农转非”的，其征地费用应全部用于转为非农业户口人员的生产和生活安置。

各级土地行政主管部门要积极探索货币安置、社会保险方式安置等途径，形成以市场为导向的多种途径安置机制。经济发达地区或城乡结合部，可按照规划用途预留一定比例的国有土地，确定给被征地的农村集体经济组织使用，发展农业生产或从事多种经营。有条件的地区可允许被征地的农村集体经济组织以土地补偿费入股，兴办企业。

四、实行政务公开制度，建立被征地单位群众的监督机制

各地应依照法律规定，公开征地工作程序，提高征地补偿安置工作的透明度。市、县土地行政主管部门应张贴公告或通过新闻媒体搞好依法批准的征用土地方案、征地补偿安置方案公告工作；在做好宣传解释工作同时，要注意听取被征用土地的农村集体经济组织和农民的意见。对补偿标准或安置途径有争议的，按照法律规定做好协调和裁决工作。在争议解决前，不应影响征用土地方案的实施。

征地的各项费用必须依照法律规定按时发放，全额到位，不得拖欠。对遗留的拖欠征地费用问题，各地应采取有效措施进行清理，市、县土地行政主管部门有责任督促有关单位限期解决。对侵占、截留、挪用征地费用的行为，应依法予以查处。

所有支付给农村集体经济组织的土地补偿费和安置补助费，可采用乡管村（组）用的形式设立财务专户进行管理。市、县土地行政主管部门应加强监督，协助农村集体经济组织建立征地费使用公开制度。土地补偿费、安置补助费统一安排使用的，应征得农村集体经济组织三分之二以上成员同意。征地补偿费用的收取、支出、用途等情况均应向本集体经济组织成员公布，以接受监督，防止出现营私舞弊行为。

五、加强对征地工作的组织领导，进一步规范征地行为

各级土地行政主管部门应建立岗位责任制，增强服务意识，提高办事效率。拟定征用土地方案时，填表人、审核人、主管领导应分别签字，各负其责；审查报批过程中应严格依照法定权限履行审查报批程序；征地补偿安置方案经批准后，应明确组织实施征地补偿安置方案责任人，保证各项工作具体落实。凡由省级人民政府依法批准的征用土地，每季度第一个

月中旬前由省级土地行政主管部门统一汇总报国土资源部备案。

各地土地行政主管部门应按照职能转变、政事分开的原则，把征地调查、勘测定界、整理资料、征地批后实施及组织补充耕地等事务性、技术性工作，委托给有关事业单位承担，以便集中更多精力研究政策，抓好管理。有关事业单位要加强自身建设，不断提高业务水平，进一步做好征地服务工作。

国土资源部

一九九九年十二月二十四日

# 国土资源部关于切实维护被征地农民合法权益的通知（已失效）

（国土资发〔2002〕225号）

各省、自治区、直辖市国土资源厅（国土环境资源厅、国土资源和房屋管理局、房屋土地资源管理局、规划和国土资源局），计划单列市土地管理局（城乡规划土地局、规划国土局），解放军土地管理局，新疆生产建设兵团土地管理局：

当前，一些地方征地工作存在补偿低、费用不到位、安置不落实等问题，损害了被征地农民的利益。由此引发群众上访、集体访的情况时有发生，影响了社会稳定。为切实解决上述问题，维护社会稳定，根据国务院领导同志的批示精神，经研究，现就征地补偿安置工作有关问题通知如下：

一、充分认识做好征地工作的重要性

征地工作事关国家经济建设，涉及被征地农民的切身利益和长远生计。保障各类建设必需用地，切实维护农民的合法权益是征地工作必须长期坚持的基本原则。当前在新的形势下，做好征地补偿安置工作尤为重要。农民失去土地之后，如果生产和生活没有保障，将会成为影响社会稳定的一大隐患。各级国土资源管理部门要高度重视征地管理，通过扎实有效的工作，将落实失地农民的补偿安置作为实践“三个代表”重要思想的具体体现，妥善处理保障经济建设用地与保护农民合法权益的关系，促进经济发展和社会稳定。

二、依法把好征地补偿安置审查关

征地首先要考虑农民的补偿安置。各地要严格按照《土地管理法》、《土地管理法实施条例》有关征地管理的规定和部发《关于加强征地管理工作的通知》（国土资发〔1999〕480号）、《关于切实做好征地补偿安置工作的通知》（国土资发〔2001〕358号）的要求，认真做好征地调查、确定补偿标准、拟定方案、审查报批及批后实施、跟踪检查等征地过程中各环节的工作。国土资源管理部门要切实行使审查、监督、指导的职责，确保征地补偿安置措施真实、合法，为政府把好关。对征地补偿标准不符合法律规定、安置措施不能真正落实的，不得报批用地；对征地已依法批准，而没有妥善安置被征地农民生产和生活的，将停止受理该地区的建设用地申报。

三、大力加强征地批后跟踪检查工作

征用土地经依法批准后，省级国土资源管理部门要跟踪检查征地补偿安置方案的实施情况，督促市、县人民政府和有关部门、单位兑现补偿费用，落实安置措施。地方各级国土资源管理部门要对本行政区域内征地批后实施情况进行全面检查。2002 年国务院已批准征用土地的批后实施情况，按部建立的反馈制度的要求，由省级国土资源管理部门汇总后，于 12 月底前报部。根据反馈情况，部将组织对重点地区和重点项目进行抽查，并通报抽查结果。

四、积极探索解决征地问题的有效途径

对征地补偿安置工作中出现的问题，要及时分析，查找原因，研究解决问题的对策。群众反映的意见和问题，要按照国家法律法规和有关规定，结合本地实际情况，妥善解决；一时不能解决的，要耐心做好宣传、解释和疏导工作，化解矛盾。对征地补偿标准偏低、安置措施不到位、失地农民生活无出路的，要及时向当地人民政府汇报，采取补救措施。要推广各地做好征地工作的成功作法，采取多种途径，妥善安置被征地农民的生产和生活。要积极开展征地制度改革研究和试点工作，探讨适应社会主义市场经济体制的新型征地制度。

五、严厉查处征地中的违法违纪行为

对群众信访反映和检查发现的土地未批先用、越权批地和侵占、截留、挪用征地补偿安置费用等严重违法违纪行为，要依法严肃查处；对涉嫌犯罪的，有关国土资源管理部门必须将案件移送司法机关；对有关地方未按规定进行处理的，上级主管部门要责令限期纠正；对不依法处理并严重失职的，要依法追究有关主管部门负责人的法律责任。各地要进一步加大对征用土地的执法力度，强化国土资源管理部门的执法职能，调动农民保护自身权益的积极性，做到事前防范、事中监督与事后查处相结合，确保《土地管理法》确定的各项征地制度落到实处。

# 国土资源部关于完善征地补偿安置制度的指导意见

（2004 年 11 月 3 日）

为合理利用土地，保护被征地农民合法权益，维护社会稳定，根据法律有关规定和《国务院关于深化改革严格土地管理的决定》（国发〔2004〕28 号，以下简称《决定》）精神，现就完善征地补偿安置制度有关问题提出以下意见：

一、关于征地补偿标准

（一）统一年产值标准的制订。省级国土资源部门要会同有关部门制订省域内各县（市）耕地的最低统一年产值标准，报省级人民政府批准后公布执行。制订统一年产值标准可考虑被征收耕地的类型、质量、农民对土地的投入、农产品价格、农用地等级等因素。

（二）统一年产值倍数的确定。土地补偿费和安置补助费的统一年产值倍数，应按照保证被征地农民原有生活水平不降低的原则，在法律规定范围内确定；按法定的统一年产值倍数计算的征地补偿安置费用，不能使被征地农民保持原有生活水平，不足以支付因征地而导致无地农民社会保障费用的，经省级人民政府批准应当提高倍数；土地补偿费和安置补助费合计按 30 倍计算，尚不足以使被征地农民保持原有生活水平的，由当地人民政府统筹安排，从国有土地有偿使用收益中划出一定比例给予补贴。经依法批准占用基本农田的，征地补偿按当地人民政府公布的最高补偿标准执行。

（三）征地区片综合地价的制订。有条件的地区，省级国土资源部门可会同有关部门制订省域内各县（市）征地区片综合地价，报省级人民政府批准后公布执行，实行征地补偿。制订区片综合地价应考虑地类、产值、土地区位、农用地等级、人均耕地数量、土地供求关系、当地经济发展水平和城镇居民最低生活保障水平等因素。

（四）土地补偿费的分配。按照土地补偿费主要用于被征地农户的原则，土地补偿费应在农村集体经济组织内部合理分配。具体分配办法由省级人民政府制定。土地被全部征收，同时农村集体经济组织撤销建制的，土地补偿费应全部用于被征地农民生产生活安置。

二、关于被征地农民安置途径

（五）农业生产安置。征收城市规划区外的农民集体土地，应当通过利用农村集体机动地、承包农户自愿交回的承包地、承包地流转和土地开发整理新增加的耕地等，首先使被征地农民有必要的耕作土地，继续从事农业生产。

（六）重新择业安置。应当积极创造条件，向被征地农民提供免费的劳动技能培训，安排相应的工作岗位。在同等条件下，用地单位应优先吸收被征地农民就业。征收城市规划区内的农民集体土地，应当将因征地而导致无地的农民，纳入城镇就业体系，并建立社会保障制度。

（七）入股分红安置。对有长期稳定收益的项目用地，在农户自愿的前提下，被征地农村集体经济组织经与用地单位协商，可以以征地补偿安置费用入股，或以经批准的建设用地土地使用权作价入股。农村集体经济组织和农户通过合同约定以优先股的方式获取收益。

（八）异地移民安置。本地区确实无法为因征地而导致无地的农民提供基本生产生活条件的，在充分征求被征地农村集体经济组织和农户意见的前提下，可由政府统一组织，实行异地移民安置。

三、关于征地工作程序

（九）告知征地情况。在征地依法报批前，当地国土资源部门应将拟征地的用途、位置、补偿标准、安置途径等，以书面形式告知被征地农村集体经济组织和农户。在告知后，凡被征地农村集体经济组织和农户在拟征土地上抢栽、抢种、抢建的地上附着物和青苗，征地时一律不予补偿。

（十）确认征地调查结果。当地国土资源部门应对拟征土地的权属、地类、面积以及地上附着物权属、种类、数量等现状进行调查，调查结果应与被征地农村集体经济组织、农户和地上附着物产权人共同确认。

（十一）组织征地听证。在征地依法报批前，当地国土资源部门应告知被征地农村集体经济组织和农户，对拟征土地的补偿标准、安置途径有申请听证的权利。当事人申请听证的，应按照《国土资源听证规定》规定的程序和有关要求组织听证。

四、关于征地实施监管

（十二）公开征地批准事项。经依法批准征收的土地，除涉及国家保密规定等特殊情况外，国土资源部和省级国土资源部门通过媒体向社会公示征地批准事项。县（市）国土资源部门应按照《征用土地公告办法》规定，在被征地所在的村、组公告征地批准事项。

（十三）支付征地补偿安置费用。征地补偿安置方案经市、县人民政府批准后，应按法律规定的时限向被征地农村集体经济组织拨付征地补偿安置费用。当地国土资源部门应配合农业、民政等有关部门对被征地集体经济组织内部征地补偿安置费用的分配和使用情况进行监督。

（十四）征地批准后监督检查。各级国土资源部门要对依法批准的征收土地方案的实施情况进行监督检查。因征地确实导致被征地农民原有生活水平下降的，当地国土资源部门应积极会同政府有关部门，切实采取有效措施，多渠道解决好被征地农民的生产生活，维护社会稳定。

# 国土资源部关于开展制订征地统一年产值标准和征地区片综合地价工作的通知（已被修改）

（国土资发〔2005〕144 号）

各省、自治区、直辖市国土资源厅（国土环境资源厅、国土资源局、国土资源和房屋管理局、房屋土地资源管理局、规划和国土资源局）：

《国务院关于深化改革严格土地管理的决定》（国发〔2004〕28 号，下称《决定》）要求各省、自治区、直辖市“制订并公布各市县征地的统一年产值标准或区片综合地价”。为指导各地贯彻落实好《决定》精神，加快开展制订和公布征地的统一年产值标准和区片综合地价工作，现就有关问题通知如下。

一、关于制订征地统一年产值标准和区片综合地价的必要性

制订征地统一年产值标准和区片综合地价目的是为征地补偿提供依据，直接为征地服务。制订征地统一年产值标准要考虑被征收耕地的类型、质量、农民对土地的投入、农产品价格及农用地等级等因素，在一定区域范围内（以县域范围为主），在主导性农用地类别和耕作制度条件下，以前三年主要农产品平均产量、价格及相关附加收益为主要依据进行测算。以统一年产值标准为基数，同时综合考虑当地经济发展水平、居民生活水平、被征地农民社会保障需要等其他条件，确定补偿倍数，计算征地补偿费用。征地综合区片地价是征地综合补偿标准，制订时要考虑地类、产值、土地区位、农用地等级、人均耕地数量、土地供求关系、当地经济发展水平和城镇居民最低生活保障水平等多方面因素进行测算。已经完成了农用地定级的地区，应充分吸收农用地定级成果。已按《农用地估价规程》完成农用地征用价格评估的地区，要充分考虑评估结果。要尽量采用多种方法分析测算，合理确定一定区域范围内的统一征地区片综合地价。

制订征地统一年产值标准和区片综合地价，是依法合理做好征地补偿安置工作、维护被征地农民切身利益、保障经济建设健康发展的重要基础性工作，是贯彻落实《决定》和国土资源部《关于完善征地补偿安置制度的指导意见》（国土资发〔2004〕238号）等文件精神，解决当前征地工作中存在的补偿标准偏低、同地不同价、随意性较大等突出问题的重要举措。各地对此项工作务必高度重视，认真组织，力争在2005年年底完成本地区征地统一年产值标准和区片综合地价的制订及公布工作。

二、关于推行征地统一年产值标准和区片综合地价的区域

制订征地统一年产值标准和区片综合地价，是一项政策性和技术性较强的基础性工作。各地要本着开拓创新、因地制宜的原则，积极推进这项工作。东部地区城市土地利用总体规划确定的建设用地范围，应制订区片综合地价；中、西部地区大中城市郊区和其他有条件的地区，也应积极推进区片综合地价制订工作；其他暂不具备条件的地区可制订征地统一年产值标准。

为指导各地制订征地统一年产值标准和区片综合地价，我部下发《征地统一年产值标准测算指导性意见》（附件1）和《征地区片综合地价测算指导性意见》（附件2），各地应参照执行。执行中的有关问题和建议及时与部有关司联系。

三、关于制订和公布征地统一年产值标准和区片综合地价的步骤

（一）制订方案，加强协调。

各省（区、市）国土资源部门在接到本通知后，要抓紧结合本地工作实际，拟定本省制订征地统一年产值标准和区片综合地价的工作方案，在征求财政、统计、物价、农业等相关部门意见后进一步修改完善，于2005年8月底前报部耕地保护司。部将予以指导，提出意见。

（二）全面部署，科学测算。

各省（区、市）根据工作方案，对各市、县制订征地统一年产值标准或区片综合地价的工作进行全面部署。各市县国土资源部门广泛深入地进行实地调查研究，做好有关基础资料和数据的收集和分析工作；在此基础

上，做好征地统一年产值标准和区片综合地价的测算工作。在初步确定测算结果后，要依法组织听证，广泛听取群众意见。

（三）评审验收，搞好平衡。

各省（区、市）国土资源部门对各市县的制订工作要具体加以指导，并组织有关部门和专家分别对各市县制订的统一年产值标准和区片综合地价进行评审。对省（区、市）内各地区征地补偿标准要综合平衡，相互衔接；对分别采用统一年产值标准和区片综合地价的地区，也要做好标准水平的统一平衡和衔接工作。

（四）审查备案，统一公布。

各省（区、市）国土资源部门在对各市、县制订标准审核、综合平衡的基础上，将本省（区、市）不同地区的征地统一年产值标准和区片综合地价平均水平报部。部将进行省（区、市）际间综合平衡协调。省级国土资源部门根据部提出的修正意见，对征地统一年产值标准和区片综合地价作进一步调整完善，报省级人民政府批准公布。征地统一年产值标准和区片综合地价一经公布必须严格执行。

四、关于制订和公布征地统一年产值标准和区片综合地价需注意的几个问题

（一）合理确定不同地区征地补偿标准。

制订征地统一年产值标准和区片综合地价，要依据国家法律法规和文件的有关规定，从本地区经济发展水平、农民生产和生活实际需要出发，妥善处理征地补偿标准的合法性与合理性、法定补偿标准与农民补偿要求之间的关系，切实维护被征地农民的合法权益，保证原有生活水平不下降、长远生计有保障。要防止以制订和公布征地统一年产值标准和区片综合地价为由，压低征地补偿标准。

（二）做好省域内征地补偿标准的总体平衡工作。

各省（区、市）国土资源部门要在深入调查研究、科学测算的基础上，按照同地同价的要求，合理确定和平衡省域内各地（市、州）之间及各市（县）之间征地补偿标准的差异；要认真研究处理因各地征地补偿标

准发布时间及测算方法等不同造成标准水平出现差异的机制和方案。

（三）认真依法组织听证工作。

按照《国土资源听证规定》，拟订或者修改区域性征地补偿标准必须要组织听证。地方各级国土资源部门制订征地统一年产值标准和区片综合地价，要在认真做好实地调研和科学测算的基础上，广泛听取有关部门、农村集体经济组织、农民群众及社会各方面的意见和建议。

（四）注意与过去征地补偿标准的衔接。

测算征地统一年产值标准和区片综合地价，应注意对过去依法确定的征地补偿标准，尤其是对 1999 年至 2004 年期间征地补偿标准进行认真分析和客观借鉴，防止新、老征地补偿标准之间差距过大而导致矛盾，维护社会稳定。

附件：1.《征地统一年产值标准测算指导性意见》（暂行）

2.《征地区片综合地价测算指导性意见》（暂行）

二〇〇五年七月二十三日

## 附件 1：征地统一年产值标准测算指导性意见（暂行）

一、概念及内涵

征地统一年产值标准是在一定区域范围内（以市、县行政区域为主），综合考虑被征收农用地类型、质量、等级、农民对土地的投入以及农产品价格等因素，以前三年主要农产品平均产量、价格为主要依据测算的综合收益值。

统一年产值标准是计算征地补偿费用的主要依据。征地补偿费用在统一年产值标准的基础上，根据土地区位、当地农民现有生活水平和社会经济发展水平、原征地补偿标准等因素确定相应的土地补偿费和安置补助费倍数进行计算。

统一年产值标准适用于集体农用地征收补偿测算，集体建设用地征收补偿和国有农用地补偿测算可参照执行。

二、基本原则

（一）主导性原则。选择主导的地类和耕作制度进行测算，用主导农用地收益反映测算范围内的农用地客观收益。

（二）适当从高原则。在依据现状农作物产值测算的同时，适当考虑改进生产方式、增加科技投入等提高土地收益。

（三）协调平衡原则。考虑土地等级状况，与当地征地区片综合地价水平相协调，与原征地补偿标准相衔接。

（四）公开听证原则。根据《国土资源听证规定》要求，依法组织听证，广泛听取各有关部门、农村集体经济组织、农民及社会各方面的意见和建议。

三、基本要求

（一）统一年产值标准分两个层次制订，一是市（县）统一年产值标准，以市（县）行政区域为基本单元制订；二是市（县）内分区域年产值标准，把市（县）划分为不同区域，确定各区域年产值标准。

（二）市（县）统一年产值标准为控制性标准，在省内进行综合平衡；市（县）分区域年产值标准在市（县）统一年产值标准的基础上形成。

（三）分区域年产值标准不设地块修正体系。

（四）统一年产值标准应设定基准时点，一般3—5年调整一次。

四、工作步骤

1. 确定测算范围；

2. 确定主导耕作制度和主要农作物年产量；

3. 确定主要农作物价格和年产值；

4. 确定市（县）统一年产值标准；

5. 确定市（县）分区域的统一年产值标准。

五、主导耕作制度和主要农作物年产量的确定

（一）主导耕作制度的确定

主导耕作制度包括土地主要复种方式和主要农作物种类。其中，主要土地复种方式根据土地的复种面积比例情况确定，主要农作物种类在土地复种方式的基础上根据种植面积进行判断。

注意事项：

1. 确定主要土地复种方式时，如果某种复种方式（如一年一熟）的面积超过市（县）范围内耕种土地的60%，可以确定该复种方式为主要复种方式；如果市（县）范围内具有一种以上主要复种方式（面积超过30%），可选择其中2—3种作为主要复种方式。

2. 确定主要农作物种类时，如果某一种农作物种植面积超过70%，可以直接确定其为主要农作物；如果有一种以上主要农作物（超过30%），可选择其中2—3种作为主要农作物。

3. 主导耕作制度还可以通过查阅《农用地分等规程》附表得到。

（二）主要农作物年产量的确定

主要农作物年产量为其前三年产量的平均值，农作物年产量数据通过抽样调查采集。

注意事项：

1. 在具体调查时要考虑抽样点分布的均匀性和代表性，同时还要对农用地的附加收入（如养殖、间作和多种经营等）、种植成本以及灾害情况等进行调查，便于数据分析处理。

2. 农作物年产量数据要按照三个年份、复种类型和农作物类型分别进行统计和分析。

六、主要农作物价格和年产值的确定

（一）主要农作物价格的确定

主要农作物价格在调查市场价格和国家收购价格的基础上，选择两者中较高价格确定。

注意事项：

1. 市场价格在调查主要农作物年产量同时，采用抽样的方式调查；国家收购价格通过查阅相关统计资料得到。

2. 主要农作物价格数据要按照价格类型、复种类型和农作物类型分别进行统计和分析。

（二）主要农作物年产值的确定

主要农作物年产值为主要农作物平均年产量与平均价格的乘积。在具有一种以上农作物组合和复种方式的情况下，采用加权平均方法计算。

七、市（县）统一年产值标准的确定

市（县）统一年产值在主要农作物年产值的基础上，根据土地附加收益情况（其他种植、养殖等多种经营）适当向上调整后确定。

八、分区域统一年产值标准的确定

分区域统一年产值标准在市（县）统一年产值标准的基础上通过区域条件修正测算确定。

各地可以根据当地实际情况，在乡镇行政界限的基础上，综合考虑区域间的地形、地貌、主要农作物类别以及多种经营水平等因素划分区域，并确定区域条件修正系数。

九、听证和验收

根据《国土资源听证规定》，统一年产值标准必须依法组织听证，并根据听证情况进行修改，报省级国土资源部门评审验收，综合平衡。

十、成果要求

提交结果报告和技术报告。

（一）结果报告的主要内容：

1. 统一年产值测算说明，包括统一年产值内涵、测算时间、测算范围、基准时点及有关名词解释等；

2. 统一年产值标准表；

3. 统一年产值标准分布图；

4. 统一年产值标准使用说明等。

（二）技术报告的主要内容：

1. 测算范围及其基本情况；

2. 测算原则与依据；

3. 测算技术路线与方法；

4. 测算过程与测算结果；

5. 测算结果分析与应用建议等。

## 附件2：征地区片综合地价测算指导性意见（暂行）

一、概念及内涵

征地区片综合地价（以下简称征地区片价）是指在城镇行政区土地利用总体规划确定的建设用地范围内，依据地类、产值、土地区位、农用地等级、人均耕地数量、土地供求关系、当地经济发展水平和城镇居民最低生活保障水平等因素，划分区片并测算的征地综合补偿标准（原则上不含地上附着物和青苗的补偿费）。

征地区片价测算范围重点在土地利用总体规划确定的城市、集镇建设用地规模范围内，但各地可以根据征地需要和实际情况扩展到城市郊区或更大范围。

二、基本原则

（一）维护被征地农民合法权益原则。征地区片价要确保被征地农民原有生活水平不因征地而降低，并体现长远生计和未来发展的需要。

（二）同地同价原则。在同一区片内，不同宗地的征地补偿标准相同，且不因征地目的及土地用途不同而有差异。

（三）协调平衡原则。征地区片价不得低于当地原征地补偿标准，省级行政区域内各市县的征地区片价应相互衔接。

（四）公开听证原则。根据《国土资源听证规定》，征地区片价要依法组织听证，广泛听取有关部门、农村集体经济组织、农民及社会各方面的意见和建议。

三、基本要求

（一）征地区片价作为征地补偿实施过程中的执行标准，一般情况下不设定宗地补偿费修正体系；确需设定修正体系的，要严格限定修正因素并控制修正系数，修正体系应一并公布。

（二）一个市（县）的征地区片价原则上控制在4—6个级别。

（三）征地区片价应设定对应的基准时点，一般3—5年更新一次。

四、工作步骤

1. 确定测算范围；

2. 划定区片；

3. 测算区片综合地价；

4. 对区片综合地价进行验证和调整；

5. 测算结果听证和修改；

6. 确定征地区片价；

7. 整理与编制成果。

五、区片的划定

（一）有农用地定级成果市（县）的区片划定

已经根据《农用地定级规程》完成农用地定级工作的市（县），在农用地级别的基础上，按照《关于完善征地补偿安置制度的指导意见》（国土资发〔2004〕238号）的精神，考虑人均耕地数量、土地区位、土地供求关系、当地经济发展水平和城镇居民最低生活保障水平等因素，对农用地级别进行修正和调整，划分区片。

（二）没有农用地定级成果市（县）的区片划定

没有开展农用地定级工作的市（县），可以行政村为基本单元，根据地类、人均耕地数量、土地区位等因素对基本单元进行综合评价和调整，划定区片。

注意事项：

1. 对基本单元综合评价应考虑地类、产值、土地区位、人均耕地数量、土地供需关系、当地经济发展水平和城镇居民最低生活保障水平等因素，并确定合理的权重。

2. 区片边界线一般以村行政界线为依据划定；须打破行政界线的，可依线状地物及地类分界线确定。

3. 基本农田保护区、生态保护区和其他资源保护区等不得划入征地区片价测算范围。

六、测算方法

征地区片价可采用农地价格因素修正、征地案例比较和年产值倍数等方法进行测算，也可以根据本地区实际情况采用其他合适的方法进行测算。征地区片价原则上应在两种或者三种方法测算结果的基础上综合平衡确定。

（一）农地价格因素修正测算法

征地区片价以农地价格为基础，同时考虑人均耕地数量和城镇居民最低生活保障水平等因素进行修正。

具体步骤：

1. 计算区片的农地价格；

2. 确定修正因素和系数；

3. 计算征地区片价。

注意事项：

1. 已经根据《农用地估价规程》完成农用地基准地价测算的地区，参照农用地基准地价确定区片的农地价格；没有完成农用地基准地价测算的地区，在农地年产值的基础上采用收益还原法评估区片的农地价格。

2. 修正因素主要考虑土地区位、人均耕地数量、土地供求关系、当地经济发展水平和城镇居民最低生活保障水平等因素。

（二）征地案例比较测算法

根据本区片和其他可比区片征地案例的实际补偿标准，进行比较确定征地区片价。

具体步骤：

1. 选择征地案例；

2. 统一可比内涵；

3. 进行比较修正；

4. 计算征地区片价。

注意事项：

1. 征地案例要选择近三年之内发生的征地项目。

2. 征地案例的可比内涵要与征地区片价的设定内涵一致。

3. 对征地案例的比较修正应考虑区域因素、个别因素和时间因素等。

（三）年产值倍数测算法

根据年产值倍数分别计算土地补偿费和安置补助费确定征地区片价。

具体步骤：

1. 确定区片土地年产值；

2. 确定土地补偿倍数和安置补助倍数；

3. 计算区片土地补偿费和安置补助费；

4. 计算征地区片价。

注意事项：

1. 区片土地年产值依据统一年产值标准或者通过调查前三年产值确定。

2. 土地补偿倍数和安置补助倍数，应根据《土地管理法》有关规定，并考虑当地经济发展水平和基本生活保障水平确定。

七、验证和调整

征地区片价初步结果必须与现行征地补偿水平和被征地农民现有生活水平进行比较和验证，测算的征地区片价低于现行征地补偿水平和农民现有生活水平的，不足以支付失地农民社会保障费用的，需要进行调整。

注意事项：

1. 现行征地补偿水平通过对近期征地样点调查统计得到。

2. 农民现有生活水平主要根据统计部门的农村居民收入水平数据，并结合实地样点调查资料确定；失地农民的社会保障费用根据当地社会经济发展水平确定。

3. 征地区片价须折算成年度收益后，才能与农民现有生活水平相比较。

4. 征地区片价要与周边地区征地补偿标准相衔接。

八、听证和验收

根据《国土资源听证规定》，征地区片价必须依法组织听证，并根据听证情况进行修改，报省级国土资源部门综合平衡，评审验收。

九、测算成果要求

提交结果报告和技术报告。

（一）结果报告的主要内容：

1. 征地区片价说明，包括区片价内涵、基准时点、测算时间、测算范围、区片分布、有关名词解释等；

2. 征地区片价表，表中内容包括各区片编号、区片价、位置、范围描述等；

3. 征地区片价分布图；

4. 征地区片价使用说明。

（二）技术报告的主要内容：

1. 测算范围及其基本情况；

2. 测算原则与依据；

3. 测算技术路线与方法；

4. 测算过程与测算结果；

5. 测算结果分析与应用建议等。

# 国土资源部关于进一步做好征地管理工作的通知

（国土资发〔2010〕96号）

各省、自治区、直辖市国土资源厅（国土环境资源厅、国土资源局、国土资源和房屋管理局、规划和国土资源管理局），新疆生产建设兵团国土资源局：

为贯彻落实党中央、国务院关于做好征地工作的一系列指示精神，以及日前《国务院办公厅关于进一步严格征地拆迁管理工作切实维护群众合法权益的紧急通知》（国办发明电〔2010〕15号，以下简称《紧急通知》）有关规定和要求，切实加强和改进征地管理，确保被征地农民原有生活水平不降低，长远生计有保障，现就有关事项通知如下：

一、推进征地补偿新标准实施，确保补偿费用落实到位

（一）全面实行征地统一年产值标准和区片综合地价。制定征地统一年产值标准和区片综合地价是完善征地补偿机制、实现同地同价的重要举措，也是提高征地补偿标准、维护农民权益的必然要求，各类建设征收农村集体土地都必须严格执行。对于新上建设项目，在用地预审时就要严格把关，确保项目按照公布实施的征地统一年产值标准和区片综合地价核算征地补偿费用，足额列入概算。建设用地位于同一年产值或区片综合地价区域的，征地补偿水平应基本保持一致，做到征地补偿同地同价。

各地应建立征地补偿标准动态调整机制，根据经济发展水平、当地人均收入增长幅度等情况，每2至3年对征地补偿标准进行调整，逐步提高征地补偿水平。目前实施的征地补偿标准已超过规定年限的省份，应按此要求尽快调整修订。未及时调整的，不予通过用地审查。

（二）探索完善征地补偿款预存制度。为防止拖欠征地补偿款，确保补偿费用及时足额到位，各地应探索和完善征地补偿款预存制度。在市县组织用地报批时，根据征地规模与补偿标准，测算征地补偿费用，由申请

用地单位提前缴纳预存征地补偿款；对于城市建设用地和以出让方式供地的单独选址建设项目用地，由当地政府预存征地补偿款。用地经依法批准后，根据批准情况对预存的征地补偿款及时核算，多退少补。

省级国土资源部门应结合本省（区、市）实际情况，会同有关部门，建立健全征地补偿款预存的有关规章制度，并在用地审查报批时审核把关。

（三）合理分配征地补偿费。实行征地统一年产值标准和区片综合地价后，省级国土资源部门要会同有关部门，按照征地补偿主要用于被征地农民的原则，结合近年来征地实施情况，制定完善征地补偿费分配办法，报省级政府批准后执行。

征地批后实施时，市县国土资源部门要按照确定的征地补偿安置方案，及时足额支付补偿安置费用；应支付给被征地农民的，要直接支付给农民个人，防止和及时纠正截留、挪用征地补偿安置费的问题。

二、采取多元安置途径，保障被征地农民生产生活

（四）优先进行农业安置。各地应结合当地实际，因地制宜，采取多种有效的征地安置方式。在一些通过土地整治增加了耕地以及农村集体经济组织预留机动地较多的农村地区，征地时应优先采取农业安置方式，将新增耕地或机动地安排给被征地农民，使其拥有一定面积的耕作土地，维持基本的生产条件和收入来源。

（五）规范留地安置。在土地利用总体规划确定的城镇建设用地范围内实施征地，可结合本地实际采取留地安置方式，但要加强引导和管理。留用地应安排在城镇建设用地范围内，并征为国有；涉及农用地转用的，要纳入年度土地利用计划，防止因留地安置扩大城市建设用地规模；留用地开发要符合城市建设规划和有关规定要求。实行留用地安置的地区，当地政府应制定严格的管理办法，确保留用地的安排规范有序，开发利用科学合理。

（六）推进被征地农民社会保障资金的落实。将被征地农民纳入社会保障，是解决被征地农民长远生计的有效途径。各级国土资源部门要在当

地政府的统一领导下，配合有关部门，积极推进被征地农民社会保障制度建设。当前，解决被征地农民社保问题的关键在于落实社保资金，本着“谁用地、谁承担”的原则，鼓励各地结合征地补偿安置积极拓展社保资金渠道。各地在用地审查报批中，要对被征地农民社保资金落实情况严格把关，切实推进被征地农民社会保障资金的落实。

实行新型农村社会养老保险试点的地区，要做好被征地农民社会保障与新农保制度的衔接工作。被征地农民纳入新农保的，还应落实被征地农民的社会保障，不得以新农保代替被征地农民社会保障。

三、做好征地中农民住房拆迁补偿安置工作，解决好被征地农民居住问题

（七）切实做好征地涉及的拆迁补偿安置工作。各地要高度重视征地中农民住房拆迁工作，按照《紧急通知》规定要求切实加强管理。农民住房拆迁补偿安置涉及土地、规划、建设、户籍、民政管理等多方面，同时也关系到社会治安、环境整治以及民俗民风等社会问题，市县国土资源部门应在当地政府的统一组织领导和部署下，配合相关部门，建立协调机制，制订办法，共同做好拆迁工作。要严格执行相关法律法规和政策规定，履行有关程序，做到先安置后拆迁，坚决制止和纠正违法违规强制拆迁行为。

（八）住房拆迁要进行合理补偿安置。征地中拆迁农民住房应给予合理补偿，并因地制宜采取多元化安置方式，妥善解决好被拆迁农户居住问题。在城市远郊和农村地区，主要采取迁建安置方式，重新安排宅基地建房。拆迁补偿既要考虑被拆迁的房屋，还要考虑被征收的宅基地。房屋拆迁按建筑重置成本补偿，宅基地征收按当地规定的征地标准补偿。

在城乡结合部和城中村，原则上不再单独安排宅基地建房，主要采取货币或实物补偿的方式，由被拆迁农户自行选购房屋或政府提供的安置房。被拆迁农户所得的拆迁补偿以及政府补贴等补偿总和，应能保障其选购合理居住水平的房屋。

（九）统筹规划有序推进征地拆迁。在城乡结合部和城中村，当地政

府应根据城市发展需要，合理预测一段时期内征地涉及的农民住房拆迁安置规模，统筹规划，对拆迁安置用地和建造安置住房提前作出安排，有序组织拆迁工作。安置房建设要符合城市发展规划，防止出现“重复拆迁”。在城市远郊和农村地区，实行迁建安置应在村庄和集镇建设用地范围内安排迁建用地，优先利用空闲地和闲置宅基地。纳入拆并范围的村庄，迁建安置应向规划的居民点集中。有条件的地方应结合新农村或中心村建设，统筹安排被拆迁农户的安置住房。

四、规范征地程序，提高征地工作透明度

（十）认真做好用地报批前告知、确认、听证工作。征地工作事关农民切身利益，征收农民土地要确保农民的知情权、参与权、申诉权和监督权。市县国土资源部门要严格按照有关规定，征地报批前认真履行程序，充分听取农民意见。征地告知要切实落实到村组和农户，结合村务信息公开，采取广播、在村务公开栏和其他明显位置公告等方式，多形式、多途径告知征收土地方案。被征地农民有异议并提出听证的，当地国土资源部门应及时组织听证，听取被征地农民意见。对于群众提出的合理要求，必须妥善予以解决。

（十一）简化征地批后实施程序。为缩短征地批后实施时间，征地报批前履行了告知、确认和听证程序并完成土地权属、地类、面积、地上附着物和青苗等确认以及补偿登记的，可在征地报批的同时拟订征地补偿安置方案。征地批准后，征收土地公告和征地补偿安置方案公告可同步进行。公告中群众再次提出意见的，要认真做好政策宣传解释和群众思想疏导工作，得到群众的理解和支持，不得强行征地。

五、切实履行职责，加强征地管理

（十二）强化市县政府征地实施主体职责。依照法律规定，市县政府是征地组织实施的主体，对确定征地补偿标准、拆迁补偿安置、补偿费用及时足额支付到位、组织被征地农民就业培训、将被征地农民纳入社会保障等负总责。国土资源部门应在政府的统一组织领导下，认真履行部门职责，确保征地工作依法规范有序地进行。

（十三）落实征地批后实施反馈制度。建设用地批准后（其中国务院批准的城市建设用地，在省级政府审核同意农用地转用和土地征收实施方案后）6个月内，市县国土资源部门应将征地批后实施完成情况，包括实施征地范围和规模、履行征地批后程序、征地补偿费用到位、被征地农民安置及社会保障落实等情况，通过在线报送系统及时报送省级国土资源部门和国土资源部。省级国土资源部门要督促、指导市县做好报送工作，检查核实报送信息，及时纠正不报送、迟报送及报送错误等问题。各级国土资源部门要充分运用报送信息，及时掌握、分析征地批后实施情况，加强用地批后监管，确保按批准要求实施征地。

# 附录（三）：

# 其他相关文件

## 最高人民法院关于土地被征用所得的补偿费和安置补助费应归被征地单位所有的复函（已失效）

（法经〔1995〕13号）

江西省高级人民法院：

你院赣高法经〔1994〕22号请示报告收悉。经研究，答复如下：

原则同意你院第二种意见。根据《中华人民共和国土地管理法》和1986年12月27日江西省第六届人民代表大会常务委员会第二十一次会议通过的《江西省实施〈中华人民共和国土地管理法〉的办法》的规定，农村和城市郊区的土地，原以生产队为核算单位的，归村民小组农民集体所有，由村民小组农业集体经济组织或村民小组经营、管理；土地被征用所得的补偿费、安置补助费归被征地单位所有，由被征地单位集中管理，列专户储存，县级或乡级人民政府监督指导使用，由被征地单位用于发展生产和安排因土地被征用而造成的多余劳动力的就业和不能就业人员的生活补助，不得分给个人、移作他用或平调。你省九江市庐山区虞家河乡大桥村第十一组的土地被全部征用后，虞家河乡人民政府将部分土地补偿费和安置补助费由乡、村两级按 3∶7 比例留用，并将该费用于扶助、开办乡属企业的做法与上述规定相悖。且大桥村第十一组在土地被征用后，仍然保留着村民组委会机构，在信用社有开户和存款。土地补偿费和安置补助费应归村民小组农民集体所有，由虞家河乡人民政府负责监督指导村民小组对上述费用的使用。

# 关于国家建设征用土地办法修正草案的说明

国务院副秘书长　陶希晋

委员长、各位副委员长、各位委员：

现在我对国家建设征用土地办法修正草案，作以下几点说明：

（一）“政务院关于国家建设征用土地办法”自从1953年12月5日公布施行以来，对于国家建设征用土地和处理被征用土地者的生产、生活问题，都起了积极的保证作用。近几年来，由于社会主义建设和社会主义改造突飞猛进，高级农业生产合作社已普及全国，生产资料所有制发生了根本变化，原办法对于当前在征用土地工作中所发生的许多新的问题已不能完全适应；与此同时，有些中央国家机关和省、市，为了解决这些新的问题，根据原办法的基本精神，先后发布了一些规范性文件，现在看来，其中也存在着有些抵触和不切实际的现象。因此，国务院认为原办法的许多规定有作统一修改的必要。在修改过程中，由国务院法制局对有关这方面的法规作了系统的整理，并就各项问题进行了多方面的调查研究，提出了修正草案。此项修正草案，业经国务院全体会议第五十八次会议讨论通过，现在提请全国人民代表大会常务委员会审议批准。

（二）关于修正草案中的几个主要问题：

一、这次对原办法的修改，首先着眼的是节约用地。八年多来，国家因建设征用的土地约在两千万亩以上。这些土地的征用，大部分是必需的，保证了社会主义建设事业的迅速发展。但是，在有的地区和某些单位，多征少用、早征迟用甚至征而不用等浪费土地的现象，也相当严重。根据河北、成都、武汉、长沙、北京、杭州等省市1956年的检查，几年征用土地中浪费的土地约占40%。太原市22个建设单位征用土地一万多亩，荒芜五千多亩，达到50%。浪费土地的原因，固然同大规模进行社会主义建设经验不足有关，而原办法对于节约用地、防止土地浪费，规定得不够具体细致，特别是缺乏明确的监督检查制定，也有很大关系。自从1956年

1 月国务院发布关于纠正与防止国家建设征用土地中浪费现象的通知，要求各地对已征土地的使用情况进行经常检查以后，情况有好转。比如，河北省由于对已征土地的使用情况经常进行检查，浪费土地的百分比已由1955 年的34.8%下降到1956 年的9.3%。为了进一步强调节约用地，建立与健全监督检查制度，修正草案的第三、第十五、第二十一等条规定：一切目前可以不举办的工程，都不应该举办；征用土地必须精打细算，严格控制建筑密度，防止多征早征；已经征用的土地，如果因计划变更而不使用或有多余，必须及时交回；县级以上人民委员会和用地单位的上级机关，必须对使用土地的情况经常进行监督检查，发现征而不用和征多用少的土地，应当及时收回交给当地农业生产合作社耕种。

审批程序的确当与否，是控制用地、防止土地浪费的关键。原办法关于征用土地的批准权，一则中央集中的较多，二则以全国性或者地方性的建设事业用地来区别中央或者地方政府批准的权限，也不很合理，再加以批准建设工程初步设计的机关同批准用地数量的机关又不统一，因此在执行中都遇到了一些实际困难。为了符合中央关于行政管理权限适当下放的精神和更切合实际地控制用地，修正草案规定：征用土地必须由有权批准本项建设工程初步设计的机关负责批准用地的数量，然后由用地所在地的省级或者县级人民委员会本着尽量用荒地、劣地、空地的精神具体核拨用地。根据最近几年来的经验，这样的规定，亦即是由有权批准建设工程初步设计的机关一并负责批准用地数量，才能更有效地合理地掌握用地，防止土地浪费。在省、县两级人民委员会核拨用地的时候，如果用地虽在三百亩以下，但迁移居民超过三十户，或者迁移居民虽在三十户以下，但用地超过三百亩，都必须由省级人民委员会核拨。这是因为在这种情况下，由省级人民委员会掌握较为稳妥，同时也照顾到县级人民委员会处理这类问题的实际困难。

二、关于征用土地的补偿问题。在原办法制定的时候，征用土地发补偿费的对象是个体农民；农业合作化以后，发补偿费的对象应当是农业生产合作社。土地补偿标准，原办法规定为三年至五年的产量总值；鉴于农业合作化以后农民的生产、生活都有所提高，原来的标准，就显得有些过高，同时原办法规定的产量在计算上也不明确，修正草案本着既照顾群众利益又节省国家开支的原则，将补偿标准改为二年至四年的定产量总值。从几年来的实际经验来看，各地土地定产量和农民生活水平都有所不同，对补偿标准规定这样的幅度是适当的。此外，由于群众政治觉悟提高，有的被征用了少量土地的农业生产合作社认为不影响它们的生产和社员的生活，表示热情支援国家建设，不要补偿费。对于群众的这种精神，国家应予鼓励；但必须注意掌握，既要防止对群众的政治热情估计不足，又要防止不很好考虑群众在被征用土地后生产和生活是否会受到影响。所以修正草案第九条第一款规定："征用农业生产合作社的土地，如果社员大会或者社员代表大会认为对社员生活没有影响，不需要补偿，并经当地县级人民委员会同意，可以不发给补偿费"。另一种情况，征用农业社使用的非社员的土地（如社员在入社前租来、典来或者受亲友委托代种、代管而由他们带着入了社的土地），各地认为如果该土地所有人不从事农业生产又不以土地收入维持生活，可以不发补偿费。我们觉得可以这样做，但也必须经本人同意为宜。修正草案第九条第二款就是这样规定的。

三、关于对被征用土地者的安置问题。原办法对于就地在农业上安置强调不够，被征用土地的农民过多地要求转业，这同国家多动员人"下乡上山"的方针不相符合。又原办法对于组织移民也规定的不够明确具体，有的地方曾因草率移民造成了劳民伤财的不良影响。修正草案针对着这些情况，首先强调在不影响生产、生活的原则下尽量就地在农业上安置；如果必须组织移民时，迁出和迁入地区的县级以上人民委员会必须共同切实负责。在组织移民时，应特别注意，迁入地区必须有长期定居的生产条件。

四、几年来在拨用国家机关、部队、企业、学校、人民团体等单位正在使用着的国有、公有土地时，原使用单位对于拨用的交换条件，往往要求过高，而申请用地单位则有的对原使用单位的要求，应该解决的也不予解决。为了便于解决这些问题，本着勤俭建国的精神，在修正草案第十八条第二款作了补充规定。

（三）鉴于原办法的几个根本原则，现在看来还是正确的，几年来各地对原办法的执行也比较熟悉，所以对原办法未作重新起草，而只作若干的必要修改，并且仍然沿用了原办法的名称；原条文中凡是可以不改动的，亦都尽量予以保留，不作改动，特别须指出的，原办法第五条关于征用土地必须向群众进行解释的规定，几年来执行的经验证明很好，所以修正草案仍保留这规定。我们认为像处理征用土地这样直接关系到群众生产和生活的大事，必须认真贯彻群众路线，使群众在当前切身利益得到适当照顾的条件下，自觉地服从国家利益和人民的长远利益，才能做好。事实上，我们国家因建设而征用土地，同广大群众的利益是一致的，只要向群众充分地解释清楚，就会取得群众的同意和支持。因此，坚决贯彻群众路线是保证做好土地征用工作的一个重要关键。

# 关于《国家建设征用土地条例（草案)》的说明

（1982年4月28日在第五届全国人民代表大会常务委员会第二十三次会议）

委员长、各位副委员长、各位委员：

我受国务院的委托，就《国家建设征用土地条例（草案)》的有关问题作如下说明。

一九五八年一月六日，经第一届全国人民代表大会常务委员会第九十次会议批准，国务院公布了《国家建设征用土地办法》。这个《办法》对于解决国家建设用地曾经起了积极的作用。但是，二十多年来，随着我国经济的发展和人口的增长，国家建设征用土地出现了一些新的情况。一九五八年公布的《国家建设征用土地办法》早已不能适应变化了的情况，致使近年来国家建设征地工作实际上处于“无法可依”的状态。宪法所规定的国家依法征用土地的原则得不到贯彻，节约用地的国策遭到了破坏，建设用地出现了“自由议价”，甚至出现了变相买卖土地和出租土地的现象，给国家建设和工农关系带来了许多困难和一系列的问题。

我国人口多、耕地少，是一个尖锐的矛盾。现在，全国平均每人拥有的耕地已从一九五八年的二亩六分，减少到一亩五分。一些大中城市郊区平均每人耕地只有半亩左右或更少。但是在近十几年中，节约用地的原则贯彻执行得很不够，浪费耕地的现象比较严重。有些建设单位不爱惜耕地，多征少用，早征晚用，甚至征而不用；有些单位本来可用荒地、劣地，而却占用良田、菜地。社队建设用地也存在严重的浪费现象。有些社队企业圈大院，农民盖房侵占耕地的现象也相当普遍。有些地方甚至出现了变相高价买卖和出租土地，以土地入股的方式搞合营等现象，更加剧了耕地的浪费。由于耕地减少，征地后剩余劳动力的安置工作大大地增加了，而安置途径、所需资金等，过去又没有明确的规定，被征地社队的生产和群众生活得不到妥善解决。

由于“无法可依”，征地管理工作相当混乱。这些年来，有些地区征地费用越来越高，加上有些干部片面迁就和支持农民的要求，把多收征地费当成使农民富起来的捷径，以致有的地方每征一亩地要花上万元，几万元甚至十几万元；附加条件也越来越多，比如要安排农民进厂当工人，要转城市户口，要汽车拖拉机，要给办工厂、办企业并包利润。有些地方的政府趁国家建设征地之机，“吃大项”，揩油；或者搞平调，克扣农民。少数不法分子，则贪污受贿，敲诈勒索，挖社会主义墙脚。许多建设单位因为满足不了社队或有关方面提出的征地条件，建设工期一拖再拖，影响了国家建设。

这些问题，如果不很好地解决，对于巩固工农联盟，建设社会主义都是很不利的。各地区、各部门强烈要求制订新的法规。近几年的人大会议和政协会议都有一批这方面的提案。

一九七七年，国务院责成国家建委在一九五八年《国家建设征用土地办法》的基础上，草拟新的国家建设征用土地的法规，国家建委经过反复调查研究和多次征求各省、自治区、直辖市和各有关部门的意见，起草了《国家建设征用土地条例（草案)》。

这个《条例》与一九五八年的《办法》比较，主要的修改和补充有：

一、强调国家依法征地的原则。根据中华人民共和国宪法的有关规定，明确提出国家建设可以依法征用土地。农村社队和农民在按规定得到合理的补偿、安置后，有义务积极支援国家建设。严禁用地单位直接向农村社队购地、租地、变相租地和土地入股。

二、坚决贯彻节约用地的国策。一切建设工程，都必须尽可能减少占地面积和利用荒地、劣地，不占或少占耕地和其他在农业生产上经济效益高的土地。严格控制大城市近郊和人口密集地区的建设用地。严格执行征地程序和审批权限，制止非法占地。对征而不用的土地，允许当地政府收回，按规定的权限另外安排使用。

三、适当提高土地补偿费标准。征用一般耕地的补偿费，由一九五八年《办法》的二至四年产值，提高到年产值的三至六倍。

四、妥善安置被征地生产队的生产生活，保护农民的正当利益。征用集体土地除付给补偿费外，还应对因征地而需要安置的农业人口支付安置补助费。规定了此项费用的计算依据、标准和使用方向，指明了安置的主要途径。禁止领导机关和其他单位侵占被征地单位应得的利益。

五、加强管理。规定各级人民政府的土地管理机关为征地工作的主管机关，在人民政府领导下，把征地工作全面管起来，不仅要管征地的审批，而且要组织有关部门做好补偿、安置工作，监督土地使用情况和征地协议执行情况。

六、加强法制。增加了对征地中各种违法行为的处罚条款。

另外，凡是应当和可能作出具体规定的问题，《条例》都尽量做出明确的规定；凡是不宜于在全国范围内作出统一规定的问题，则提出处理原则，由各省、自治区、直辖市结合实际情况进一步具体化。

由于我国幅员辽阔，各地区的情况差异很大，因此本《条例》规定的土地补偿费和安置补助费标准均留有较大的幅度。例如：土地补偿费为该耕地年产值的三至六倍；每个需要安置的农业人口的安置补助费为被征土地每亩年产值的二至三倍；每亩土地的安置补助费最高不超过年产值的十倍。但是各省、自治区、直辖市必须结合本地区的实际情况，在上述标准范围内，制定具体的标准，不留或少留幅度。例如，土地补偿费，各省、自治区、直辖市可以定为年产值的三倍或四倍、五倍、六倍，或者三至四倍、四至五倍等；每人的安置补助费可以定为每亩土地年产值的二倍或二点五倍、三倍；每亩土地的安置补助费最高不超过年产值的六倍、八倍等。也可以把全省（自治区、直辖市）划分成几类地区，对不同地区确定不同的补偿费和安置补助费标准。总之，在一个省（自治区、直辖市）范围内，标准要明确具体，以免造成就高不就低、讨价还价的状况。

本《条例》对安置被征地单位的生产和群众生活规定了具体途径，其中由社队自行创造条件，就地就近安置是最基本的方面。各地对征地后出现的农业剩余劳动力，应千方百计，通过发展农业生产和多种经营的方式，予以安置。只有在这样做之后确实还安置不完的，报经省、自治区、直辖市人民政府批准后，才能安排到集体所有制单位就业，并相应扣除安置补助费。至于转为非农业户口或城镇户口，更应从严掌握。绝不能理解为凡是征地就要“招工”、“转户”。如果某些农民提出这类要求，一定要加强教育，加以纠正。

《国家建设征用土地条例（草案）》已于一九八二年四月六日经国务院常务会议讨论通过，现提请人民代表大会常务委员会审议。

# 关于《中华人民共和国土地法（草案）》的说明

（1986年3月15日在第六届全国人民代表大会常务委员会第十五次会议）

我受国务院委托，对《中华人民共和国土地法（草案）》的几个主要问题作如下说明：

一、起草经过：

六十年代，中央领导同志就曾指示农业部起草土地法。粉碎“四人帮”以后，国务院领导同志再次指示要把土地法搞起来。党的十一届三中全会原则通过，四中全会正式公布的《关于加快农业发展若干问题的决定》，又提出“要尽快制定和颁布土地法”。原农业部和国家农委根据这些指示，在广泛调查和反复征求各地、各部门及有关的科研单位、大专院校专家们意见的基础上，于1981年3月，联名上报了《中华人民共和国土地法》（送审稿）。人大法委会和国务院办公厅分别征求了各省、自治区、直辖市人大和政府的意见。近五年来，国务院经济法规研究中心在审议中作了大量工作，组织有关部门磋商、协调，先后作过二十多次较大的修改。最近，经国务院讨论通过，决定提请全国人大常委会议审议。

二、制订土地法的指导思想

人口多、耕地少，是我国的基本国情。我国每人平均占有的土地面积和耕地面积都远远低于世界的平均数。可是，长期以来，由于对人口增长和耕地减少带来的后果认识不足，致使乱占滥用、浪费、破坏土地资源的现象相当普遍；买卖、租赁土地，侵害社会主义土地公有制的情况也有发生，土地管理到了非解决不可的时候了。如果不采取果断措施加强管理，不仅影响我国近期国民经济的发展，而且将会危及子孙后代赖以生存的基本条件。为此，《土地法》把综合运用行政、经济、法律手段，贯彻落实十分珍惜每寸土地，合理利用每寸土地，切实保护耕地，以及维护我国社会主义土地公有制作为立法的指导思想。

三、土地所有权和使用权问题

宪法规定，我国社会主义土地所有制有两种，即全民所有（国家所有）和劳动群众集体所有。国家依法保障社会主义公有土地，维护土地所有者和使用者的合法权益，这对促进安定团结，更好地调动土地所有者和使用者切实保护与合理利用土地的积极性是非常必要的。

据此，《土地法》明确规定国家建立土地登记、发证的制度。县级以上人民政府依法确认土地权属并核发土地证，作为国有土地使用权和集体土地所有权的法律凭据。凡依法确认的土地所有权和使用权，受国家法律保护。任何组织和个人不得侵犯。凡国家因建设需要征用集体土地，改变集体土地所有权的，须依法办理征地申请、报批手续，征用后的土地归国家所有，用地的单位和个人只有使用权。凡因调整插花地、飞地，互换集体土地所有权的，须向土地所在的县级以上人民政府申请，经县级以上人民政府批准，办理土地权属的变更登记手续，更换土地证。

对于土地所有权、使用权的争议，原则上由当地政府组织有关方面协商解决。由于土地纠纷情况十分复杂，因此，明确规定，凡对经县、市人民政府处理不服的土地纠纷，被处理任何一方，可在规定日期内向有管辖权的人民法院起诉，由法院依法判决。如期满不起诉又不履行的，处理机关得向当地人民法院申请强制执行。县际、市际间的重大土地纠纷，涉及方面多，情况更为复杂，需要由上级人民政府处理、批准，共同遵循。

四、非农业建设占用耕地问题

长期以来，我国缺乏严格的土地管理制度。随着农村联产承包制的实行，城乡建设、乡镇企业蓬勃发展，城乡人民生活有了明显改善，但土地使用中的矛盾更加突出。1981 年后，国务院先后发布了《国家建设征用土地条例》和《村镇建房用地管理条例》，发出了关于查处违法占地、制止买卖、租赁土地等几个通知，对制止乱占耕地起了一定的作用。但从全国看，乱占滥用耕地问题并未解决，一些地方又出现了猛增的势头，有些省、市、自治区一年减少相当于一个中等县的耕地面积。据统计，解放以来，我国人口增加，耕地减少，人均耕地减少近一半。黑龙江省建国初人均耕地8.4亩，现为4亩；广东省建国初人均1.5亩，现为0.78亩；浙江省建国初人均1.5亩，现为0.7亩（粮田0.56亩）；有的城市郊区农民已无地可耕。人口逐年增加，耕地逐年减少，这种状况发展下去，后果是不堪设想的。

为此普遍要求国家采取坚决措施，切实加强土地管理。当务之急，除要狠刹一下乱占耕地之风外，一是尽快颁布《土地法》；二是建立、健全各级土地管理机构，实行土地统一管理；三是健全土地法制，严格依法管地，做到有法必依，违法必究，特别是各级政府必须严格执行法律规定的土地审批权限。

关于各级政府审批土地的权限，1982年5月，国务院颁布的《国家建设征用土地条例》中本着从严审批占用耕地的精神作了规定。三年多的执行情况，各地反映良好，不足的，主要是直辖市郊县、省辖市、自治州人民政府，以及中央批准的经济特区及沿海开放城市开发区内征用、划拨土地，都要报请省级人民政府审查、批准，影响了这些地方政府管理土地的积极性，对此，《土地法》作了明确规定。

五、关于土地管理机构问题

根据多年来土地多头管理，扯皮较多，影响管理的情况，普遍赞同成立一个超越部门、有权威的国家土地管理机构。大家认为土地问题牵涉面广，矛盾较多，特别在我国，严格土地管理作为基本国策，更具有特殊意义。为此，中共中央、国务院决定成立国家土地管理局，作为国务院直属机构，依法统一管理全国土地。

县级以上地方各级人民政府都要根据统一管理土地的原则，建立、健全相应的土地管理机构。乡、镇由县级人民政府委派土地管理员。

六、关于实施办法配套问题

《土地法》是我国建国以来制定的一部土地基本法，法律条文要求简明扼要，主要政策界限必须清楚，因此，不可能对所有的土地问题都规定得非常具体，需要通过制订、发布实施条例加以解决，所以在附则中规定，对贯彻执行《土地法》中的一些具体问题，由国务院另行制定实施条例。

各省、自治区、直辖市政府都要根据《土地法》和国务院颁布的有关土地条例，结合当地实际，制定本地区的土地管理实施办法，使整个《土地法》的贯彻实施完善、配套起来。

我的说明完了，请审议。

# 关于《中华人民共和国土地管理法（修订草案）》的说明（节选）

（1998年4月26日第九届全国人民代表大会常务委员会第二次会议）

我受国务院的委托，现就《中华人民共和国土地管理法（修订草案）》作如下说明：

三、需要说明的几个问题

（一）关于土地用途管制制度。

（略）

（二）关于耕地特殊保护。

（略）

（三）关于征用土地补偿标准。

在现行土地管理法修改过程中，许多地方反映，现行土地管理法对征地补偿标准规定得过低，难以执行，要求重新作出规定，适当提高补偿标准。

在制定现行土地管理法的征用土地补偿标准时，曾经做过大量调查研究和测算工作，遵循了这样两条原则：一是根据宪法关于“国家为了公共利益的需要，可以依照法律规定对土地实行征用”的规定，征地是一种国家行为，也是农民对国家应尽的一种义务，不是农民向国家“卖地”。国家征用的土地再出让时，决定不同地价的级差地租是国家投资形成的，原则上这项收益应当属于国家。二是征地补偿以使被征用土地单位的农民生活水平不降低为原则。根据这两条原则，现行土地管理法规定，土地补偿费和安置补助费的总和不得超过土地被征用前三年平均年产值的20倍。也就是说，如果被征地单位将土地补偿费、安置补助费全部存入银行，按当时（1986年）的银行长期存款利率（5%）计算，所得利息即可相当于土地被征用前三年的平均收益。经过认真分析，我们认为，从总体上来看，现行土地管理法规定的补偿原则是正确的。但是，为了有利于严格控制征地，维护农民利益，最低补偿标准需要适当提高。因此，草案规定：“征用土地的，按照被征用土地的原用途给予补偿。”“征用耕地的补偿费用包括征地补偿费、安置补助费以及地上附着物和青苗的补偿费。征用耕地的补偿费，为该耕地被征用前三年平均年产值的6至10倍。征用耕地的安置补助费，按照需要安置的农业人口数计算。需要安置的农业人口数，按照被征用的耕地数量除以征地前被征用单位平均每人占有耕地的数量计算。每一个需要安置的农业人口的安置补助费标准，为该耕地被征用前三年平均年产值的4至6倍。但是，每亩被征用耕地的安置补助费，最高不得超过被征用前三年平均年产值的15倍。”“征用其他土地的补偿费和安置补助费标准，由省、自治区、直辖市参照征用耕地的补偿费和安置补助费的标准规定。”“被征用土地上的附着物和青苗的补偿标准，由省、自治区、直辖市规定。”“征用城市郊区的菜地，用地单位应当按照国家有关规定缴纳新菜地开发建设基金。”“依照本条第二款的规定支付土地补偿费和安置补助费，尚不能使需要安置的农民保持原有生活水平的，经省、自治区、直辖市人民政府批准，可以增加安置补助费。但是，土地补偿费和安置补助费的总和不得超过土地被征用前三年平均年产值的30倍。”这样修改，在维持现行土地管理法规定的征地补偿原则的前提下，将征用耕地的补偿费标准由该耕地被征用前三年平均年产值的3—6倍，提高为6—10倍，安置补助费标准由该耕地被征用前三年平均年产值的2—3倍，提高为4—6倍，每亩被征用耕地的安置补助费最高不得超过被征用前三年平均年产值的10倍提高为15倍，土地补偿费和安置补助费的总和不得超过土地被征用前三年平均年产值的20倍提高为30倍。同时，考虑到今后经济的发展和生活水平的提高，征地补偿可能需要适时有所调整，草案规定：“国务院根据社会、经济发展水平，可以调整征用耕地的土地补偿费和安置补助费的标准。”

# 参考文献

## 一、著作

1. 曹圣明：《土地征收法律制度及其完善》，法律出版社2013年版

2. 陈桂明：《程序理念与程序规则》，中国法制出版社1999年版

3. 陈健：《中国土地使用权制度》，机械工业出版社2003年版

4. 陈小君等：《农村土地问题立法研究》，经济科学出版社2012年版

5. 陈新民：《德国公法学基础理论》（下册），山东人民出版社2001年版

6. 董彪：《财产权保障与土地权利限制》，社会科学文献出版社2013年版

7. 窦衍瑞：《行政补偿制度的理念与机制》，山东大学出版社2007年版

8. 房绍坤等：《公益征收法研究》，中国人民大学出版社2011年版

9. 高洁：《基于农民权益保护的集体土地征收与流转研究》，湖北人民出版社2013年版

10. 高飞：《集体土地所有权主体制度研究》，法律出版

社 2012 年版

11. 郭洁：《土地所有权一体保护立法研究》，知识产权出版社 2011 年版

12. 管洪彦：《农民集体成员权研究》，中国政法大学出版社 2013 年版

13. 季卫东：《法治秩序的建构》，中国政法大学出版社 1999 年版

14. 金伟峰、姜裕富：《行政征收征用补偿制度研究》，浙江大学出版社 2007 年版

15. 姜明安主编：《行政法与行政诉讼法》，北京大学出版社、高等教育出版社 1999 年版

16. 姜明安主编：《行政法与行政诉讼法（第三版）》，北京大学出版社、高等教育出版社 2007 年版

17. 姜明安主编：《行政法与行政诉讼法学（第六版）》，北京大学出版社、高等教育出版社 2015 年版

18. 孔祥俊：《民商法新问题与判解研究》，人民法院出版社 1996 年版

19. 李永安：《中国农户土地权利研究》，中国政法大学出版社 2013 年版

20. 梁慧星：《中国物权法草案建议稿——条文、说明、理由与参考立法例》，社会科学文献出版社 2000 年版

21. 刘婧娟：《中国农村土地征收法律问题》，法律出版社 2013 年版

22. 刘俊：《中国土地法理论研究》，法律出版社 2006 年版

23. 刘俊主编：《中国农村土地法律制度创新研究》，群众出版社 2012 年版

24. 刘文义：《行政补偿理论与实务》，中国法制出版社 2013 年版

25. 刘云生：《制度变异与乡村贫困——中国农村土地利益分配法权研究》，法律出版社 2012 年版

26. 卢海元：《土地换保障：扩大推动发展民众基础的政策选择》，群众出版社 2012 年版

27. 孟勤国、黄莹主编：《中国物权法的理论探索》，武汉大学出版社 2004 年版

28. 沈开举主编:《行政补偿法研究》,法律出版社 2004 年版

29. 宋冰编:《程序、正义与现代化——外国法学家在华演讲录》,中国政法大学出版社 1998 年版

30. 台湾行政法学会主编:《行政法争议问题研究》,五南图书出版公司 2000 年版

31. 汪振江:《农村土地产权与征收补偿问题研究》,中国人民大学出版社 2008 年版

32. 王坤、李志强:《新中国土地征收制度研究》,社会科学文献出版社 2009 年版

33. 王利明:《物权法研究》,中国人民大学出版社 2002 年版

34. 王树清:《中国土地征收法律制度研究》,人民法院出版社 2012 年版

35. 王太高:《行政补偿制度研究》,北京大学出版社 2004 年版

36. 王万华:《行政程序法研究》,中国法制出版社 2000 年版

37. 王卫国:《中国土地权利研究》,中国政法大学出版社 2003 年版

38. 翁岳生编:《行政法(2000)》(下册),中国法制出版社 2002 年版

39. 吴庚:《行政法之理论与实用(增订八版)》,中国人民大学出版社 2005 年版

40. 徐凤真等:《集体土地征收制度创新研究》,法律出版社 2012 年版

41. 章剑生:《行政程序法基本理论》,法律出版社 2003 年版

42. 章彦英:《土地征收救济机制研究》,法律出版社 2011 年版

43. 张家洋:《行政法》,三民书局 1995 年版

44. 张明:《农民权利保护视野下的土地征收制度研究》,法律出版社 2013 年版

45. 张千帆等:《城市化进程中的农民土地权利保障》,中国民主法制出版社 2013 年版

46. 张千帆主编:《土地管理制度比较研究》,中国民主法制出版社 2013 年版

47. 张树义主编:《行政程序法教程》, 中国政法大学出版社 2005 年版

48. 周汉华、何峻:《外国国家赔偿制度比较》, 警官教育出版社 1992 年版

49. 邹爱华:《土地征收中的被征收人权利保护研究》, 中国政法大学出版社 2011 年版

50. [日] 南博方:《日本行政法》, 杨建顺译, 中国人民大学出版社 1988 年版

51. [日] 盐野宏:《行政法》, 杨建顺译, 法律出版社 1999 年版

52. [英] 威廉·韦德:《行政法》, 徐炳等译, 中国大百科全书出版社 1997 年版

53. [法] 孟德斯鸠:《论法的精神》(上册), 商务印书馆 1961 年版

54. [德] 哈特穆特·毛雷尔:《行政法学总论》, 高家伟译, 法律出版社 2000 年版

55. [德] 马克斯·韦伯:《经济与社会》(上卷), 林荣远译, 商务印书馆 1997 年版

56. [美] 罗伯特·考特、托马斯·尤伦:《法和经济学》, 张军等译, 上海三联书店、上海人民出版社 1994 年版

57. [美] 欧内斯特·盖尔霍恩、[美] 罗纳德·M. 利文:《行政法和行政程序概要》, 黄列译, 中国社会科学出版社 1996 年版

58. [美] 迈克尔·D. 贝勒斯:《法律的原则——一个规范的分析》, 张文显等译, 中国大百科全书出版社 1996 年版

## 二、论文

59. 鲍海君、吴次芳:《论失地农民社会保障体系建设》, 载《管理世界》2002 年 10 月

60. 北京天则经济研究所中国土地问题课题组:《城市化背景下土地产权的实施和保护》, 载《管理世界》2007 年第 12 期

61. 曹旭东:《包头市集体土地征收补偿款的确定与分配研究》, 内蒙

古师范大学2014年硕士学位论文

62. 陈和午：《土地征用补偿制度的国际比较及借鉴》，载《世界农业》2004年第8期

63. 陈小君：《农村土地制度的物权法规范解析——学习〈关于推进农村改革发展若干重大问题的决定〉后的思考》，载《法商研究》2009年第1期

64. 陈文兴、陈娟梅：《海峡两岸土地征收补偿制度的比较》，载《福建农林大学学报（哲学社会科学版）》2010年第1期

65. 高山祥、郭宗逵：《农用地征收补偿费分配机制探讨》，载《安徽农业科学》2010年第25期

66. 姜明安：《行政补偿制度研究》，载《法学杂志》2001年第5期

67. 李国际：《对我国土地征收与安置补偿的思考》，载《贵州大学学报（社会科学版）》2009年第6期

68. 李集合、彭立峰：《土地征收：公平补偿离我们有多远?》，载《河北法学》2008年第9期

69. 李牧、耿宝建：《论我国土地征收及补偿制度的完善》，载《法商研究》，2005年第2期

70. 李增刚：《土地征收补偿制度完善：标准问题还是程序问题》，载《理论学刊》2013年第12期

71. 廖鑫彬：《土地征收的公平市场价值补偿——一种基于土地增值税框架的征地补偿模式》，载《农村经济》2013年第7期

72. 林来梵：《论私人财产权的宪法保障》，载《法学》1999年第3期

73. 林苇：《论农村集体经济组织成员资格的界定——以征地款分配纠纷为视角》，载《湖北行政学院学报》2008年第3期

74. 凌维慈：《我国土地征用中的生存权补偿——以Z村为研究对象》，载《行政法论丛》2004年第1期

75. 吴传毅：《科学发展观视域下的农村土地征收补偿制度思考》，载《湖南科技大学学报（社会科学版）》2011年第4期

76. 刘洪英：《人民公社的兴亡和历史的反思》，载《徐州师范学院学

报》1995 年第 1 期

77. 刘卫东、彭俊：《征地补偿费用标准的合理确定》，载《中国土地科学》2006 年第 1 期

78. 马怀德：《行政程序法的价值及立法意义》，载《政法论坛》2004 年第 5 期

79. 莫于川：《私有财产权的保护与行政补偿法制的完善》，载《浙江工商大学学报》2005 年第 2 期

80. 欧海若、吴次芳：《韩国的土地征收制度及其借鉴》，载《国土经济》1999 年第 4 期

81. 彭诵：《论建立行政补偿制度的理论基础》，载《中国煤炭经济学院学报》2000 年第 1 期

82. 屈茂辉、周志芳：《中国土地征收补偿标准研究——基于地方立法文本的分析》，载《法学研究》2009 年第 3 期

83. 渠滢：《我国集体土地征收补偿标准之重构》，载《行政法学研究》2013 年第 1 期

84. 申建平：《对农村集体土地征收补偿范围的反思》，载《比较法研究》2013 年第 2 期

85. 石磊：《土地征收三论》，中国政法大学 2005 年硕士学位论文

86. 石佑启、苗志江：《论农村土地征收中的公平补偿》，载《湖北警官学院学报》2008 年第 2 期

87. 唐朝光、蒋文能：《基于市场价格的集体土地征收补偿研究》，载《学术论坛》2012 年第 10 期

88. 唐烈英、唐立文：《中美两国土地征收补偿比较与借鉴》，载《中州学刊》2014 年第 9 期

89. 王静：《城镇化中土地制度改革的未来走向——中国近 10 年研究成果综述》，载《甘肃行政学院学报》2013 年第 4 期

90. 王平：《地根政治：全面解剖中国土地制度》，载《中国改革》2005 年第 7 期

91. 王平：《土地要素市场化与收益分享》，载《中国改革报》2005 年

7月11日

92. 王小映：《土地征收公正补偿与市场开放》，载《中国农村观察》2007年第5期

93. 王太高：《土地征收制度比较研究》，载《比较法研究》2004年第6期

94. 吴传毅：《科学发展观视域下的农村土地征收补偿制度思考》，载《湖南科技大学学报（社会科学版）》2011年第4期

95. 吴香云：《城镇化中土地征收补偿制度改革创新研究》，载《法制与社会》2013年第36期

96. 谢志岿、曹景钧：《如何制度化解决当前中国土地问题——对土地管理制度改革目标模式的探讨》，载《中国行政管理》2012年第1期

97. 叶必丰：《城镇化中土地征收补偿的平等原则》，载《中国法学》2014年第3期

98. 于建嵘：《农民维权抗争集中土地纠纷　土地成农村首要问题》，载《瞭望东方周刊》2004年9月6日

99. 俞可平：《从统治到治理》，载《学习时报》2001年1月22日

100. 俞可平：《治理和善治：一种新的政治分析框架》，载《南京社会科学》2001年第9期

101. 俞可平：《推进国家治理体系和治理能力现代化》，载《前线》2014年第1期

102. 曾坚：《城乡一体化背景下的农村集体土地征收补偿安置制度研究》，载《东方法学》2013年第4期

103. 章剑生：《行政征收程序论——以集体土地征收为例》，载《东方法学》2009年第2期

104. 张广辉：《村集体内部的土地红利分配：成员权和收益权的冲突与协调》，载《现代经济探讨》2013年第11期

105. 张千帆：《“公正补偿”与征收权的宪法限制》，载《法学研究》2005年第2期

106. 张曙光等：《经济学家和法学家就中国土地制度的对话与争

鸣——天则经济研究所“〈土地管理法〉修法建议”研讨会实录》，载《甘肃行政学院学报》2010 年第 2 期

107. 张艳：《机构调查显示拆迁矛盾已成中国首要社会矛盾》，http：//business. sohu. com/20110623/n311369746. shtml

108. 郑美珍：《其他国家（地区）关于土地征收补偿的规定及借鉴》，载《国土资源情报》2011 年第 10 期

109. 周大伟：《美国土地征用和房屋拆迁中的司法原则和判例——兼议中国城市房屋拆迁管理规范的改革》，载《北京规划建设》2004 年第 1 期

110. 朱可亮、罗伊·普罗斯特曼等：《中国十七省地权调查》，载《新世纪》2012 年第 5 期

111. 朱连奇、韦东、屠高平：《我国土地征收补偿制度的演变及其改革研究》，载《地域研究与开发》2007 年 10 月

112. 诸培新、卜婷婷、吴正廷：《基于耕地综合价值的土地征收补偿标准研究》，载《中国人口·资源与环境》2011 年第 9 期

113. Matthew P. Lindeman：*Environmental Contamination Evidence and Just Compensation*：*Taking Issue With Restraints on the Admissibility of Evidence in Eminent Domain Proceedings*, Hamline Law Review, Vol. 34, 2011

114. Michael A. Heller and James E. Krier：*Deterrence and Distribution in the Law of Taking*, Harvard Law Review, Vol. 112, March 1999

## 三、新闻报道

115. 李凤章：《集体土地征收条例的首要之问》，http：//www. dfdaily. com/html/63/2012/2/22/746866. shtml

116. 李立强、马力：《北京大望京拆迁村民暴富 买东西只要喜欢不看钱》，载《新京报》2010 年 5 月 19 日

117. 《126 倍土地剪刀差 民受到强烈刺激》，http：//club. china. com/data/thread/1638757/2713/47/67/2_ 1. html

118. 宋伟、毛磊：《我国征地补偿制度大修　征地补偿拟不设上限　增加宅基地补偿和社会保障补偿》，载《人民日报》2012 年 12 月 25 日

119. 余晓洁、林晖《补偿金不落实不得征地——中国拟修法给予被征地农民公平补偿》，新华网 2012 年 12 月 24 日

120. 吴永富：《2012，温总理农村集体土地征收补偿条例的夭折》 http：//blog. sina. com. cn/s/blog_ 6169c70b0102dziu. html

121. 周衍鹏、时满鑫：《平度征地纵火案一主犯获死刑》，载《齐鲁晚报》2015 年 20 日

122. 《昆明通报晋宁“10・22”、“10・14”事件处置情况》，载《云南日报》2014 年 10 月 24 日

123. 《云南玉溪征地补偿按公社时代工分制计算引警民冲突》，载《21 世纪经济报道》2013 年 6 月 10 日

## 四、行政规范性文件与官方资料（不含法律、法规、规章）

124. 《国务院关于深化改革严格土地管理的决定》（国发〔2004〕28 号）

125. 《国务院办公厅关于深入开展土地市场治理整顿严格土地管理的紧急通知》（国办发明电〔2004〕20 号）

126. 《国土资源部关于加强征地管理工作的通知》（国土资发〔1999〕480 号）（已失效）

127. 《国土资源部关于贯彻执行〈中华人民共和国土地管理法〉和〈中华人民共和国土地管理法实施条例〉若干问题的意见的通知》（国土资厅发〔1999〕97 号）

128. 《报国务院批准的土地开发用地审查办法》（国土资发〔2001〕431 号）

129. 《关于完善农用地转用和土地征收审查报批工作的意见》（国土资发〔2004〕237 号）

130. 《关于完善征地补偿安置制度的指导意见》（国土资发〔2004〕

238 号）

131.《国土资源部关于贯彻落实〈国务院关于深化改革严格土地管理的决定〉的通知》（国土资电发〔2004〕67 号）

132.《国土资源部关于加快推进征地补偿安置争议协调裁决制度的通知》（国土资发〔2006〕133 号）

133.《国土资源部关于调整报国务院批准城市建设用地审批方式有关问题的通知》（国土资发〔2006〕320 号）

134.《国土资源部关于进一步做好征地管理工作的通知》（国土资发〔2010〕96 号）

135. 国土资源部《征地区片综合地价测算指导性意见（暂行）》和《征地统一年产值标准测算指导性意见（暂行）》

136.《中共中央关于抗日根据地土地政策的决定》，1942 年中央政策局通过

137.《中央人民政府内务部关于填发土地房产所有证的指示》，载《湖南政报》1951 年第 4 期

138. 刘少奇：《关于土地改革问题的报告》，1950 年 6 月 14 日在中国人民政治协商会议第一届全国委员会第二次会议上

139. 吕克白：《关于国家建设征用土地条例（草案）的说明》，载《中华人民共和国国务院公报》1982 年第 10 期

140. 廖鲁言：《三年来土地改革运动的伟大胜利》，载《人民日报》1952 年 9 月 28 日

141.《全国人大常委会关于检查土地管理法实施情况的报告》，人民网 2004 年 6 月 25 日

142. 审计署原审计长刘家义在第十二届全国人大常委会第十五次会议上所作《国务院关于 2014 年度中央预算执行和其他财政收支的审计工作报告》

# 后　记

本书是在中央编译局政治学专业博士后出站报告的基础上经修改形成的。

我一直认为，罗列式的致谢并不是一种好的致谢方式，它贬低了感谢本身的价值，甚至如群发短信一样，可能让人心烦。但是，一个人任何一项成绩地做出——如果这本小书也算成绩的话——都不可能是独力完成的，在小书完成之时，除了这种方式之外，我找不出更好的表达感恩的方式。

感谢我的合作导师俞可平教授，俞老师视界之宽广、眼光之敏锐、洞察力之深刻，让我每次与他交流都深感获益，他的治学态度让后学如我者惭愧，只敢作为一直努力的方向。

感谢中国民主法制出版社编辑陈曦女士和姜园园女士，本书的出版经历了数年曲折过程，她们以严谨的工作态度、高度的责任心和精湛的专业性，处理着其间种种问题。没有她们的努力，本书难以最后呈现在这里。

感谢我的父母，他们在我的身上付出最多，却得到最少，我常感叹，养育我这样一个儿子真是一笔亏本的生意；感谢我的姐姐与弟弟，多年来他们毫无怨言地承担了本来更应由我承担的赡养父母的重责。

感谢我的妻子，从当年脱产读博士到做二站博士后，她都持一份宽容之心默默支持；感谢我的儿子，这个天真而调皮的小精灵是我动力的重要来源，当深夜写作倍感困顿时，想想傍晚刚打过他的屁股，我便睡意全无。

我的研究生潘静雯、瞿梦迪、王培霖和李懿在本书的出版过程中，进行了耐心细致的整理与校对等工作。感谢他们的辛勤工作。对我这个群居动物而言，朋友间的交流、支持和鼓励极为重要。有人曾抱怨，同样一个事说了多次我都充耳不闻，被朋友们一说，我便如打了鸡血。感谢所有我爱的和爱我的朋友们。

由于一些原因，本书在出版过程中，经过了诸多改动，某些部分与原稿相比已大不相同。这些改动或许使得书中的一些地方圆凿方枘、扞格不入，但也因此使得这本书能呈现在读者面前。就如一位母亲看着自己的孩子历经曲折而终于出生一样，看着本书终能出版，作者感慨、感恩。当然，文责由作者承担。

我相信有一个力量在决定着生活中的种种，我称之为不可命名者。当寻找生命意义时，你只需真诚去做便是，其余的一切他会帮你盯着，只是你必须怀着一颗敬畏之心。

蔡乐渭

2016 年 8 月 20 日初稿

2018 年 11 月 15 日再改